初学者のための

経営学概論

［編著］前田 卓雄　遠原 智文　三島 重顕

［著］張又心バーバラ　持松 志帆　土井 貴之
外山 明　水野 未宙也

同友館

巻頭言

本書は，経営学を初めて学ぶ「初学者」を対象としたテキストであり，大学での講義にとどまらず，広く実社会で活躍するビジネスパースンの学び直しにも役立つことも想定して書かれている。

本書の出版企画は，著者らが大学教員として日々の講義を行う中で，どのような講義を行えば，社会経験の乏しい学生の理解が進むのか，といった悩みを共有していたことに始まっている。この共通の悩みは，経営学という学問が，とりわけ企業を中心とする実社会で起きる様々な事象を研究対象としていることから，学生にとっては，講義を通じた疑似体験によって想像力を膨らませながら理解を進めていくしか手立てがないことから生じている。また，既に実社会で活躍するビジネスパースンが実際に経験してきたことを，経営学では，どのように捉え，どう説明しているのか，理論と実際の距離を縮めて融合することができなければ，実学としての経営学は役に立たない学問となってしまう，という懸念も著者らは共有をしていた。そこで，これらの悩みが解決できることを念頭に置きながらこの本の執筆を行った。

著者の中には，ビジネススクール等で社会人のリカレント教育に携わった者も含まれており，我々は，今までのこのような経験を活かすべく，執筆会議を何度も行い，時には互いの原稿のチェックを行った。なお，この本の執筆にあたっては，出来るだけ平易な表現を使い，わかりやすく書き下ろすことにも力点を注いでいる。

また，内容についてもできるだけ私的・個人的な見解は避け，広く学会や社会一般で受け入れられている，いわゆる「通説」を中心に取りまとめを行っている。

この本は13章で構成されており，各々の章は，その領域を専門分野とする研究者によって分担執筆が行われている。したがって，初学者向けとしながらも，やや踏み込んだ内容のものも中にはあるが，経営学を学んだ者として，少なくとも教養として身につけてもらいたいという担当した著者らの思いからであり，その点はご理解をいただきたい。

経営学は，社会科学の中でも専門的で実践的そして学際的な学問領域でもある。この本を通じて学んだ理論や考え方を読者の皆さんが自分なりに応用して，理論と実際の融合にチャレンジしてもらいたい。そして，心理学，社会学，あるいは哲学などの領域にも踏み込んで，学びの世界を楽しんでいただきたい。

最後に本書の刊行にあたり，ご尽力くださった株式会社同友館出版部の佐藤文彦氏に深く感謝の意を表したい。

著者一同

もくじ

第1章 企業論

1-1 企業とは何か

企業とは，我々にとって一体どのような存在なのであろうか。我々の周りには無数の企業が存在し，我々の日常生活において深くかかわりを持っている。中小企業庁の「2020年版中小企業白書」によれば，わが国には，約359万社の企業が存在し，そのうち中小企業が99.7％を占めていて，大企業はわずか0.3％にしか過ぎない。しかしながら，非1次産業全体の売上高である約1,428兆円に占める割合では，中小企業が44.1％であるのに対して大企業は55.9％と逆転をする。わずか0.3％の企業によって，非1次産業全体の半分以上を売り上げているのである。このことからも，今や現代社会は，大企業を中心とした社会といっても過言ではなく，我々はそのような社会で生活をしている。

経営学は，組織運営の原理を主な研究領域としており，そのほとんどが企業，とりわけ，大企業を中心とした株式会社組織を対象に研究が行われてきた。本章では，このような経営学研究の歴史的な背景を念頭におきながら，企業とは一体どのような組織なのかといったことを中心に学習を進めていくこととする。

1-1-1 企業活動に欠かせないもの

皆さんにとっては，企業という言葉と会社という言葉，どちらの方が馴染深いのだろうか。企業＝会社であると考えている人がほとんどではないだろうか。実は，「会社」は「企業」の中の一つの形態であり，企業と会社には，厳密には違いがある。しかしながら，一般的に我々は日常生活の中で，特に意識をしないで，企業と会社を明確に区別することなく使っているケースが多いのではないかと思われる。

本書は，経営学を初めて学ぶ初学者を対象としたテキストではあるが，少しでも早く経営学に慣れていただくためにも，ここでは，あえて企業という言葉を使っていくこととしたい。

さて，実際に企業が活動を行っていくことを**企業活動**と呼び，企業組織によって企業を運営し活動を行う主体的な行為を**経営**という。企業では，そこで働く人たちに共通の目標が設定され，それを達成するために組織での役割が割り振られ，役割に応じた仕事が行われている。このように企業で働く人たちが，共通の目標に向かって力を合わせて働くことを**協働**と呼んでいる。

つまり，企業にとっては，経営を行っていくうえで，そこで働く人たちの存在や協働が必要となる。このような企業活動（経営）を行うために必要な要素のことを**経営資源**と呼んでいる。それでは，実際に企業活動（経営）を行ううえで，ヒト以外にどのような経営資源が必要なのだろうか。

従来の経営学のテキストでは，一般的に，**ヒト・モノ・カネ**の3つの要素を3大経営資源として紹介をしている。確かに，これらの資源は，企業活動（経営）を行う上で最も重要な存在であることに違いはない。しかしながら，現代社会のように高度に情報化が進んだ経済状況下においては，**情報**も今や企業経営を行う上で必要な存在になっている。したがって，情報を，ヒト・モノ・カネに加えるべき，第4の経営資源としての位置付けているテキストもある。（上林ほか 2011）。

さらに，これらの経営資源の他に，最近では，その企業が保有する**技術**や**特許**などの**知的財産**や**企業文化**なども重要な経営資源であるとして認識される傾向にある。

ここでは，最も重要とされるヒト・モノ・カネの3つの経営資源を中心に簡単に説明を行うこととしたい。

まず，「ヒト」である。経営学では，ヒトを**人的資源**として企業の重要な資産と認識しており，その活用については，人的資源管理論という分野において専門研究が行われている。企業を構成するのはヒトであり，企業活動を行うのもヒトである。しかしながら，このヒトの育成は一朝一夕には行うことができない。そこで，日本の企業では，高校や大学の新卒者を一括採用して，永い年月をかけてその企業にとって必要なスキル（技能・技術）を身に付けさせるように**教育訓練**が行われてきた。企業での教育訓練は，職場で仕事をしながら行われる，**OJT**（on the job training）や仕事を離れて行われる研修などの**Off-JT**（off the job training）などによって行われている。これらの教育訓練の結果，獲得される企業特有のスキルのことを**企業特殊的スキル**という。

最近では，企業内で「人材」を「**人財**」という漢字に置き換えて，経営資源としての重要性を内外に強調する企業や経営者も増えている。たとえば，楽天の三木谷浩史社長の座右の銘は「人は財なり」だそうで，「人間の力には実力，能力，潜在能力の3種類ある」と言うのが三木谷社長の持論である。中でも特に重視しているのが「潜在能力」とのことで，同社では，従業員に様々な能力開発の機会を広く与えて，まだ活用されていない能力を引き出すことに力を入れているそうである[(1)]。

このように，多くの企業にとって「ヒト」は，最も重視すべき経営資源であると言っても過言ではない。パナソニックの創業者であり，経営の神様とも称された松下幸之助氏が残した，「企業（事業）は人なり」という名言をご存知の方も多いのではないだろうか。

次に「モノ」である。ここでの「モノ」は，工場や機械設備，原材料，オフィスなどといった企業活動を具体的に行うために必要な物的な資源のことを指す。これらの中には，机や椅子といった什器や備品類，パソコンなどのOA機器，業務用車両などが含まれる。また，生産現場では，原材料や半製品，最終製品などもこの範疇に含まれる（上林ほか 2011）。

最後に「カネ」である。企業にとって「カネ」という資源は，人間に例えると，血液のようなものだと考えるとわかり易いだろう。バーゲンセールなどでよく耳にする「出血大サービス」などというキャッチコピーは，そのいい例である。企業から多額の「カネ」が流出すれば，資金繰りが上手くいかなくな

（1）読売新聞「言葉のアルバム」2009年12月4日。

り，最悪の場合，倒産に至る。まさに，企業と「カネ」の関係は人間と血液の関係と同じであり，このことは容易に想像できる。

以上のように企業では，ヒト・モノ・カネといった最も重要な経営資源に加えて，今日では，自社の持つ情報や知的財産，保有技術，企業文化なども経営資源としてフル活用しながら，日々の企業活動が行われている。

1-1-2　企業の役割・機能

企業とは，我々やそこで働く人たち，そして社会にとってどのような存在なのであろうか。1-1-1で見てきたように企業は経営資源を活用しながら活動を行っている。そして，その活動のアウトプットとして**財**や**サービス**が生み出され，それらは，我々**消費者**や最終**ユーザー**に提供される。(図表1-1参照)

つまり，企業は，我々や社会にとって財やサービスを提供してくれる経済的主体としての役割を果たす機能を持っている。この機能のことを**経済的機能**という。(上林ほか2011)。

また，企業では，働く多くの人たちが協働しながら企業目的達成に向けて活動を行っている。バーナード（Barnard, C.I.）は，人間が持ついくつかの側面のうち，「協働体系の参加者としての人間」，即ち，組織の中の人間には，組織人として組織の目的を達成するために合理的に意思決定を行い行動しようとする「機能的側面」があることを指摘している。このように，企業という組織が，機能的側面を持った人たちによる協働の場であることから，効率的に組織目標を達成することを可能とする**組織的機能**が存在するといえる。

既述のとおり，企業では多くの人たちが協働している。そこでは，必然的に協働を通じて社会的な関係が生まれる。また，職場内だけではなく，取引先を含めた様々な外部の人たちとの関係性も生まれてくる。このことは，企業がそこで働く人たちにとって，社会との接点としての役割を果たしていることを意味する。つまり職場は，働く人たちにとって，仕事を通じて社会との関わりや人間の高次の欲求とされる**自己実現**を図れる場であり，その結果，仕事を通じて「やりがい」や「達成感」といった効用を得ることができる場でもある。こ

図表1-1　企業活動の仕組み

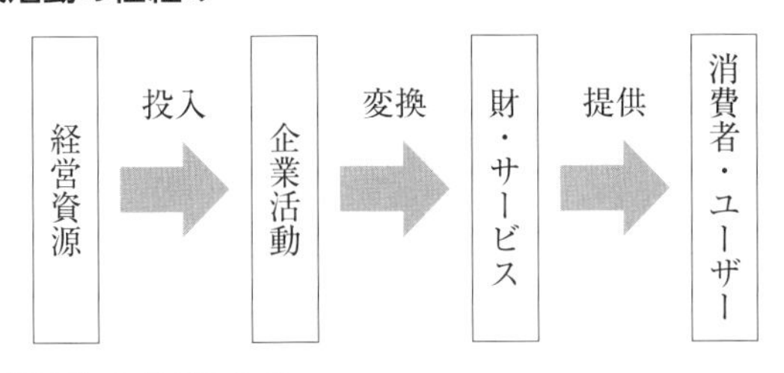

出所：上林ほか（2011）を参考に作成

のような，企業が持つ機能のことを**社会的機能**という。

1-1-3　ドラッカーの企業観

おそらく，戦後の日本の経済界やビジネスパーソンに最も大きな影響を与えた経営学者の一人に**ドラッカー**（Drucker, P.F.）を挙げる人は少なくないだろう。その証に，ビジネス街に近い書店では，必ずといってよいほど，ドラッカーに関するコーナーがあって，関連する書籍が置かれている。皆さんも一度，機会があれば確認してみると良い。

ドラッカー（1909～2005）は，ユダヤ系オーストリア人で「マネジメント発明の父」・「経営学のグルの中のグル」など数々の異名を持つ経営学者の一人である。ここでは，ドラッカーの企業観について，著書，『マネジメント』の中から，その一部を簡単に紹介することとする。

まず，ドラッカーは，「企業＝営利組織」と考えるのは的外れだといっている。つまり，利潤を得ることは，企業の条件であって目的ではなく，企業活動を測定する手段に過ぎないと述べている。

それでは，企業の目的とは，一体何であろうか。ドラッカーは，「企業の目的は企業それ自体の外にある。企業は**社会の機関**（Organ）であり，その目的は社会の中にある」としており，企業の目的は唯一，「**顧客の創造**」であると述べている。

ドラッカーによれば，この，「顧客の創造」を行うためには，**マーケティン**

グとイノベーションという企業が持つ二つの機能によって成果がもたらされるとする。マーケティングについては，その理想は，「販売を不要にすること」であり，そのためには，「顧客を理解し，製品とサービスを顧客に合わせ，おのずから売れるようにする」仕組みを作ることの必要性を強調している。

また，イノベーションについては，「あたらしい満足を生み出すこと」であり，「人的資源や物的資源に対し，より大きな富をもたらすこと」であると定義をしている。そしてイノベーションは，何も技術部門に限ったことではなく，企業のあらゆる部門が対象となると述べている。企業が，イノベーションを実現するためには，企業そのものが，現状に満足することなく，常によくなることに関心を持ち，社会のニーズを事業の機会として捉える必要性をドラッカーは指摘している。

企業にとって利益は，企業活動測定のための手段に過ぎないと既述した。しかしながら，ドラッカーは，企業にとって，利益は経済的機能を果たすために必要不可欠なものであることも認めている。つまり，利益は企業活動の結果であり，以下の4つの機能があることを指摘している。

① 利益は，成果の判定基準である
② 利益は，不確定性というリスクに対する保険である
③ 利益は，よりよい労働環境を生むための原資である
④ 利益は，医療，国防，教育，オペラなど社会的サービスと満足をもたらす原資である

そしてドラッカーは，企業が永遠に継続するという**企業継続**（going concern）**の原則**に立てば，企業にとっての利益とは，**未来の費用**（**コスト**）であり，事業を続けるために必要な費用であるため，企業の持つ最も重要な経済的機能として**損失回避の原則**が求められると述べている。

このように，ドラッカーは様々な角度から企業という存在を捉えている。

1-2　企業はだれのものか

企業は，一体だれが所有し，支配しているのだろうか。ここでは，経営学が暗黙のうちにその研究対象としてきた大企業を対象として，とりわけ株式会社の所有と支配構造について明らかにしていくこととする。なぜなら，個人商店や同族企業などでは所有や支配構造は比較的シンプルでわかり易いが，大企業になればなるほどその構造は複雑になり，企業の所有者と実際に企業を動かす人たちが同じとは限らないからである。

1-2-1　所有と経営の分離

株式会社は，資本家（株主）の出資によって設立される。このため，設立して間もない初期の段階においては，企業は大株主によって支配（所有）されており，ある意味においては，大株主たる大資本家が所有する**私有財産**としての性格を持っている（三戸ほか2006）。しかしながら，経済が発展し，経営規模の拡大が行われると，企業は，新たな株式（新株）を発行して資金調達を行ったり，一般市民においても投機目的から株式の売買が広く行われたりするようになる。したがって，株式が不特定多数の株主間に分散して行く現象が起こる。このような現象のことを**株式の分散化**あるいは**株式の大衆化**という。この現象が進行すると，大株主の株式持ち分比率は低下してしまう。このことは，大株主による企業の支配にどのような影響をもたらすのだろうか。

これについて実証的な調査を行ったのが，**バーリ**（Berle, A.A. Jr.）と**ミーンズ**（Means, G.C.）である。彼らの調査は1932年に行われている。当時のアメリカは，急速に経済が発展し，株式所有の大衆化が進行していた。そこで，バーリとミーンズは，大株主の持株比率によって支配形態の分類を行い，完全支配所有（持株比率100〜80%所有），過半数支配所有（持株比率80〜50%所有），少数所有支配（持株比率50〜20%所有），という従来の分類に加えて，持株比率が20%以下の企業では，もはや大株主の株式所有による支配ができないとして，**経営者支配**の企業という新たなカテゴリーを設けた。そして，彼らは，この分類に基づいて，アメリカの巨大企業の200社を対象に，だれが企業を支配しているのかという観点から調査を実施した。同様の手法による追跡調査が，ラーナー（Larner, R.J.）によって1963年に行われている（図表1-2参照）。

バーリとミーンズの調査の結果，最も多かったのが「経営者支配」に分類される企業で全体の44％を占めていた。また，約30年後に行われたラーナーの調査では，この現象がさらに進行していて，84.5％もの企業が「経営者支配」のカテゴリーに該当していた。彼らの調査結果から，いったん株式の大衆化が進むと企業の支配は，大株主に変わって経営者によって行われるようになることが明らかにされた。

図表1-2　バーリ＆ミーンズとラーナーの調査

	バーリ＆ミーンズ 1932年調査		ラーナー 1963年調査	
支配区分	社数	比率	社数	比率
完全所有支配	12	6	0	0
過半数所有支配	10	5	5	2.5
少数所有支配	46	23	18	9
法的手段による支配	41	21	8	4
経営者支配	88	44	169	84.5
管財人の手中にあるもの	2	1	—	—

出所：三戸・池内・勝部（2006）

このような，株式の所有に基づかない経営者によって支配が行われている現象を**所有と経営の分離**と呼ばれている。

所有と経営が分離した企業では，経営者は，経営に関する高い専門能力によって企業経営を行い，支配をすることから，**専門経営者**と呼ばれている。**バーナム**（Burnham, J.）は，このような専門経営者という新たな階層によって企業が支配される社会を「経営者社会」であると主張して，これを**経営者革命**と呼んだ。

1-2-2　株式所有の機関化

1-2-1では，株式所有の分散や大衆化が所有と経営の分離という現象を招いたことを説明したが，わが国の企業における株式の所有構造は，実際どのようになっているのだろうか。図表1-3は，日本証券所グループに上場している企業の株式の所有者別保有比率をまとめたものである。これを見てわかるように，個人所有の割合は2割にも満たない。残りの8割強は，銀行や生保，損保，証券といった金融機関や外国法人，事業法人などによって占められている。このような事業者のことを個人に対して**法人**という。1950年頃は，約6割を個人が所有していたが，約70年の間に個人の所有比率は低下し，法人所有が上回るようになった（上林ほか 2011）。このように法人が株式を所有することを**法人資本主義**または，**機関所有（株式所有の機関化）**と呼ぶ。機関とは，Institutionを日本語に訳したものであり，組織を意味する。中でも，銀行，保険，証券，年金基金などは，特に**機関投資家**と呼ばれている。

図表1-3　2019年度　投資部門別株式保有状況

単位：%

	2014年	2015年	2016年	2017年	2018年	2019年
政府・地方公共団体	0.2	0.1	0.1	0.1	0.2	0.1
金融機関	27.4	27.9	28.4	28.7	29.6	29.4
証券会社	2.2	2.1	2.2	2.0	2.3	2.0
事業法人	21.3	22.6	22.1	21.9	21.7	22.3
外国法人	31.7	29.8	30.1	30.3	29.1	29.6
個人・その他	17.3	17.5	17.1	17.0	17.2	16.5

金融機関（都銀・地銀・信託銀行・生命保険会社・損害保険会社・その他の金融機関）
出所：日本証券取引所グループ「2019年度株式分布状況調査」を基に筆者作成

それではなぜ，機関所有が個人所有を上回ったのであろうか。その理由の一つに，機関投資家の存在を挙げることができる。機関投資家は，様々な投資家から資金を募って株式市場などで運用を行っている。個人投資家との相対的比較において，莫大な資金の運用が可能であり，それが株式投資に向かうことで機関投資家の株式所有比率が高まったことが指摘できる。次に，個人投資家には寿命があるため，半永久的に大株主であり続けることが事実上，困難であるとの指摘もなされている（三戸ほか 2006）。なぜなら，相続による株式の分散や税負担などの理由から株式が売却されて分散が生じるからである。また，株式の機関所有は，企業グループ間の株式の持ち合いによって安定株主になってもらうことで，敵対的買収などから企業側が防衛する手段として行われてきたこともその理由として挙げることができる。

いずれにせよ，株式の分散化によって，所有と経営の分離が進み，所有は機関投資家によって，経営は専門経営者によって，それぞれ行われたため，専門経営者による企業の支配が強化されることにつながった。このようなメカニズムを**経営者支配論**と呼んでいる。

1-2-3　ステークホルダー

企業の内外には，何らかの利害がある関係者が存在する。このような企業と利害関係のある個人や集団のことを**ステークホルダー**（stakeholder）と呼ぶ（図表1-4参照）。

企業は，常に社会との相互関係を持つ存在である。したがって，ステークホルダーには，株主や顧客・消費者，取引先といった直接的な利害関係者以外にも，地域社会や自治体・政府といった間接的に利害関係が生じるものも含まれると広く捉えられている。企業が雇用や経済などの面で地域社会や自治体に一定の影響を及ぼしているからである。しかも，これらのステークホルダーへの影響力は，企業が巨大であればあるほど大きくなる。しかしながら，その一方で，ステークホルダーからの企業に対する圧力も年々強くなっている。このため，ステークホルダーを過少に評価し，自社の利益を優先するような行為がひとたび起きると巨大企業であっても存続の危機が生じることになる。食品業界で相次ぐ食材の偽装表示事件，ゴムメーカーの検査データー改ざん事件，自動車業界のリコール隠し事件，粉飾や不正会計事件など枚挙に暇がない。これらに関わった企業は，いずれもその後の業績に深刻な影響が出る結果となっている。

図表1-4　利害関係（ステークホルダー）と企業の関係

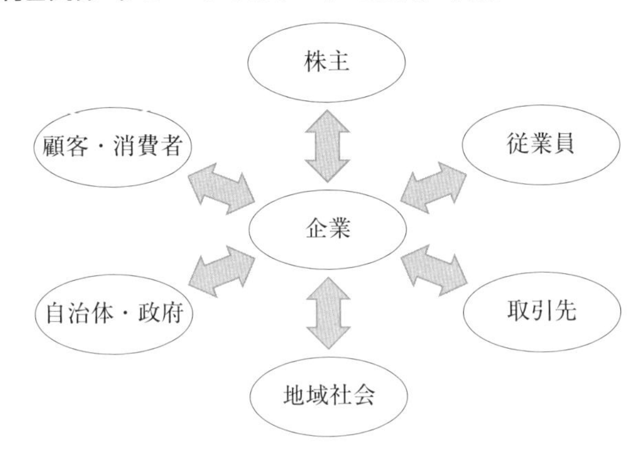

出所：筆者作成

1990年代のわが国では，株主に対する配当性向や**株主資本利益率（ROE）**といった指標が盛んに使われ，株主の利益を最優先するような風潮が起こった。確かに，株主は企業にとっては大きな影響力を持つステークホルダーであることには変わりはない。しかしながら，現代社会においては，多様なステークホルダーの存在を意識することなくして，企業経営は成り立たなくなっていることを忘れてはならない。現代社会においては，企業は**社会的制度**であり，大企業になればなるほど**社会の公器**として公的な存在とみなされている。

1-3　企業にはどのような形態があるのか

経営学は，組織運営の原理を研究対象としており，大企業を中心とした株式会社組織を中心に研究が行われてきたことは，既に述べたとおりである。しかしながら，株式会社は，企業という大きなカテゴリーの中の一形態にすぎない。ここでは，企業の種類や形態，その特徴について見ていくこととする。そして，最後に株式会社の制度上の特徴や機能について説明を行う。

図表1-5　企業の分類

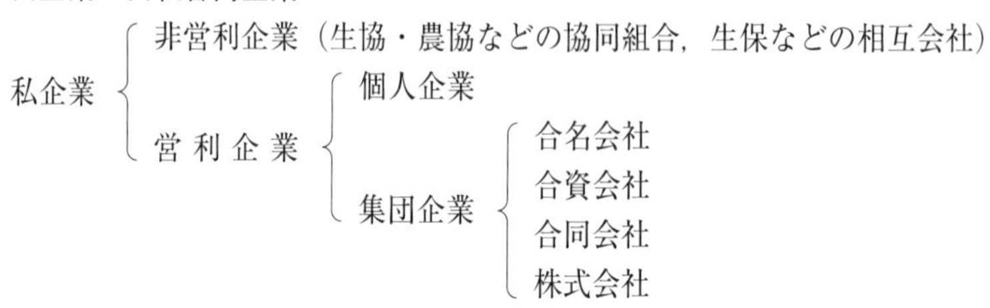

出所：深山・海道（2010）を一部加筆修正

1-3-1　企業の種類と形態

企業の種類については，様々な分類方法があるが，出資の形態に注目した分類が一般的だと思われる。

深山・海道（2010）は，以下のような企業分類を行っている（図表1-5参照）。

まず，**公企業**とは，政府や地方公共団体が出資をする企業のことである。たとえば，福岡市の福岡市営地下鉄や東京都の都営地下鉄など，公営交通企業がその代表的な例であると言えるだろう。次に，**公私合同企業**は，政府や地方公共団体と民間企業などが合同で出資して設立された企業をさす。たとえば，福岡市にある劇場，博多座において芝居の興行を行う株式会社博多座は，福岡市からの委託を受けて劇場「博多座」の運営を行う会社として設立されている。同社のHP（ホームページ）では，「この会社は，経済界，興行界，行政が一体となって演劇興行を行うという，わが国で初めての会社です。」と紹介されており，福岡市と民間企業34社が出資して1996年に設立されている。

私企業は，非営利企業と営利企業に分けることができる。**非営利企業**の例として，消費生活協同組合（生協）や農業協同組合，漁業協同組合などの協同組合がその代表で，利益が出ても分配をしない企業のことである。また，生命保険会社において，多く採用されている**相互会社**も非営利企業として分類される。これは，「保険はお互いが助け合う相互扶助の精神に基づくものである」

という考えのもと，法律によって保険会社のみに認められた会社形態となっている。

営利企業は，個人が出資して営む個人商店などの**個人企業**と複数の出資者によって出資が行われる**集団企業**とに分類することができる。そしてさらに，集団企業は，出資者の責任区分によって，会社法では**合名会社**，**合資会社**，**合同会社**，**株式会社**の4つに分類がなされている。

1-3-2　企業の一形態としての会社の種類と特徴

前節で説明したとおり，会社は会社法によって4つの種類に分類されている。この4種類の会社には，共通した特徴がある。それは，**法人性**，**営利性**，**社団性**である。

(1) 法人性

会社は，我々自然人が人格を持つのと同じように，会社は，法律によって**法人格**という法律上の人格が与えられる。

この法人格を有することによって会社は，会社そのものが財産を取得したり，所有することや契約当事者として様々な行為をすることが可能となっている。会社の名義で土地や建物を登記することも可能である。このため，効率的に契約などの事務処理を行うことができるようになっている。

(2) 営利性

会社は，**企業継続（going concern）の原則**からも分かるように，利益を出さなければ存続することができない。また，会社は，その事業を通じで利益を出すだけでなく，利益を出資者に分配することも目的としている。このうち，会社法では，**営利性**については，「会社は利益の配当を有する存在である」という解釈をしている。株式会社では，株主に対する配当がこれに該当する。

(3) 社団性

社団とは，出資者と団体との間においては契約関係にあるが，出資同士間には何らの権利や義務，契約といった関係が存在しない団体のことをいう。つまり，会社における社団性とは，単に会社に出資する人たちの集合体という意味以上のものではないと考えられている。

1-3-3　会社の種類と特徴

ここでは，会社法によって分類されている，**合名会社**，**合資会社**，**合同会社**，**株式会社**について，それぞれ個別にその特徴について見ていくことにする。

(1) 合名会社

合名会社では，出資者全員が連帯して会社の債務に対して，無限の責任を負っている。つまり，債務を弁済するために，債権者に対しては，私財を投じてでも返済する義務を負うことになる。このような出資者のことを「**無限責任社員**」という。ここでの社員とは出資者を意味しており，従業員のことではない（以下も同じ）。合名会社での出資者の構成は，親子，兄弟，親戚といった信頼できるごく内輪の親しい人たちによって構成されるケースが多い。現在の三井グループの前身は，三井合名会社であった（上林ほか 2011）。

(2) 合資会社

前述のように合名会社では，全ての出資者が無限責任を負わなければならない。しかしながら，出資を望んでも，無限責任のリスクは負担したくない人たちも存在する。そこで，この様な人々のリスク負担を軽減し，出資の拡大を図るために生まれたのが合資会社である。このため，合資会社は，出資者に対して無限責任を負う無限責任社員と有限責任を負う**有限責任社員**によって構成されている。有限責任社員は，出資額を限度として，債権者に対する会社の債務の責任を負うことになる。なお，現在の三菱グループの前身は，三菱合資会社であった（上林ほか2011）。

(3) 合同会社

合同会社は，会社法によって設けられた新たな会社の形態で，出資者全員が，有限責任者社員によって構成されている。監視機関（取締役会や監査役）の設置が不要で，決算公告や社員総会，取締役会の開催の義務などはない。また，定款によって，業務執行社員を定めたり，持ち分に応じた利益配当を行わないことを決めたりすることができる。

(4) 株式会社

株式会社は，会社法によって分類される4種類の集団企業のうち，最も代表的な会社であり，わが国では，会社全体の約94%を占めている[(2)]。そしてその起源は，1600年に設立された東インド会社が原型であるとされている。

株式会社では，出資者（以下，**株主**という）はすべてが有限責任社員である。つまり，株主は，出資した額を上限に責任を負えばよく，それ以外に責任を負う必要はない。また，出資持ち分の自由な譲渡や監視機関の設置が義務付けられていることなどの特徴があるが，詳しくは次の項で説明する。

なお，図表1-6は，4つの会社の種類とその特徴についてこれをまとめたものである。

1-3-4　株式会社の特徴

株式会社の最大の特徴は，不特定多数の人を対象に資金調達を可能にしているところにあるといえる。以下で，その仕組みについて見ていくとしよう。

(1) 資本の証券化

株式会社は，必要とする資金を調達するために**株式**を発行する。その株式が

---

(2) 平成28年度国税庁「会社標本調査」より抜粋。

図表1-6　会社の種類

	合名会社	合資会社	合同会社	株式会社
出資（責任・持ち分譲渡）	・無限責任社員 ・持ち分譲渡は全員の同意必要	・無限責任社員と有限責任社員 ・持ち分譲渡は全員の同意を原則とする	・すべて有限責任社員 ・持ち分譲渡は全員の同意を原則とする	・すべて有限責任社員 ・持ち分譲渡は自由，但し定款で制限が可能
運営	・会社代表 全社員 ・業務執行 全社員	・会社代表 全社員 ・業務執行 全社員	・会社代表 全社員 ・業務執行 全社員	・会社代表 代表取締役 （代表的事例） ・業務執行 代表取締役 （代表的事例）

出所：藤田（2012）

有価証券化されたものが**株券**である。つまり，株式会社は，不特定多数の個人や特定の法人などを対象に株式を発行することによって出資を受けて資金調達を行うことができる。このように株式会社は，必要とする資本（資金）を証券化して資金調達を行っており，これを**資本の証券化**という。

(2) 株式の譲渡

株式は，株式市場で自由に売買することが可能である。このことは，企業と株主の双方にメリットをもたらす。会社法では，出資金の払い戻しを原則として認めていない。会社債権者保護の観点からである。このため，**株主**が投下した資本を回収するために第三者への譲渡を認めている。つまり，会社側にとっては，株式を発行して調達した資金は，返済することなく活用できるというメリットがある。一方，株主にとっても，出資して受け取った株式の株価や購入した株式の株価が取得時よりも値上がりして，それを第三者に売却することができれば，その差額を**キャピタルゲイン（資本利得）**として享受できる。

(3) 有限責任

既に述べたように，株式会社への出資者，つまり株主はすべて有限責任社員である。仮に企業が倒産した場合，出資者（株主）が負う責任の範囲は，自分の株式持ち分だけとなる。つまり，出資金（株式）を放棄することによって，それ以上の責任を強いられることはないということになる。

(4) 利益の配当

株式会社は，企業活動によって創出した利益の中から，株主に対して**配当**を行う。言い換えれば，株主は出資の見返りとして利益の分け前を配当として得る権利を持っている。このとき，当期純利益の中からどれだけ株主に配当するかという割合を**配当性向**と呼ぶ。この割合が高い方が，内部留保が少なく，利益を株主に多く還元している企業ということになる。

(5) 株式会社の諸機関

株式会社には，**企業統治（コーポレート・ガバナンス）**を行うために様々な**機関**が設置されている。個々の機関は，それぞれが独立しており，お互いにチェックし合う役割を持っている。ここでは，**監査役会設置会社，指名委員会等設置会社，監査委員会等設置会社**の3つの機関について説明を行うこととする。

A. 監査役会設置会社（図表1-7参照）

① **株主総会**‥‥株式会社の最高意思決定機関
決算書の承認，取締役，監査役の選任・解任などを行う

② **取締役会**‥‥株主総会での意思決定の枠組みの中で，会社の実際の経営を行う機関
代表取締役の選任や解任，組織の変更や財産の処分，業務執行に関する決定などを行う

③ **監査役会**‥‥取締役会が行う経営が適法であるか監査する機関

図表1-7　監査役会設置会社

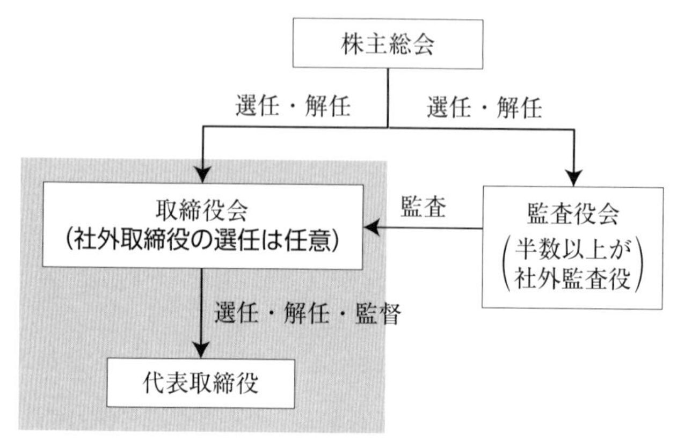

出所：江川（2018）を加筆修正

監査報告書の作成，会計に関する監査，業務に関する監査（適法性）などを行う

監査役会設置会社では，代表取締役は，取締役会で選任や解任が行われる。また，監査役は代表取締役を含めた取締役の監督を行う。監査役会設置会社における取締役会では，社外取締役の選任は任意であるが，選任しない場合は，その理由を株主に開示する必要があり，実質的に選任が義務化されているといえよう。また，監査役会においても半数以上を社外監査役とすることが会社法によって定められている。

B. 指名委員会等設置会社（図表1-8参照）

① **株主総会**‥‥決算書の承認，取締役の選任・解任などを行う

② **取締役会**‥‥業務に関する意思決定と執行役の選任・解任，監督などを行う

③ **指名委員会**‥‥株主総会に提出する取締役候補の選任を行う，指名は取締役会が行う

図表1-8　指名委員会等設置会社

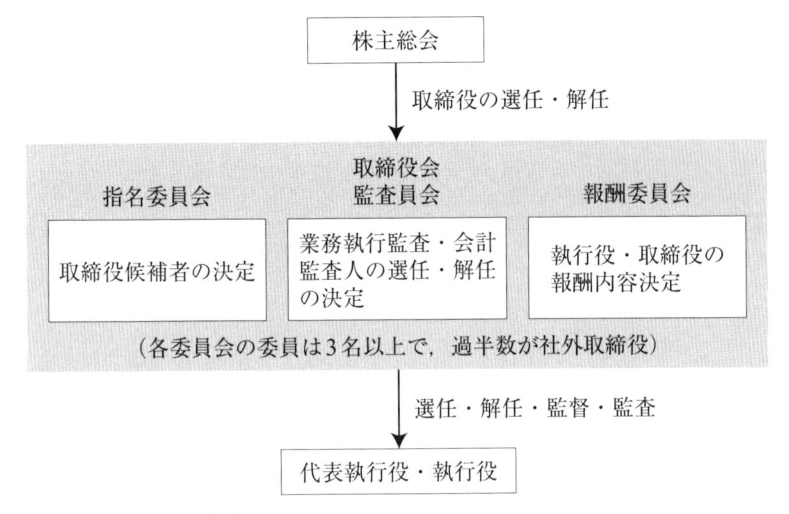

出所：江川（2018）を加筆修正

④　**報酬委員会**‥‥取締役，執行役の報酬の決定を行う
⑤　**監査委員会**‥‥執行役，取締役の監査・監督，監査法人の選任，決定などを行う

指名委員会等設置会社に設置される3つの委員会は，3人以上の取締役で構成され，しかもその過半数を社外取締役によって構成されなければならない。これは，社外取締役にお目付け役としてチェック機能を果たす役割が期待されていることを意味している。

C. **監査等委員会設置会社**（図表1-9参照）
①　**株主総会**‥‥決算書の承認，取締役や監査等委員の選任・解任などを行う
②　**取締役会**‥‥代表取締役の選任・解任，組織の変更や財産の処分，業務執行に関する決定などを行う

図表1-9　監査等委員会設置会社

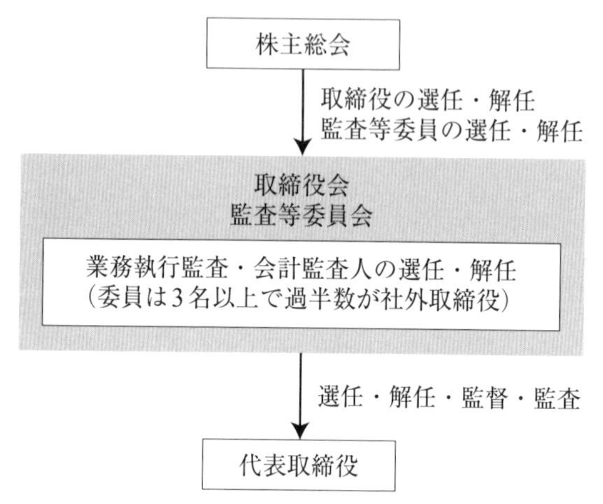

出所：江川（2018）を加筆修正

③　**監査等委員会**‥‥取締役の監査・監督，監査法人の選任・解任，決定などを行う

2015年の改正会社法で誕生したのが，この監査等委員会設置会社である。この機関は，監査役会設置会社と指名委員会等設置会社の折衷的な機能を持つ制度であるといえる。

監査役会設置会社における監査役は取締役ではないが，監査等委員会設置会社の監査等委員は全員が取締役で，監査等委員ではない取締役とは別に株主総会で選任・解任が行われる。また，委員の過半数が社外取締役によって構成されなければならない。

注）2003年の商法改正では，現在の指名委員会等設置会社は「委員会等設置会社」と呼ばれたが，2006年の会社法の施行で「委員会設置会社」となり，その後の2015年の会社法改正で「指名委員会等設置会社」と呼称が変遷している

【参考文献】

Barnard, C.I. (1938) *The Function of the Executive,* Harvard University Press.（山本安二郎・田杉競・飯野春樹訳『新訳 経営者の役割』ダイヤモンド社，1999年）

Drucker, P.F. (1973) *Management Tasks, Responsibilities, Practices, Harper Business Edition*, Harper Collins.（上田惇生訳『マネジメント』ダイヤモンド社, 2001年）

井原久光（2011）『テキスト経営学』ミネルヴァ書房.

江川雅子（2018）『現代コーポレートガバナンス』日本経済新聞出版社.

上林憲夫・奥林康司・團泰雄・開本浩矢・森田雅也・竹林明（2011）『経験から学ぶ経営学入門<第3版>』有斐閣.

田中健二（2007）『財務会計入門』中央経済社.

藤田誠（2012）『スタンダード経営学』中央経済社.

三戸浩・池内秀己・勝部伸夫（2006）『企業論』有斐閣.

深山明・海道ノブチカ（2010）『基本経営学』同文館出版.

第2章 組織管理論

2-1 古典的管理論

2-1-1 マネジメントの形成

アメリカ経営学が学問として研究され始めたのは，19世紀後半から20世紀の初頭である。イギリスで起こった**産業革命**に端を発し，「**経済学の父**」と称される**アダム・スミス**が『**国富論**』を発表して**古典派経済学**が誕生した。産業革命で誕生した蒸気機関は，生産システムに利用されるようになり，アメリカで**大量生産システム**が確立された。経済学から派生して，経営学が発達していくのは，ちょうどこの頃からである。それは，工場での**生産の効率化**であり，そのための労働者や生産方法の**管理**が必要だったのである。つまり，組織管理のあり方が経営学を誕生させる起点となったのである。ここでは，当時の古典的管理論について学習を行うこととしよう。

2-1-2 科学的管理法

(1) 科学的管理法が生まれる当時の背景

1800年代後半のアメリカでは，資本主義が急速に発達し，機械制工業が発展していた。増大する需要に労働力の供給が追い付かず，未熟練労働者やほとんど労働経験のない移民たちが大量に動員されていた。当時の管理は，「**勘や経験**」だけが頼りの成行き的なやり方で行われていた。その結果，未熟練労働者やほとんど労働経験のない移民たちにとっては，現場での労働は過酷なものとなり，しかも非効率的なものだった。そこで，労働者は防衛手段として**組織的怠業**（サボリ）を行うようになった。

また，当時の賃金は，出来高に応じて賃金が支払われる**単純出来高払い制**が採用されていた。このため，予想以上に出来高が上がるとそれに応じた賃金を支払う必要があるが，監督者側は賃率を引き下げ，支払うべき賃金を抑えることで労務コストの調整を行っていた。これでは，労働者側にとっては，「働くだけ損」ということになり，「仕事をしすぎるな」という雰囲気が蔓延したことも組織的怠業を助長した要因になっていたのである。

このように組織的怠業が蔓延している中では，従来から行われていた「勘や経験」だけが頼りの成行き的な管理では限界があり，組織的怠業を解決する手法として考え出され，導入されたのが**「科学的管理法」**であった。

(2) 科学的管理法の理論

科学的管理法を理論的に体系化したのは，「科学的管理法の父」と称される**テイラー**（Taylor, F.W.）である。テイラーは1856年にアメリカのフィラデルフィアで生まれている。父は弁護士でクエーカー教徒，母も名門の清教徒であった。幼少期から両親の影響で怠惰を嫌うピューリタン的勤労観を身に付けたといわれている。その後，ハーバード大学に合格するが，受験勉強で目や体を悪くしてしまい進学を断念，地元のポンプ工場で働くようになった。その後，ミッドベール・スチール社に入社し，工員から職長を経て主任技師へと瞬く間に昇進していく。この間，スティーブン工科大学の通信教育課程で学び，工学修士の学位を得てアメリカ機械技師協会の会員になっている。その後，1890年にミッドベール・スチール社を退社して，数社の会社で工場管理を実践して，1898年にベツレヘム・スチール社に入社している。テイラーは，この間に様々な研究を重ね，**科学的管理法（テイラー・システム）**を確立していった。

科学的管理法が生まれた背景には，当時，蔓延していた組織的怠業をテイラー自身が目の当たりにし，しかも自身が工員から主任技師といった仕事を経験する中で，「雇用主に繁栄をもたらし，労働者に最大限の豊かさを届ける」マネジメントの必要性を痛感していたことがある。以下に，科学的管理法の主な仕組みについて，個別に見ていくこととする。

(3) 課業管理

課業（task）とは，労働者が1日に行う標準的な作業量のことである。勘や経験に頼るのではなく，科学的に課業を設定して管理を行うもので，以下の5つの原則に従って行われた。

① 課業設定の原理
② 標準的作業条件の原理
③ 達成賃率の原理
④ 未達賃率の原理
⑤ 熟練移転の原理

これらの原理は，次に説明する**作業研究**や**指図票制度**，**差率出来高賃金制度**として具体的に実行された。

(4) 作業研究

課業設定のための作業量と作業時間を決定するために行われた研究が作業研究である。これは，課業管理の原則の①と⑤に従って行われた。

この研究では，まず，一流労働者の熟練したムダ・ムリ・ムラのない合理的な作業を一般の労働者に伝授するためにその動作を分解して，作業の無駄を省いた。そして，それらの動作をストップウオッチを使って測定し，作業の標準時間を決定して，1日の標準作業量を決めたのである。したがって作業研究は，**時間研究**（time study）と**動作研究**（motion study）によって構成されている。

(5) 指図票制度

時間研究や動作研究によって課業の設定が行われるとその内容は，標準化され**指図票**（instruction card）としてマニュアル化された。指図票には，作業方法や作業時間，使用する工具に至るまで細かく記載がなされている。これは，課業管理の原則の②に従って行われた。

図表2-1　差率出来高賃金

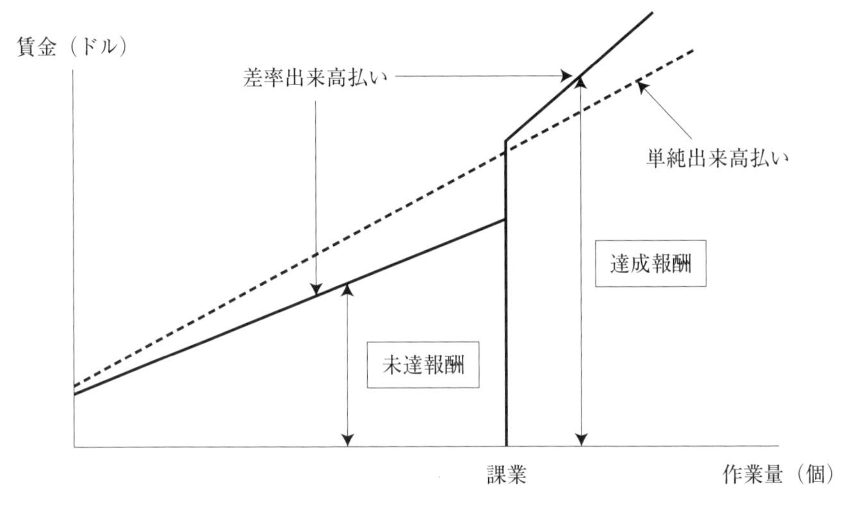

出所：井原（2011）に加筆

(6) 差率出来高賃金制度

課業管理の原則の③に従って実行されたのが，**差率出来高賃金制度**（different piece rate system）である。課業を達成できた労働者には高い賃率で賃金を払い，達成できなかった労働者には低い賃率で賃金を支払うようにした**二重の賃率制度**であり，労働者の勤労意欲を刺激するために新たな賃金体系として導入された（図表2-1参照)。

(7) 計画と執行の分離（職能別職長制）

科学的管理では，従来一人の職長が行っていた機能（管理活動）を計画部門と執行部門に分けて管理を行うことにした。そして，さらに計画部門は，手順係，指図票係，時間・原価係，訓練係の4つの職能に分けられ，執行部門は準備係，速度係，修繕係，検査係の4つの職能に分けられた。これによって職長は，自分の専門業務に特化することができるようになった。職長が忙しすぎて，成行きや現場任せになっていた状況から解放され，その分，労働者は課業達成に向けて厳しく管理されるようになった。これを**計画と執行の分離**と呼ぶ。

(8) テイラーへの批判

テイラー自身は，その著書『科学的管理法』に，「マネジメントの目的は何より，雇用主に『限りない繁栄』をもたらし，併せて，働き手に『最大限の豊かさ』を届けることであるべきだ」と記しているように，科学的管理法を実践することで，人々の幸福に貢献できるという信念を持っていた。たとえば，時間研究や動作研究によって，労働者は無駄な動きから解放されるため，合理的な体の動きによって，肉体作業からくる苦痛や疲労から解放されると考えていた。また，科学的管理法では，ノルマ以上の課業を達成すると高い賃率で賃金が支払われることから，このシステムこそが，労働者の福祉に貢献すると考えていたのである。

ところが，後に様々な批判を受けることになる。その代表的な批判をまとめると以下の3点に集約できる。

① 「計画と執行の分離」によって，職長と作業を行う労働者，ホワイトカラーとブルーカラー間の階級闘争の火種を作った。
② 生産現場の管理に特化したもので，販売部門や総務部門といった企業全体の管理には向かない狭い視点での管理手法である。
③ 労働者に対して，ストップウオッチで計測した単純作業を繰り返して行わせるなど，機械と同じ様に人間を取り扱っており，非人間的な管理手法である。

しかしながら，科学的管理は当時のアメリカの工業社会の中で深く浸透して行き，大量生産システムの確立に向けて大きな貢献をもたらした。そして，この管理法が起点となって，経営学や経営管理に関する様々な研究が生まれることになったのである。

2-1-3　人間関係論

テイラーが確立した科学的管理は全米で普及したが，労働組合による反対運動も大規模に行われるようになった。その最大の理由は，人間を機械と同一視し，人間的要素を無視しているというものであった。そこで，新たな研究結果として生まれたのが，**人間関係論**である。

人間関係論が生まれるきっかけとなったのが，ホーソン工場の実験であり，**メイヨー**（Mayo, G.E.）や**レスリスバーガー**（Roethlisberger, F.J.）らが中心となって行われた研究成果であった。

(1)　ホーソン工場の実験

この実験は，ウエスタン・エレクトリック社の依頼で作業環境と作業効率の関係を調査する目的で，同社の**ホーソン工場**を舞台に1924年から10年間に渡って行われた。ホーソン工場の実験では，全部で6つの実験が行われたが，ここでは，代表的な4つの実験を見ていくことにしよう。

第1の実験は，国家研究委員会（National Research Council）が行った**照明実験**で，照明の明るさと作業効率を測定する目的で行われたものである。この実験では，作業員をコントロール・グループとテスト・グループの2つのグループに分け，コントロール・グループは照度を変えずに，テスト・グループは照度を変化させながら作業効率の測定が行われた。

実験の前は，照度を明るくすると作業効率が増し，照度を暗くすると作業効率が低下すると考えられていた。ところが，実験の結果，照度と作業効率との間には明確な相関関係を見出すことができなかったのである。このため，実験結果の原因を究明しようと，物理的な条件ではなく，心理的要因も含めた分析が必要との認識から，さらに実験が拡大され，ハーバード大学のメイヨーやレスリスバーガーらが加わって実験が進められることとなった。

第2の実験は，**リレー組立実験**[(1)]と呼ばれるものが行われた。この実験では，

---

(1)　電話機用の継電器を組み立てる実験。

6名の女子工員が選抜され，工場内の別室で作業を行いながら観察が行われるというものであった。実験では，彼女たちの標準的な作業量を事前に測定しておいて，それを基準に，①休憩時間，②軽食のサービス，③作業時間，④部屋の湿度や温度などを変化させながら，作業量の変化を観察するというものであった。実験前の仮説では，作業条件を良くすると作業量が増し，条件を悪くすると作業量が低下すると考えられていた。しかしながら，実験の結果では，確かに作業条件を良くすると作業量が増したが，作業条件を元に戻しても作業量は減少せず，むしろ増加した。この仮説との矛盾に対して，研究者たちは，物理的な条件ではなく，彼女たちの社会的条件が作業量に影響を与えているのではないかと次第に考えるようになった。実際に実験中の観察において，隔離された部屋で作業を行ううちに，彼女たちの中に，信頼関係や一体感が高まっていく様子が観察されていた。メイヨーらは，これらの要因が彼女たちの**モラール**（協働意欲）を高めたのではないかとの分析を行い，これを新たな仮説として採用したのであった。

そこで，この仮説を証明するために行われた第3の実験が，**面接調査**である。この調査は，工場全体で約2万人が参加して行われた大規模なものであった。当初は，質問形式で行われていたが，自由に自分の考えを話せる非誘導法に途中から変更された。また，現場の監督者も有益な訓練になるからとの理由から，研究者と共に面接に加わるように変更されて実施された。この調査を通じて，監督者と従業員の相互理解が深まり，工場の生産性が向上するという結果をもたらした。

この調査の結果については，メイヨーらは以下のように主張している。

① 従業員の行動は，感情によってコントロールされている（人間の行動は感情と切り離せない）
② 人間の感情は偽装される
③ 感情の表現はそれのみではなく，その人の全体的状況に照らして理解すべきである

面接調査によって，**人間関係**や**人間の感情**の重要性が明らかになったため，さらに詳しくそれらを調べるために調査が追加して行われた。

その調査は，**バンク配線作業観察室**と呼ばれる第4の実験である。この調査では，バンクと呼ばれる電話交換台の配線を行う14名の作業員を2つのグループ分けて，1つの部屋に集めて実際の作業の様子をありのままに観察をするというものであった。調査の結果，バンク配線作業観察室の中には，2つの**公式組織**が，それぞれがチームとして作業をしていたが，その中に**非公式組織**が存在していることが明らかになった。非公式組織とは，職場内での個人的接触や相互作用から生じる仲間集団のことである。しかも，この非公式組織が，この調査で重要な役割を果たしていることも明らかになったのである。非公式組織内には，①仕事に精を出すな，②仕事を怠けすぎるな，③上司に告げ口するな，④偉ぶったりお節介をやくな，といった**暗黙の規範**が形成され，仲間に迷惑をかけずに上手くやれ，と言う感情に支配されている様子が確認されたのであった。

(2) 社会人仮説

ホーソン工場の実験から得られた結果について，メイヨーらは次のように主張している。人間は，①経済的成果より社会的成果を求め　②合理的理由よりも感情的理由に支配され　③公式組織よりも非公式組織からの影響を受けやすい（井原 2011）。そして，人間は，科学的管理法や経済学が前提としている人間観である合理的な**経済人**（economic man）ではなく，感情や社会的関係によって行動をする**社会人**（social man）であるとする**社会人仮説**を主張した。経済人とは，経済学がモデルとする人間観であり，常に全てのことを知り得るので合理的な選択が可能で，自己の利益の最大化を図るように動機付けられるとする人間仮説である。

これ以後，組織内における人間関係や非公式組織に焦点を当てた研究が行われるようになり，これらの研究を称して**人間関係論**（human relation theory）と呼ばれている。

図表2-2　経済人と社会人の違い

	科学的管理法	人間関係論
前提とする人間仮説	経済人仮説	社会人仮説
特徴	人間は，孤立的・打算的・合理的	人間は，連体的・献身的・社会的
勤労意欲	経済的意欲・自己利益の最大化	社会的動機によるモラール
対象組織	公式組織	非公式組織

出所：井原（2011）を一部修正

(3) 人間関係論への批判

しかしながら，人間関係論には限界があるとして，以下のような批判がなされている。それは，公式組織よりも非公式組織を重視しすぎていること，従業員の経済的動機を否定していること，モラールの測定が困難で，生産性との因果関係が不明瞭なことなどであり，「甘い経営（Sugar-management）」といった批判を受けている（佐久間 2011）。

その後，経営管理研究の関心は，バーナードの出現によって近代的管理論へと展開していくことになる。

2-2　近代的管理論

2-2-1　古典的管理論から近代的管理論へ

テイラーの科学的管理法によって，経営管理研究が初めて体系化された。時期を同じくしてファヨールによって，管理過程論が展開されており，これらの理論は，**古典的管理論**として位置付けられている。その後，展開されたメイヨーらの人間関係論は**新古典管理論**と呼ばれている。そして，**バーナード**の出現によって**近代的管理論**が展開されていくことになった。

バーナードの業績は，伝統的な管理論を統合して，近代的な管理理論への道を切り開いていったことからの**バーナード革命**とも呼ばれており，バーナードの理論を継承し発展させたのが**サイモン**である。ここでは，この2人の理論を中心にレビューをしていくこととする。

2-2-2　バーナードの管理論

バーナード（Barnard, C.I.）は，1886年にアメリカのマサチューセッツ州モルデンに生まれた。父親は知的な雰囲気の機械職人であったが，幼いころに母親を亡くしたため，母方の祖父の家で育てられた。祖父方は大家族で，鍛冶屋を営んでいたが，音楽や哲学を好む温かい知的雰囲気の家庭であったそうである。仕事をしながら学業に精を出し，地元の名門高校を卒業後，ハーバード大学に進学して経済学を専攻したが，3年で中退して，アメリカ電信電話会社（AT&T）への就職の道を選んでいる。そして，41歳の時，子会社のニュージャージーベル社の初代社長に抜擢され，以来，21年間その職にあり続けた。この間，講演や執筆活動を行い，多くの論文や著書を世に出したが，最も有名で，かつ彼の名を歴史に残すきっかけとなったのが，1938年に出版された『経営者の役割』（The Function of Executive）であった。

(1) 全人仮説

バーナードは，人間の特性を以下の4つの観点で捉えている。

① 活動ないし行動（行動なくして個々の人間はあり得ない）
② 心理的要因（個人の行動は心理的要因の結果である）
③ 一定の選択力（人間には，選択力，決定能力，自由意志がある）
④ 目的（意志力を行使して目的を設定し，目的に到達するように努め，試みる）

そして，「自我意識を持たず，自尊心に欠け，自分のなすこと考えることが重要でないと信じ，何事にも創意を持たない人間は，協働に適しない人間である」[2]と説明している。

しかもバーナードは，人間を自由な意思と一定の選択力をもって目的を達成しようとする物的・生物的・社会的存在として捉えており，そのような人間は，協働の有効性を知っていると論じている。このようにバーナードの人間観は，経済人や社会人のように人間の一面性を捉えるのではなく，人間を自律的な人格を持つ全人格的な存在，即ち，**全人**（whole man）として捉えている。このような人間観を**全人仮説**という。経済人との比較では，図表2-3のようにまとめることができる。

図表2-3　経済人と全人の違い

	経済人	全人
行動の基礎	利潤の最大化	自由意思
特徴（人格）	利己的・経済的存在	自律的人格を持つ全人格的存在

出所：筆者作成

(2) 権限受容説

組織管理を行う上で，組織内での命令や伝達は重要な役割を担うが，これと**権威**との関係について，バーナードは次のように定義している。「権威とは，公式組織における伝達（命令）の性格」であり，「組織の貢献者ないし『構成員』が，伝達を自己の貢献する行為を支配するものとして，（中略）**受容**するものである」[3]。

そして，この権威には，主観的側面と客観的側面の2つの側面があると言っている。

まず，主観的側面とは，主観的・人格的なものであり，命令は，それを下す側ではなく，下される側によって受容されることによって，権威を持つという。そして，権威として受容されるには，次の4つの条件をあげている。

（2）Barnard (1938), 邦訳p.14.
（3）Barnard (1938), 邦訳p.170.

① 伝達が理解できるものであること
② 伝達が組織の目的と矛盾していないこと
③ 伝達が個人的利害と両立できるものであること（個人の純誘因を失わせるような内容でないこと）
④ 伝達が精神的にも肉体的にも従い得ること（個人の能力を超えていないこと）

そして，人には，「**無関心圏**」（zone of indifference）が存在するため，その圏内においては，命令の権威の有無に関係なく受容されることも指摘している。

次に，客観的側面とは，伝達が受容される伝達そのものの性格のことであり，「職位の権威」と「リーダーシップの権威」の2つがある。「職位の権威」は，上位職から発せられる伝達が，「その職位にふさわしい優れた視野と展望とにうまく一致しているならば，人々はこれらの伝達に権威を認める」[4]というものである。また，「リーダーシップの権威」とは，人によっては，職位と関係なく優れた能力を持っていることで，人々に命令が権威として認められることをいう。このようなバーナードの理論は，**権限（権威）受容説**と呼ばれている。

(3) 意思決定の重要性

バーナードは，組織における管理の本質は意思決定であると捉えている。それは，意思決定は，組織の目的との関係で行われるからである。企業目的を達成するために個人が行う意識決定において，その対象となるのが「**道徳的要因**」と「**機会主義的要因**」である。道徳的要因は，物的，生物的，社会的経験の無数の経路を通じて人々の感情に影響を与え，協働の新しい目的を形成する，態度，価値，理想，希望であり，機会主義的要因とは，企業を取り巻く客

---

(4) Barnard (1938), 邦訳p.182.

観的事実関係のことである。

バーナードは，意思決定が問題になるのは，次の2つの条件が存在するからだと指摘している。それは，達成されるべき**目的**と用いられるべき**手段**である。また，組織で行われる意思決定には2つの意思決定行為が含まれることも指摘している。それは，個人的意思決定と組織的意思決定である。個人的意思決定とは，個人選択の問題として，組織に貢献するかどうかという個人の意思決定であり，組織的意思決定とは，仕事上で行われる全ての意思決定のことを指す。意思決定の可否は，事実と組織目的に関する知識に依存しているため，組織でのコミュニケーションと結びついている。したがって，優れた意思決定を行うためには，組織内での**コミュニケーション**が重要な役割を果たすことになる。

また，バーナードは，管理的意思決定の真髄について，次のように述べている。「現在適切でない問題を決定しないこと，機熟せずしては決定しないこと，実行しえない決定はしないこと，そして，他の人がなすべき決定をしないこと」(5)。つまり，意思決定には，積極的意思決定と，消極的意思決定の2種類が存在することを指摘している。積極的意思決定とは，「あることをなし，行為を指図し，行為を中止し，行為をさせない決定であり，消極的意思決定とは，決定しないことの決定である。行為の成功は，可能な行為の選択と拒否が卓越していることによってもたらされるものであり，消極的意思決定は，無意識的，非論理的，本能的なもので，「良識」である」(5) と述べている。

(4) 経営者の役割

バーナードは，自らの経営者としての長年の経験を基に経営者（管理者）の役割について，以下の3つを指摘している。

① コミュニケーション・システムを提供すること

---

(5) Barnard (1938), 邦訳pp.202-203.

② 組織への貢献を確保すること
③ 目的の定式化し規定すること

まず，①コミュニケーション・システムの提供とは，組織内において，その手段を確立し維持していくことをいっている。したがって，組織構造を検討し，その部署の職員としてふさわしい人材を配置することが重要になる。そのためには，職員の選抜や昇進，降格，解雇等といった統制を行うことが必要となる。また，非公式組織を活用してコミュニケーションを促進していくことも必要となる。次に，②組織への貢献の確保については，組織内における構成人のモラールの維持，誘因体系の維持，抑制体系の維持，監督と統制，検査，教育と訓練などを行うことが必要となる。

最後の③目的の定式化と規定とは，組織目的を定式化し定義をすることである。しかも，組織の置かれている環境に応じて，再規定が必要となる。そして構成員に目的を理解させて結束を保ち，目的に沿った決定が上下一貫して調整しなければならない。

バーナードは，経営者（管理者）が以上のような役割（職能）を果たして行く上で，リーダーシップが必要になると指摘しており，そのためには，「**道徳的リーダーシップ**」が重要であることを強調している。バーナードによれば，「組織の存続はリーダーシップの良否に依存し，その良否はその基礎にある道徳性の高さから生じる」[(6)] とされている。つまり，「組織道徳の創造こそ，個人的な関心あるいは動機の持つ離反力を克服する精神」[(6)] であり，この意味でのリーダーシップがなければ，組織の諸問題は克服できないと述べており，道徳を創造することは，経営者に求められる重要な役割であることを強調している。

(6) Barnard (1938), 邦訳pp.295-296.

2-2-3　サイモンの管理論

バーナードの近代管理論を受け継ぎ，独自の理論を展開したのが，**サイモン**（Simon, H.A.）である。

サイモンは，1916年にアメリカのウィスコンシン州ミルウォーキーで生まれた。シカゴ大学で博士号を取得し，カリフォルニア大学行政学研究所やイリノイ工科大学を経て，1949年にカーネギー・メロン大学の教授に就任している。そして，1978年には，ノーベル経済学賞を受賞した「組織における意思決定プロセス」に問題意識を持った研究者である。

サイモンは，バーナードの理論から出発して意思決定論を中心に組織論や管理論を展開した。このため，サイモンの理論は，バーナードの理論を発展させたことから，**バーナード＝サイモン理論**とも呼ばれている。

(1) 管理人（経営人）仮説

サイモンの理論が前提とする人間観は，**「管理人」**もしくは**「経営人」**（administrative man）と呼ばれるものであり，この様な人間観は，**管理人（経営人）仮説**と呼ばれている。

これは，人間は，ある程度の**自由意志**，**選択力**，**意思決定能力**を持っているが，様々な要因によって制約を受けており，実際に達成し得るのは「**制約された合理性**」に従っているという人間観である。

この人間観は，経済学や古典的管理論が前提とする人間観である経済人仮説とは大きく異なり，むしろ現実の人間に近いものである。経済人は，選択可能な全ての選択肢を持っており，その中から最善の選択をすることができるが，管理人は，全ての選択肢を知ることができないため，ある程度「満足し得る」もしくは，「十分良い」と思われるものを選択することになる。経済人と管理人の違いをまとめると図表2-4になる。

サイモンによれば，「管理の理論は，特に意図され，しかも制限された合理性についての理論，即ち，極大にする知力を持たないために，ある程度で満足する人間の行動の理論である」[7]と述べている。

図表2-4　経済人と管理人の違い

	経済人	管理人
情報収集力	全ての代替案を得ている	一部の代替案を得ている
結果予測力	選択した代替案の結果が解っている	選択した代替案の結果は部分的に推測できる
意思決定力	最善の代替案を選択できる	満足し得る，或いは，十分よいと思われる代替案を選択する
合　理　性	客観的合理性	主観的合理性

出所：井原（2011）を一部修正

(2) 意思決定の前提

サイモンは，意思決定とは「行為に導く選択の過程」であると定義しており，その意思決定の前提には，善悪・倫理や行為の目的に関わる**価値前提**と事実の認識や目的達成の手段に関わる**事実前提**の2つがあると述べている。特に，事実前提は客観的な検証を行うことが可能であることから，意思決定の科学が成立し得るといっている。価値前提は主として目的に関わり，事実前提は目的達成のための手段に関わるが，意思決定の科学が対象とするのは，目的を如何に達成するかという手段の問題ということになる。

(3) 意思決定における主観的合理性

人間は，生理的・物理的限界によって制約されている。したがって，人間の情報処理には限界があるため，完全に合理的になることができない。つまり，人間は，「限られた範囲の中において，合理的である」とサイモンは捉えているのである。人間は，全てのことを知り得ないので，客観的かつ合理的な意思決定をすることができない。サイモンは，人間は，様々な制約の中で，できるだけ合理的な意思決定をしようとする「**主観的合理性**」を持っていると述べて

（7）Simon (1945), 邦訳p.184.

いる。したがって，意思決定に完璧を求めるのではなく，意思決定の合理性を高めること，つまり，意思決定における「**満足化行動**」（ある程度満足できるところでの意思決定）にこそ意義があると主張しているのである。このように，サイモンは，人間の合理的行動には，限界があることを指摘しており，これを「**限定合理性**」と呼んでいる。

【参考文献】

Barnard, C.I. (1938) *The Function of the Executive,* Harvard University Press.（山本安二郎・田杉競・飯野春樹訳『新訳 経営者の役割』ダイヤモンド社，1999年）

Robbins, S.P. (1997) Essentials of organizational behavior, Upper Saddle River, NJ., Prentice-Hall.（高木晴夫訳『組織行動のマネジメント』ダイヤモンド社，2009年）

Simon, H.A. (1945) Administrative Behavior 4th edition, New York, NY., Macmillan.（二村敏子ほか訳『経営行動』ダイヤモンド社，2009年）

Taylor, F.W. (1911) The Principles of Scientific Management, Harper & Brothers.（有賀裕子訳『科学的管理法』ダイヤモンド社，2009年）

芦沢成光・日高定昭（2007）『現代経営管理論の基礎』学文社.

井原久光（2011）『テキスト経営学』ミネルヴァ書房.

上林憲夫・奥林康司・團泰雄・開本浩矢・森田雅也・竹林明（2011）『経験から学ぶ経営学入門<第3版>』有斐閣.

車戸實編（1987）『<新版>経営管理の思想家たち』早稲田大学出版部.

佐久間信夫編著（2011）『経営学概論』創成社.

中野裕治・貞松茂・勝部伸夫・嵯峨一郎『初めて学ぶ経営学』ミネルヴァ書房.

野中郁次郎（1993）『経営管理』日本経済新聞出版社.

深山明・海道ノブチカ（2010）『基本経営学』同文舘出版.

吉原正彦編著（2013）『メイヨー＝レスリルバーガー』文眞堂.

第3章 経営組織論

3-1 組織とは

組織については，公式組織と非公式組織があることは，既に第2章で触れたとおりである。ところで，皆さんは，組織とは，どのようなものだと考えているだろうか。

バーナードは，組織を「2人以上の人々の意識的に調整された活動や諸力のシステム」であると定義している。つまり，バーナードは，複数の人たちによって構成され，何らかの目的をもって活動が行われている体系（システム）・装置・仕組み，が組織だと定義していることになる。したがって，1人で活動が行えるのならば組織は形成される必要はない。しかしながら，1人で行えることには限界がある。このため，その限界を克服する手段として組織が形成されるということになる。たとえば，大きな石を運ぶ作業があったとしよう。1人よりも2人，2人よりも4人の方が，より重く，より多くの石を短時間で効率的に運べることは想像に難くない。

組織には様々な役割があり，多くの機能を持っているが，この章では，最初に伝統的（古典的）組織論を紹介し，近代的組織論としてバーナードの組織論に焦点を当てて，コンティンジェンシー理論までをレビューする。そして，最後に代表的な組織の形態について見て行くこととしよう。

3-2 伝統的（古典的）組織論

伝統的（古典的）な組織論では，組織を「権限と責任の体系」だと見ている(井原 2011)。そして，ある原則に基づいて組織を運営することでどのような状況下でも通用する万能な組織が形成できるとして研究が行われた。この原則を**組織原則**または**管理原則**という。この原則は無数にあるが，井原（2011）は次の7つを代表的な原則として紹介している。

(1) 命令一元化の原則

指示や命令は直接の上司より受けるべきとする原則のことであり，他部署や階層を超えた上位者から命令されることは，組織に混乱を生じさせる。

(2) 専門化の原則

仕事をできるだけ細分化して，同じ仕事を専門的に行わせる原則のことであり，仕事を専門的に行わせることで習熟度や効率性が増す。

(3) 監督範囲適正化の原則

一人の監督者が行える監督の範囲を広すぎる（人数が多すぎる）ことなく，また，狭すぎる（人数が少なすぎる）ことのないように適切にする原則のことであり，広すぎる（人数が多すぎる）と監督不行き届きとなり，少なすぎると過剰管理を生じさせる。

(4) 権限と責任の原則

権限を伴わない責任や責任を伴わない権限を与えてはならないとする原則のことであり，ここでいう権限とは職務を公に遂行出来る権利や力のことで，責任とは職務を遂行した結果に対する責任のことである。そしてこの原則は，職位とも密接に関連しており，職位に応じた権限と責任を与えなければならない。即ち，職位＝権限＝責任　といった三位一体の関係にある。そしてこの関係は，次の3つの原則によって成り立っている。

A）明確化の原則：権限と責任は明確に規定されなければならない。

B）対応の原則：権限と責任は対応していなければならない。

C）階層化の原則：権限と責任は職位と結びついていなければならない。

(5) 階層化の原則

組織は，建物の階のように，権限に応じたピラミッド型の階層を形成させるべきとする原則のことで，命令一元化の原則や監督範囲適正化の原則のためにも必要である。

(6) 権限委譲の原則

上位者が持つ権限を下位者に委譲することで効率的な組織運営を行う原則のことである。ただし，能力や状況に応じた権限委譲を行う必要がある。

(7) 例外の原則

上位者は，ルーティン業務は下位者に委譲して，例外的な業務に専念すべきであるとする原則のことであり，上位の職にある者は，日常的な職務から解放された余力を中長期的な視点に立った業務に注ぐことが可能となる。

このように伝統的（古典的）組織論では，組織を静的なものとして捉え，これらの原則に基づいて運営すれば，どのような状況下でも同じ組織ができると考えていた。

3-3　近代的組織論（バーナードの組織観）

3-3-1　公式組織成立の３要件

バーナードは，組織を**協働システム**（cooperative system）であると説明している。協働システムとは，「少なくとも1つの明確な目的のために2人以上の人々が協働することによって，特殊な体系的関係にある物的，生物的，個人的，社会的構成要素の複合体である」と定義しており，その中核となる概念が組織である。組織には大きく分けると公式組織と非公式組織があるが，まず，公式組織についてバーナードは，既述の通り「意識的に調整された人間の活動や諸力のシステム」であると定義している。そして，**公式組織が成立する要件**として（1）**貢献意欲**（willingness to serve），（2）**共通目的**（common purpose)，(3) コミュニケーション（communication）の3つの要素が必要となる。

(1) 貢献意欲

協働システムにおいては，メンバーの貢献なくして組織は存続できない。バーナードによれば，「意欲とは，克己，人格的行動の自由の放棄，人格的行為の非人格化を意味する。その結果は，凝集であり，結合である」と述べている。そして，個人の貢献意欲は，個人の動機とそれを満たす誘因に依存すると捉えている。

(2) 共通目的

組織に目的が存在しなければ，目的を達成しようとするメンバーの貢献意欲は生まれない。目的を持たない人の集合は組織ではなく，ただの集団である。特に公式組織では，目的を達成できないと存続していくことができない。

組織の目的には，a）協働的側面，b）主観的側面，の2つの側面があり，協働的側面とは，組織の利益のことで，外的，非人格的，客観的なものとなるが，主観的側面は，組織が個人に対して課す負担や与える利益のことなので，内的，人格的，主観的なものとなる。このため，共通目的は，個人が果たすべき組織の目的であることから，個人の解釈がどうであれ，必ず，外的，非人格的，客観的なものとなる。

(3) コミュニケーション

共通目的の達成のための情報や意思決定，命令の伝達を意味している。組織におけるコミュニケーションの方法や技術は，いかなる組織にとっても重要な要素である。コミュニケーションが上手く機能しなければ，共通の目的が形成されず，協働意欲が生まれることはない。求められるコミュニケーション技術は，組織の構造や広さ，範囲によって異なるため，組織論においても重要なテーマとなっている。

3-3-2　組織の有効性と能率

公式組織にとっては，存続こそが基本命題である。公式組織として成立をしても，活動を通じて存続することができなければ，消滅してしまうからである。

バーナードによれば，組織が存続していくためには，既述の公式組織成立の3要件に加えて，組織の**有効性**（effectiveness）と**能率**（efficiency）を均衡に維持させていくことが重要となる。ここでいう組織の有効性とは，共通目的の達成度合いのことであり，能率とは，組織に対する個人的動機の満足度のことである。有効性と能率を均衡に維持していくためには，個人的貢献の確保や維持が必要であり，そのためには個人的貢献と同等か，もしくは，それ以上の**誘因**（incentive）を個人に提供することが必要となる。

誘因の提供する方法について，バーナードは，特殊的誘因と一般的誘因の2つに区分している。特殊的誘因とは，物質的誘因，個人的で非物質的な機会，好ましい物的条件，理想の恩恵などで，物質的誘因には，貨幣や物，雇用の受諾，報酬・報償などが該当する。しかしながら，バーナードは，物質的誘因は最低限の必要性（生存水準）を満たすと，効果が限定的となると考えており，物質的誘因よりも個人的で非物質的な機会が重要な誘因だと指摘している。これには，優越，威信，個人的勢力及び支配的地位獲得の機会といった誘因が該当する。好ましい物的条件も協働に対する誘因としては重要であるが，最も強力な誘因が理想の恩恵である。具体的には，個人の理想を満足させる組織の能力のことで，働く者の誇り，適正感，家族などへの利他的奉仕，組織への忠誠などである。

次に，一般的誘因の方法では，まず，社会的な調和の提供がある。敵対や対立は，協働の妨げになるのがその理由である。このため，習慣的作業条件，習慣的やり方や態度を尊重することが指摘されている。これについては，不慣れな方法によって仕事を強制すると，人々は協働する気が減退することがその主な理由とされている。また，事の成り行きに参加しているという感情を満たす機会も重要な誘因となるとされている。最後に社会関係における人格的な安らぎの感情を提供することも一般的誘因の方法として挙げられている。これは，仲間意識の機会や相互扶助の機会，心的交流の必要性は公式組織の運営に必要な非公式組織の基礎となるからである。

誘引には様々な種類や提供の方法があることは，前述のとおりであるが，十分に提供できない場合には，説得という方法が採られる。バーナードは，説得の方法として（1）**強制的状態の創出**，（2）**機会の合理化**，（3）**動機の教導**の3つを示している。

（1）強制的状態の創出とは，組織に一定の貢献をしようとしない人たちを排除して，**みせしめ**による説得の手段として用いることであり，（2）機会の合理化とは，宣伝によって組織に参加するようにアピールすることで，（3）動機の教導とは，教育や宣伝によって組織に貢献するように動機や個人の感情的反応を規制することである。

3-3-3　非公式組織

バーナードは，非公式組織についても重要であると考えている。非公式組織とは「個人的接触や相互作用の総合」および「人々の集団の連結」を意味し，公式組織の運営に必要であると述べている。また，公式組織と非公式組織の関係については，「全体社会は，公式組織によって構造化され，公式組織は非公式組織によって活気付けられ，条件付けられる」関係であると指摘している。つまり，非公式組織の存在が，個人の経験や，知識，態度ならびに感情を変化させると考えており，その重要性を指摘している。

公式組織における非公式組織が持つ機能についてバーナードは，次の3つを指摘している。まず，第一の機能は，コミュニケーション（伝達）機能である。これは，公式組織のみならず，非公式組織のルートを活用することによってコミュニケーションが一層促進されることにつながることがその理由である。次に第二の機能は，貢献意欲と客観的権威の安定を調整することによって公式組織の凝集性を維持する機能である。これは公式組織だけではなく，非公式組織内でも貢献意欲を引き起こし，**無関心圏**に近いところにある権威を受容することを可能にする機能のことである。そして第三の機能は，自律的人格保持の感覚，自尊心および自主的選択力を維持する機能である。これは，公式組織では，非人格的に仕事することが求められるが，それとは異なり，非公式組織内では，人間的な態度を強める機会を提供する機能を持っているからである。

このように，非公式組織は，公式組織とは異なる心理的側面での影響力や機能を持っていることから，公式組織内の活動を安定化させる役割があるといえる。

3-4　コンティンジェンシー理論

古典的管理論では，どの組織にも当てはまる普遍的な組織体系の研究に関心を向けた。しかしながら，バーナードやサイモンに代表される近代的管理論では，組織そのものを**オーガニゼーション**（organization）ではなく，**システム**（system）とみなし，しかもそれは，**オープン・システム**（**開放体系**：open system）[(1)] であると指摘している。この考え方は，後に環境や条件に応じたベストな組織構造や管理方法を研究する起点となり，**コンティンジェンシー理論**（contingency theory）として体系化された。ここでは，この理論に関する実証的な研究を3つ紹介することとする。

3-4-1　バーンズとストーカーの研究

バーンズ（Burns, T.）と**ストーカー**（Stalker, G.M.）は，1961年に伝統的な織物産業からエレクトロニクス産業に参入した企業を対象に調査を行っている。

彼らが着目したのは，組織の管理システムで，**機械的組織**（mechanistic or-

(1) オープン・システム（開放体系）とは，システム内部が外部の環境変化によって変化し，逆にシステム内部の変化がシステム外部に影響を与えるシステム。クローズド・システム（閉鎖体系）は，システム外部の影響を受けないシステムのこと。

ganization）と**有機的組織**（organic organization）の2つに類型化し，環境変化への対応について調査を行っている。機械的組織とは，職能が専門化，細分化されていて，権限や責任が明確な官僚制組織のタイプであり，有機的組織とは，権限と責任が柔軟に運用され，コミュニケーションも広く行われる非官僚制組織のタイプである。彼らの調査の結果，市場環境が安定的な織物産業から変化の激しいエレクトロニクス産業に転身して成功している企業は，有機的組織であることが明らかになった。つまり，市場環境が安定している伝統的な織物産業では，機械的組織が有効であっても，市場環境の変化が激しい業界においては通用せず，有機的組織への転換が必要だったということになる。

この研究からは，あらゆる組織環境に適合する組織構造や管理システムは存在しない「**管理にワン・ベスト・ウェイなし**」という，コンティンジェンシー理論における基本的な命題が導き出されたことになった。

3-4-2　ウッドワードのサウス・エセックス研究

この研究では，1965年に**ウッドワード**（Woodward, J.）を中心として，イギリスのサウス・エセックス地方の企業を中心に調査が行われた。この調査では，製造技術に注目して，対象企業が採用している製造技術のタイプを技術のレベルによって，①単純レベルの小規模生産，②中間レベルの大量生産，③高度なレベルの装置生産　の3つに分類を行い，組織の階層の数，管理の幅，内部昇進の比率といった組織構造や管理システムとの比較を行っている。その結果，①単純レベルの小規模生産では，有機的組織構造が有効であり，②中間レベルの大量生産では，機械的組織構造が有効で，③高度なレベルの装置生産においては，有機的組織構造が有効であることがわかった。

ウッドワードは，バーンズとストーカーの研究結果と同様に，全ての組織に共通する唯一絶対の組織構造や管理システムは存在せず，技術環境が異なれば，それに応じて組織構造や管理ステムも異なることを主張した。

3-4-3　ローレンスとローシュの研究

ローレンス（Lawrence, P.R.）**とローシュ**（Lorsch, J.W.）は，1967年にプラスチック産業，食品産業，容器産業を対象に組織の**分化と統合**のパターンと環境特性の関係について調査を行っている。分化と統合とは，組織が大規模化すると複数の機能に分化（分権）が進むとともに組織として機能していくためには，個々の部分を統合（集権）が必要になるということを意味している。

この調査では，企業の各部門に注目している。具体的には，営業部門は市場環境への適応が必要であり，製造部門は技術環境への適応が必要で，研究開発部門は科学環境への適応が必要であり，部門ごとに管理方法が異なることを実証している。また，分化と統合のパターンも各産業や部門毎に異なっていることも実証した。たとえば，容器産業のように外部環境が安定しているケースでは，分化の度合いを低くして，統合の度合いを高める必要があるが，外部環境が不確実なケースでは，分化の度合いを高める管理方法が有効であることを明らかにしている。

ローレンスとローシュは，これらの研究成果を基に，1967年に『組織の条件適応理論』（*Organization and Environment: Managing Differentiation and Integration*）を発表し，その後，**コンティンジェンシー理論**として広く認知されるようになった。

3-5　組織の形態

あらゆる環境に対応できる万能で組織の理想的な組織形態は存在しないことは，前節のコンティンジェンシー理論で見てきたとおりである。企業は，試行錯誤を続けながらその時々の状況に応じて組織の形態を変えていく。組織は，複数の人々の協働によって目的を達成する場であることから，個々人が担う役割が分担されて細分化される。組織内での業務を細分化して分担することによって，効率的に仕事を行うことが可能となる。このように1つの仕事を分割し，細分化して業務を行うことを**分業**というが，組織の形態は，この分業を効率よく行うための仕組みとして形成されることになる。したがって，組織の形態には様々なバリエーションがあるが，ここでは基本的なモデルについて学習を行うこととする。

3-5-1　官僚制組織

組織の形態において，基本的なものが**官僚制組織（ビューロクラシー）**である。ビューロとは，事務所のことであり，クラシーは，統治・管理のという訳語で，「事務所による現場の管理」という意味を持っている（三戸他 2006）。

官僚とは，役人（公務員）のことであるので，官僚制組織とは，即ち，行政組織（役所）のことを指す。皆さんは，いわゆる「お役所」という言葉に対して，どのようなイメージをお持ちだろうか。一般的には，硬い，書類が多すぎる，事務的，ピラミッド型組織といったイメージを持つ人も多いのではないだろうか。しかしながら，**ウェーバー**（Weber, M.）によれば，この組織は，合法的に支配された，最も機能的で，機械のような組織であり，これほど，正確性，迅速性，継続性，統一性，慎重性，明確性，客観性を持っている組織はないと評している。このような官僚制組織の特徴について，ウェーバーは次のように指摘している。

・職務権限の明確化（権限の原則）
・規則への服従（人ではなく，規則や職務に対する服従）
・文書による命令・伝達（文書主義）
・専門分化された職務（専門の原則）
・公私の峻別
・組織階層性（ヒエラルキー）（階層の原則）

しかしながら，官僚制組織が，常に機能的に作用するとは限らない。冒頭で，官僚制，即ち，「お役所」に対して，マイナスのイメージを持った方も少なからずいるのではないだろうか。官僚制組織については，「硬直性」や「非能率性」も指摘されている。これを官僚制の**逆機能性**と呼ぶ。**マートン**（Merton, R.K.）は，官僚制の持つ逆機能性について，**規則主義，文書主義，形式**

図表3-1　ライン組織の例

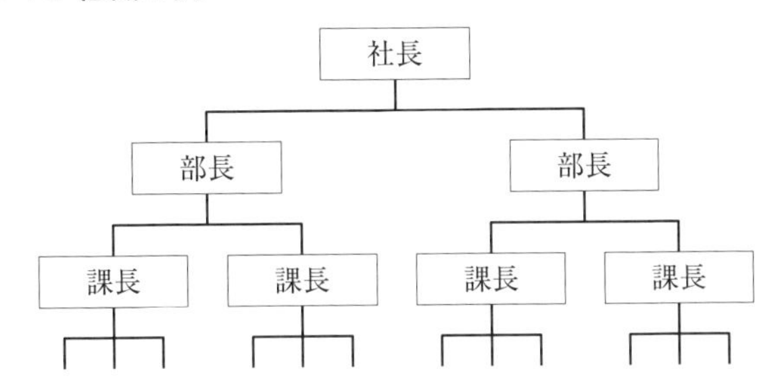

出所：筆者作成

主義，セクショナリズム，先例主義，組織の肥大化を指摘している。

3-5-2　ライン組織

この官僚制組織の形態は，ライン組織と呼ばれる。この組織形態の特徴として，指示命令系統が命令一元化の原則に従って，上から下まで一本のライン（線）で結ばれることから，このように呼ばれている（図表3-1）。

この組織構造は，軍隊や消防などで古くから使われている組織形態であり，この組織形態の特徴は，命令一元化の原則に基づいていることにあり，長所と短所を以下のようにまとめることができる（図表3-2）。

図表3-2　ライン組織の長所と短所

長　所	短　所
・命令が伝わり易い ・規律・秩序を保ちやすい ・政策の一貫性 ・軍隊・官庁に適している ・中小企業に適している ・変化の少ない業界向き	・権限の集中 ・階層が長くなると意思疎通が悪化する ・横の連絡が悪くなる ・多角化事業・多数製品を扱う企業には不向き ・大規模組織には不向き ・変化の大きい業界には不向き

出所：井原（2011）に加筆修正

図表3-3　職能別組織の例

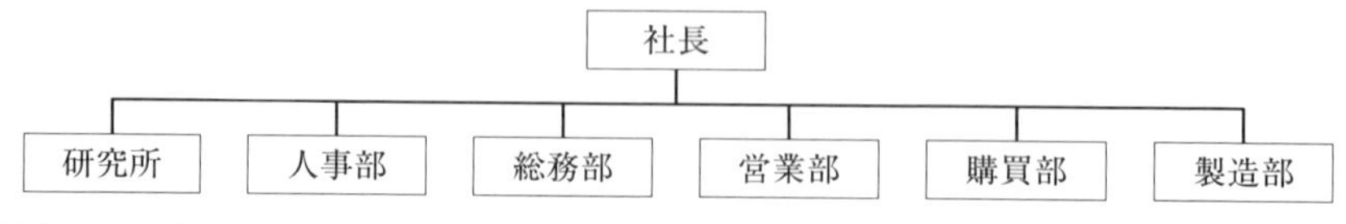

出所：筆者作成

3-5-3　職能別組織（機能別組織）

組織における職能（Function）を基準に分けた組織形態が**職能別組織**で，**機能別組織**とも呼ばれている（図表3-3参照）。

比較的規模の小さい組織や中小企業に多く見られる組織形態である。

この組織構造の特徴は，「**専門化の原則**」に従っているところにあり，長所と短所をまとめると図表3-4のようになる。職能（機能）別組織には，横の連携が悪くなり，部門を超えたコミュニケーションが阻害されるという欠点が存在する。その欠点を補うための部門間調整を行う必要があり，図表3-3の例では，その役割を社長が担うことになる。

図表3-4　職能別組織の長所と短所

長　所	短　所
・ライン組織のように1人の上位者に権限が集中しない ・専門的知識が深まり，専門家が養成される ・種類の少ない製品を扱う企業向き ・研究所のような専門組織向き	・責任の所在が不明確になり易い ・全体的視野に立った管理ができない ・職能部門間の調整役が必要 ・部門間の意見調整が必要 ・軍隊・官庁組織には不向き ・ライン業務には不向き ・営業・サービス部門には不向き

出所：井原（2011）に加筆修正

3-5-4　事業部制組織

職能（機能）別組織では，部門間調整を行う必要があり，その役割を経営者が担うことになる。しかしながら，会社が扱う製品が余りにも多様化する場合には部門間調整を経営者が行うのは現実的ではない。経営史家の**チャンドラー**

図表3-5　事業部制組織の例

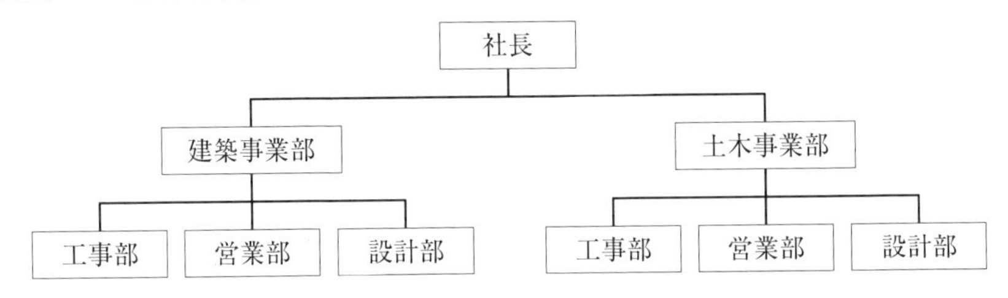

出所：筆者作成

(Chandler, A.D.) は，そういった状況下では，これまでの会社は事業部制へ移行してきたことを指摘している。具体的には，化学会社のデュポンや自動車メーカーのゼネラル・モーターズ（GM）が1920年代に，石油会社のスタンダード・オイル・オブ・ニュージャージーが1925年に，小売業のシアーズ・ローバックが1929年にそれぞれ**事業部制組織**に移行し，組織構造の再編成を行っていたことを調査で明らかにしている。

事業部制組織の特徴は，製品・地域・顧客といったセグメント別に事業部(Division) として独立した組織を作り，各事業部が1つの事業体として，独立採算的に管理責任を負う，連邦的分権制にある。したがって，迅速な意思決定が可能で，市場での変化に対応しやすい機動性があるといえる。その一方で，各事業部のマネジャーは自身の事業部の利益を優先してしまう傾向がある。事業部制組織の長所と短所をまとめると図表3-6のようになる。

図表3-6　事業部制組織の長所と短所

長 所	短 所
・意思決定が容易で迅速 ・業績評価が明確 ・市場原理が組織内に導入されて効率化が増す ・事業部門間に競争原理が働き組織が活性化する ・後継経営者の育成が可能	・事業部の利益を優先させるセクショナリズム ・短期的な利益の追求（長期的・全体的視野の欠如） ・重複による無駄の発生

出所：井原（2011）に加筆修正

図表3-7　マトリックス組織の例

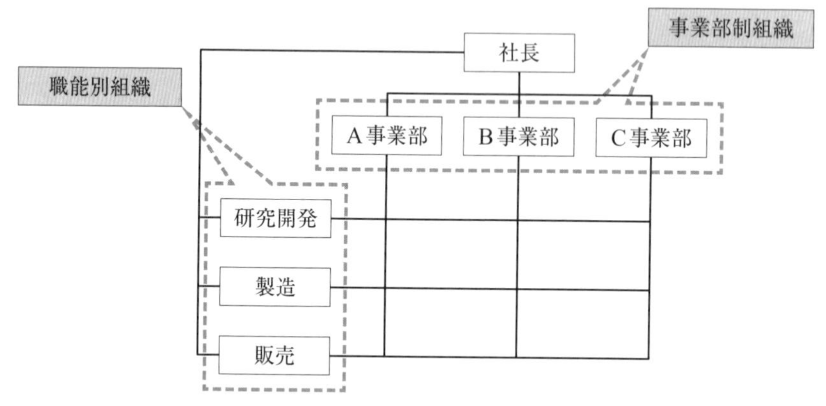

出所：筆者作成

3-5-5　マトリクス組織

マトリクス組織は，様々な組織を統合した形態を持つ組織構造となっており，図表3-7の例で示すように，職能別組織と事業部制組織といった複数の組織要素を持つ部門横断的な組織である。

この組織形態は，もともとアメリカ航空宇宙局（NASA）の衛星プロジェクトで生まれた組織だと言われており，複雑で変化の激しい事業に有効な組織形態という特徴がある。しかしながら，複数の上司が存在するといった，「**命令一元化の原則**」に反した組織構造となっているため，組織内での部門間の対立や摩擦を生み易く，組織運営上に手間がかかるという欠点がある。マトリックス組織の長所と短所は，図表3-8のとおりとなる。

図表3-8　マトリックス組織の長所と短所

長　所	短　所
・複数の組織長所が生かせる ・縦横のコミュニケーションが図れる ・全社的に人材を活用できる ・管理職と専門職の同時育成	・複数の命令系統が存在し混乱する ・責任と権限が不明確になる ・組織間で対立が生じやすい ・管理費が増大する

出所：井原（2011）に加筆修正

図表3-9　カンパニー制組織の例

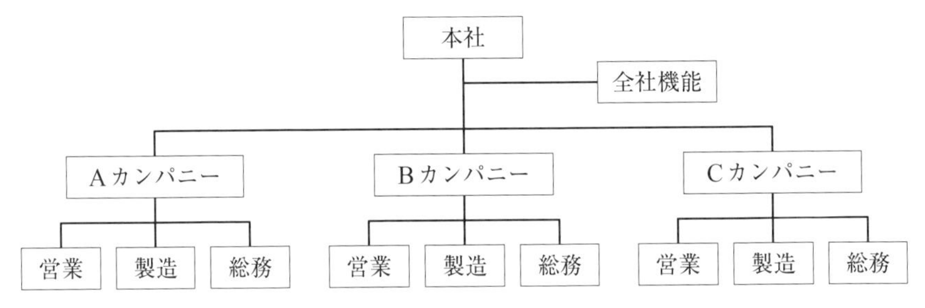

出所：筆者作成

3-2-6　カンパニー制と持ち株会社制

最後に最近の傾向として事業部制組織の発展的な組織構造として採用する企業が多い**カンパニー制**と**持ち株会社制**について見ていくこととする。

わが国で初めてカンパニー制を採用したのは，ソニーで1994年に事業本部制を廃止して移行が行われた。カンパニー制とは，各事業部を独立した組織として扱う**社内分社化制度**のことである。開発製造から販売までの一切の権限を委譲し，あたかも実在する会社のように独立採算的に事業管理が行われることから，各カンパニーの事業評価をより厳格に行うことができ，カンパニー間の競争も促進されることが期待できることから組織の活性化につながるといった効果がある。

そして，カンパニー制をさらに発展させ，より独立性を高めた組織構造を持つのが**持ち株会社制**である。これは，戦前の日本の**財閥**に見られた組織形態ではあるが，戦後にGHQによって解体され，独占禁止法によって持ち株会社の設立が禁じられてしまった。その後，1997年の独占禁止法の改正によって設立が可能となったため，今では多くの企業によって採用されるようになった。持ち株会社は，各子会社を所有し支配することだけを目的とする**純粋持ち株会社**と自らも事業を行いながら子会社を所有し支配する**事業持ち株会社**に分けることができる。皆さんも，**○△□ホールディングス**といった社名の会社を聞いたことがあるだろう。この○△□ホールディングスが純粋持ち株会社に該当す

図表3-10　純粋持ち株会社（ゼンショーホールディングスのケース）

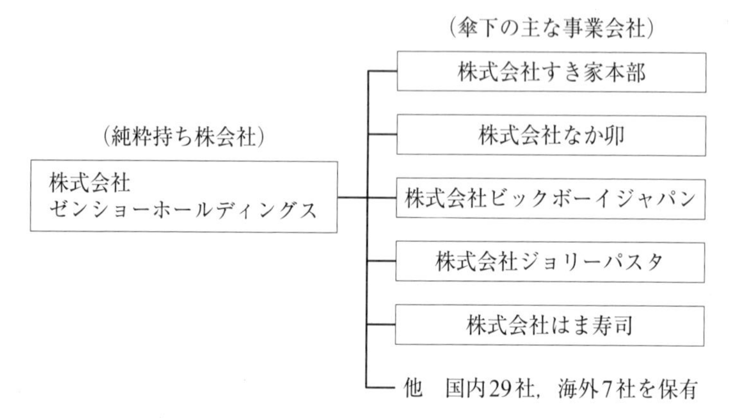

出所：同社HPより筆者作成

る。

カンパニー制が，社内で各カンパニーを所有する社内分社化であるのに対して，持ち株会社制は，各子会社は独立した個別の法人であるため，いわば**社外分社化制度**であるといえる。カンパニー制とは異なり，各子会社が独立した法人であるため，子会社毎に業績に応じた給与設定や人事制度が可能であり，コストの削減やリストラ（事業再構築）の効果が期待できる。

【参考文献】

Barnard, C.I. (1938) *The Function of the Executive*, Harvard University Press.（山本安次郎・田杉競・飯野春樹訳『経営者の役割』ダイヤモンド社，1999年）

Simon, H.A. (1947) *Administrative Behavior*, Macmillan.（桑田耕太郎・西脇暢子・高柳美香訳『<新訳>経営行動』ダイヤモンド社，2009年）

井原久光（2011）『テキスト経営学』ミネルヴァ書房.

車戸實編（1987）『<新版>経営管理の思想家たち』早稲田大学出版部.

桑田耕太郎・田尾雅夫（2005）『組織論』有斐閣.

藤田誠（2012）『スタンダード経営学』中央経済社.

三戸浩・池内秀己・勝部伸夫（2006）『企業論』有斐閣.

第4章 人的資源管理論

4-1　雇用管理とは

企業は，その目的を達成するために必要とされる従業員を雇い入れ，仕事をしてもらうことで利益を創出している。このため，必要とされる人材の量や質の確保とともに，雇い入れた人にふさわしい適切な仕事を割り当てることが重要な課題である。このように，仕事の量や内容に応じて，人材の量や質を適切にマッチングさせていくことを**雇用管理**という。雇用管理には，大きく入口，組織内，出口の3つのフローがある（上林ほか 2018)。

4-1-1　入口のフロー（採用）

企業が求める人材像とは，どのような人であろうか。たとえば，海外にグローバルな事業展開を予定している企業であれば，「語学力の堪能な人材が欲しい」といった具合に，その企業の経営戦略を実現してくれる人材に他ならない。このように企業が求める人材の採用においては，それぞれの企業の経営戦略に基づいた**採用計画**が立てられることになる。このため，採用計画では，雇用形態や人数，職務経験の有無，採用の時期，募集や選考の方法などを詳細に決めて盛り込む必要がある。一例を挙げると，繁忙期に対応するための一時的な人員の確保が必要なケースでは，正社員よりもパートやアルバイト採用といった雇用形態が選択され，職務経験の有無については，即戦力としての人材が必要なケースでは，転職希望者を対象とした中途退職者の採用が選択され，将来の幹部候補として時間をかけて人材の育成を行いたいケースでは，新規卒業者の採用が選択されることになる。採用の時期については，多くの企業が，毎年4月に**新規学卒者の一括採用**を行っているが，これにこだわらず，優秀な人材を確保するために**通年採用**を選択する企業も増えてきている。募集については，最近では自社ホームページや就職情報サイトを活用したWeb広告が主流になっているが，**ハローワーク（公共職業安定所）**も多くの企業で利用されている。

4-1-2　組織内のフロー（異動，出向・転籍，昇進・昇格）

異動とは，組織内において異なる部署や部門に水平的に動くことである。このため，移動ではなく「異動」という表記が使われる（上林ほか 2018）。詳しくは4-3で学習するが，従来の日本企業では，様々な職務をこなせる人材を育成するために，定期的に異動（**ジョブ・ローテーション**）が行われてきた。この他にも，職場での不正防止を目的として定期的に行われる異動や個人の能力や適性，仕事の難易度などを加味して行われる異動もある。このように業務を円滑に遂行することを目的として人の配置を行うことを**適正配置**という。

異動は，組織内だけで行われるとは限らない。組織を超えた外部組織との間で行われる場合がある。それが，**出向**と**転籍**である。出向とは，現在所属している組織に籍を置きながら子会社や関連会社で仕事を行うことである。このため，指揮命令系統は出向先の組織に従うことになる。次に転籍だが，これは，出向とは異なり，現在所属する組織との雇用関係を解消（退職）して移籍先組織と新たに雇用関係を結ぶ異動のことである。

最後に昇進と昇格についてである。**昇進**とは，従業員が組織内の上位の職位（役職）に異動することで，社員1級から係長へ，係長から課長へ任命されるといった事例がわかり易いのではないだろうか。一方，**昇格**は，従業員が現在格付けられている組織内の資格が上位に異動することである。資格とは組織内で序列付けられた格付けのことで，従業員に求められる能力を基準に格付けが行われており，資格の序列の高い低いは，求められる能力の高さ低さとリンクしている。したがって，既述のように「異動」は，組織内における**水平的な異動**であるが，「昇格・昇進」は，組織内における**垂直的な異動**であるということになる。

このように，昇進と昇格は厳密には異なるものであるが，一般的には一体的に使われているケースが多く，昇進と昇格は混同されて使われている。組織内で，昇進と昇格が行われる理由はいくつかあるが，組織の原理と個人の原理に分けて考えることができる。まず，組織の原理では，昇進や昇格によって今までより難易度の高い仕事を経験させて成長をさせるといった人材育成や従業員のモチベーションを向上させるといった側面がある。次に，個人の原理では，報酬の獲得といった側面がある。これは，昇進や昇格によって高い給与を得たい，あるいは，権限の獲得や大きな仕事をしたい，自分の望む仕事をやりたいといった誰しもが持つ個人の欲求に基づくものである。

4-1-3　出口のフロー（退職）

組織に雇用されている人は，必ず組織を離れる時が来る。それが「**退職**」である。退職には事前に合意した雇用契約に従って雇用が終了する**定年退職**（終身雇用）と**雇止め**（有期雇用），組織からの申し出によって雇用契約が終了する**解雇**（リストラ），働く人の方からの申し出によって雇用契約が終了する**退職**や**辞職**がある。

雇用者が組織を離れる時は，様々なトラブルが発生しやすいため，退職管理の重要性は高いといえる。

4-2　日本的経営

ここでは，わが国における代表的な雇用システムとして正社員を対象に行われてきた終身雇用を中心に見ていくこととする。

わが国における雇用制度の特徴が「**日本的経営**」という概念で広く知られる契機となったのは，1958年に発行された**アベグレン**（Abegglen, J.）の『日本の経営』である。この著書の中でアベグレンは，日本の企業経営における固有の特徴として，①**終身雇用制度**，②**年功制による賃金と昇進制度**，③**企業別労働組合（企業内労働組合）**などを指摘した。そして，1972年のOECD（経済協力開発機構）による『OECD対日労働報告書』でも取り上げられ，これら3

つの特徴が日本企業の強みであるとして「**三種の神器**」と呼ばれるようになった。

この頃の日本は，第二次世界大戦後の復興を成し遂げて高度経済成長を実現し，GDP（国内総生産）がドイツを抜いてアメリカに次ぐ世界第二位になった時期（1968年）と重なったため，日本企業固有の制度である「三種の神器」が日本企業の競争力の源泉であるとして世界の注目を集めた。

4-2-1　終身雇用制度

終身雇用制度とは，定年まで雇用される慣行のことをいう。つまり，終身雇用制度とは，あくまでも慣行であって，法的な拘束力を持つ制度ではないのである。したがってこの制度は，主に大企業を中心として，長期に渡る雇用を保証することで，組織と従業員との関係を維持してきた雇用管理のやり方のことを指す。

労働基準法では，第14条の労働契約においては，期間の定めのない契約と期間の定めのある2つの契約を規定している。一般的に正社員として雇用される人たちは，期間の定めのない労働契約が結ばれることから，社会通念上，定年まで雇用が維持されると考えられ，また社会でもこの考え方が暗黙的に広く受け入れられてきた。しかしながら，企業の業績が悪化したり，従業員の勤務態度に問題があるなどの一定の法的要件を満たせば，解雇することが可能である。冒頭に，主に大企業を中心とした制度である，としたのは，経営基盤の不安定な中小零細企業では終身雇用制度を維持していくことは容易なことではない，という理由からである。

4-2-2　終身雇用制度のメリット

それでは，終身雇用にはどのようなメリットがあるのだろうか。まず，長期にわたり雇用が保証されることによる働く側の安心感がある。暗黙的であっても定年まで雇用が約束されることで，従業員は安心して仕事に取り組むことができる。このため，組織への愛着が高まったり，従業員のモラールが高まることにつながるため，これを生産性の向上につなげることで組織にとってもメリットが生じる。

次に，中長期的な視点での様々な取り組みが可能となる。従業員にとっては，たとえば，来年の雇用のことを心配することがないので，ローンを組んで自家用車を購入したり，旅行を楽しんだりといったライフ・プランに応じた生活設計が可能である。また，組織にとっては，時間をかけてじっくりと教育訓練を行うことができるため，自社にとって必要な技能を身に付けた人材の育成が可能となる。経営学では，このような所属する企業で必要とされる特有の技能のことを**企業特殊的スキル**という。

4-2-3　終身雇用制度のデメリット

しかしながら，終身雇用制度にもデメリットがある。まず，暗黙的であっても，定年まで雇用が約束されることで従業員が安心して仕事に取り組むことができる反面，簡単には解雇されないだろうという「甘え」が生じ，緊張感に欠ける状況が生まれやすいことがあげられる。次に，同じ組織に長年に渡って勤務し続けることで，金太郎アメと揶揄されるような人材の**同質化**が進むことになる。同質化が進むと，行動や思考がワンパターンになり，組織内での革新的な行動が求められる時の阻害要因となる。また，一つの企業に長く働くことでその企業で必要とされる企業特殊的スキルは高まるが，その一方で，他の企業でも通用する技能が高まらないため，結果的に雇用される側の能力である**エンプロイヤビリティー**（employability）を低めてしまうことになる。

4-2-4　日本的経営と有期雇用

雇用契約に期間の定めのある雇用のことを有期雇用（短期雇用）と呼んでおり，正社員以外で雇用される人たちの雇用契約はこれに該当する。このような雇用契約で働く人たちは**非正社員（非正規社員）**と呼ばれ，雇用契約の形態によって，さらに**パート**，**アルバイト**，**派遣社員**，**契約社員**，**嘱託社員**などに区分されている。

日本的経営といえば，終身雇用が取り上げられるが，実は，正社員として終身雇用されている人たちの割合は年々減少し続けており，逆に，有期雇用される非正社員の人たちの割合が増加している。たとえば，総務省が毎年行っている「労働力調査」によると，働く人に占める非正社員の割合は2009年では34％だったが，2019年には38％と10年間で4ポイント増加しているのに対して，正社員は66％から62％へと4ポイント低下しており，この傾向は今後も続くと予想されている。それでは，なぜ，非正社員が増え続けるのだろうか。

厚生労働省が行った「平成26年度就業形態の多様化に関する総合実態調査の概況」によると，企業側が非正社員を活用する理由は雇用区分によって少し異なっている。たとえば，パート・アルバイトの場合，「賃金の節約」と「仕事の繁閑への対応」がその理由として最も多く，契約社員では「専門的業務への対応」，派遣社員や嘱託社員では「即戦力としての人材確保」が最も多くなっている。

ところで，非正社員として働く人たちの仕事に対する意識はどうだろうか。これも雇用区分によってその理由が異なっている。まず，パートやアルバイトでは，「都合の良い時間に働ける」が最も多く，派遣社員では，「正社員として働ける機会がなかった」が最も多い理由だった。契約社員や嘱託社員では「専門的な知識・技能を活かせる」が最も多い理由となっていた。

このように非正社員の雇用においては，雇用区分によって企業側の活用する理由や働く側の仕事に対する意識が異なっている。しかしながら，非正社員の7割近くをパート・アルバイトとして働く人たちが占めていることから，企業側が人件費の節約を目的に非正社員比率を高めているということができる。その一方で，非正社員という就業形態のまま働き続けたいと希望する人たちは，全体の約66％を占めていることから，働く側に一定のニーズが存在することも非正社員比率を高めている一因であるといえる。

非正社員としての雇用機会が増えていることについては，働く側の選択肢が増えることにつながっていると評価ができる一方で，賃金などで正社員との格差が生じていることへの批判もある。図表4-1を見てもわかる通り，大企業で働く非正社員の賃金は，小規模な企業で働く正社員よりも低いことが示されている。このように，非正社員の待遇は一般的に，その働きや企業に対する貢献に見合っておらず，正規社員と比して低い待遇となりがちである。そこで，同一企業内における正社員と非正社員の間の不合理待遇の差をなくし，どのような雇用形態においても待遇に納得して働き続けることができるよう，平成30年7月に働き方改革関連法が公布され，同法による改正後のパートタイム・有期雇用労働法が2020年4月に施行された。そのポイントは，先述した不合理な待遇差の禁止，労働者に対する待遇に関する説明義務の強化，行政による事業主への助言・指導等が含まれる。

図表4-1　賃金格差の実態

企業規模	正社員・正職員	正社員・正職員以外	雇用形態間賃金格差（正社員・正職員=100）
	賃金（千円）		
大企業	371.4	216.8	58.4
中企業	312.8	209.6	67.0
小企業	282.0	202.0	71.6

出所：厚生労働省『令和元年賃金構造基本統計調査の概況』を基に筆者作成

このように法規制によって働く人材の公正な待遇の実現を目指すものであるといえるが，企業側は，優秀な人材を確保しようと非正社員にも昇給や昇進制度を取り入れたり，希望者には，正社員への登用制度を設けるなどの取り組みを行う企業も最近は増えてきている。

4-2-5　年功制と企業別労働組合

ここでは，終身雇用とともに日本的経営の三種の神器として称される年功制と企業別労働組合について見ていく。

年功制とは，年齢や勤続年数が上がると共に賃金が上がる**年功賃金制**と職位や職階が上がっていく**年功序列制**のことを指す。この制度は，我々日本人に古来から根ざしてきた「長幼の序」を重んじる国民性，即ち，年上の人に対する畏敬や年長者や経験者を立てるといった慣習を経営にもシステムとして取り入れた日本企業固有の制度であるといえる。この方が，組織の「和」が保たれやすく，日本人にとっては組織運営がやり易かったのだと思われる。また，年齢が上がっていくとともに家族も増え，生活費や学費も増すことなどを考えても，合理的な制度であったといえるだろう。しかしながらその一方で，若くて優秀な人材にとっては，実力に見合ったポジションや報酬が得られないことから，モチベーションの低下を招くことにつながる。また，仕事での成果に関わりなく，年齢や勤続年数と共に賃金や職位・職階が上がっていくことから，組織の活性化につながらず，緊張感のないぬるま湯的な組織体質を生むといったデメリットが指摘されている。

次に，**企業別労働組合**（企業内労働組合ともいう）について見ていく。企業別労働組合とは，組合構成員の職種に関係なく，企業や事業所を一構成単位として結成された労働組合のことである。これに対して，組合員がどの企業に所属しているかは関係なく，企業を横断的に職種や職業毎に構成される労働組合のことを**職業別労働組合**という（上林ほか 2018）。欧米では，職業別労働組合が中心だが，わが国の労働組合は，全体の9割以上を企業別労働組合が占めている。しかも，ほとんどの企業別労働組合は，正社員によって構成されていることから，同じ正社員を対象とした終身雇用とそれと連動した制度である年功制と共に，これらの制度は，日本企業固有の制度として「三種の神器」と称されたのであった。

4-2-6 見えざる出資

終身雇用と年功賃金は，セットになって機能する仕組みである。図表4-2はそれをモデル化したものである。

入社して間もない若年層では，なかなか賃金に見合う貢献ができないが，ある時期に逆転する。その後，働き盛りの時期の間は，もらう賃金よりも会社への貢献の方が高い期間が続くというアンバランスが生じる。しかしながら，年功賃金のもとでは，年齢や勤続年数に応じて賃金が上がっていくことから，将来，貢献度が働き盛りの頃よりも下がって行っても取り返すことができる。こ

図表4-2　見えざる出資

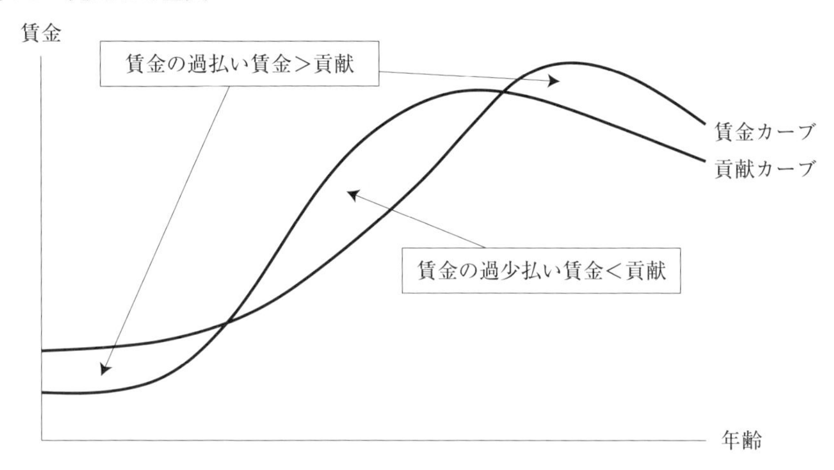

出所：伊丹・加護野（2005）を基に前田（2017）作成

のため，働く側にとっては，将来受け取れるべきお金として，企業に一種の投資をしているような状況であることから，**見えざる出資**と呼ばれている。したがって，定年まで働かずに途中で退職をしてしまうと投資をしたお金が受け取れずに損をしたことになるため，定年まで働き続けようということになる。

理論的には，定年まで働き続ければ，総賃金と総貢献量は一致することになる。このようなことから，年功賃金制度は終身雇用とセットになってうまく機能する制度であるといえる。

4-2-7　その他の日本的経営の特徴

日本的経営には，三種の神器として有名な終身雇用，年功制，企業内労働組合以外にもいくつかの特徴がある。まず，**新卒者一括採用**である。4-1-1でも述べたようにほとんどの日本企業は，毎年4月に3月に学校を卒業した新卒者たちを一括して採用する。欧米では，日本とは異なり転職率が高く労働市場の流動化が形成されていることから，通年採用が一般的である。このため，新卒者一括採用は，日本的経営の特徴の1つであるといえる。こうして，一括採用された新卒者は，従業員として企業内で時間をかけて教育・育成がなされる。詳しくは，4-3-6で見ていくが，欧米では，従業員個人がビジネス・スクールやロー・スクールに通い自らに教育投資を行うことも多く，このような**企業内教育**も日本的経営の特徴の1つといえる。また，社宅や独身寮を提供したり，制服の貸与，社員食堂や保養施設を設けるなどの**福利厚生の充実**も日本独特の制度であるといわれている。このような日本的経営の特徴は，わが国の労働市場の流動性が低いことから，**優秀な人材の囲い込み**を行うことによって，安定した労働力を確保することを目的としたものといえる。

4-3　人事管理

4-3-1　仕事と報酬

私たちは，仕事を通じて**報酬**（reward）を得る。即ち，仕事をするために提供する労働の対価が報酬であり，まさに仕事と報酬は交換関係にある。それでは，具体的に仕事を通じて得られる報酬にはどのようなものがあるのであろうか。まず思いつくのは，給与や賞与（ボーナス）といった賃金である。

賃金以外にも仕事で好成績をあげると，表彰されたり昇進や昇格が行われることがある。このように，他者（外側）から与えられる報酬のことを**外的報酬**という。

一方，仕事からは，それ自体からやりがいや喜び，達成感，充実感といった普段では感じることのない特別な感覚が得られることがある。このような個人の内面（内側）に与えられるポジティブな感覚もまた仕事を通じてもたらされる報酬であるといえ，これを**内的報酬**と呼んでいる。

このように，仕事の報酬には大きく外的報酬と内的報酬に分類することができるが，経営管理を行う上では，従業員や組織の状況に応じたそれぞれの報酬の管理を行う必要がある。

図表4-3　賃金体系図

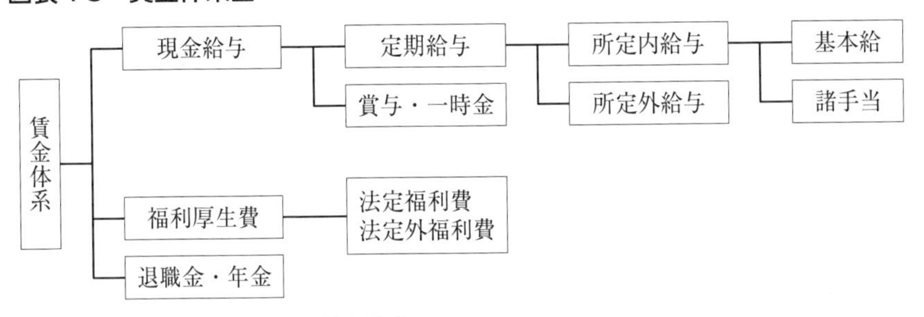

出所：上林ほか（2018）を基に筆者作成

4-3-2　賃金の体系

ここでは，外的報酬としての賃金について見ていく。図表4-3に示すのは基本的な企業での賃金体系の例である。

まず，賃金体系は現金給与と福利厚生費，退職金・年金の組み合わせからなる。現金給与は，定期給与と賞与・一時金に分けられる。そして，定期給与は，さらに所定内給与と所定外給与に分けられる。所定内給与とは，たとえば，9時から18時までの1日8時間などといった予め決められた所定内での労働時間に対して支払われる給与であり，所定外給与は残業などを行った場合に支払われる時間外手当などの給与である。そして，所定内給与は，基本給と諸手当から構成される。基本給は，まさに所定内給与の根幹をなす給与の中心的な項目である。諸手当は企業ごとに異なるが，主なものに住宅手当や通勤費，役職手当，扶養家族手当などがある。

私たちが労働の対価として受け取る賃金は，組織内にて行われる仕事への評価によって影響を受けるという側面がある。次項では組織における評価について見ていくことにする。

4-3-3　人事評価

組織内で働く従業員の人たちの評価を行うことを**人事評価**という。他にも企業によっては，**人事考課**や**人事査定**といった呼称が使われており，統一はされていない。そこでここでは，企業で行われる評価の総称を人事評価と呼ぶことにする。人事評価は，なぜ行われるのだろうか。その理由は大きく3点ある。まず最初に，従業員の**処遇決定**のために評価が必要だということである。

仕事で成果を出しているのに，成果を出してない人と評価が同じであったり，あるいは低かったりすると組織への貢献意欲や仕事へのモチベーションは低下してしまう。このようなことを避けるためにも，従業員の働きぶりに関する正しい情報を集めることが必要である。これらの情報をもとに賃金や昇格・昇進に反映させていくことが人事評価に求められる役割としてある。

次に，職務と人のミスマッチを避け，**適正配置**を行うという目的がある。仮に，現在の職場で仕事の成果が出せてないのであれば，どこに問題があるのか，どうすれば解決できるのか，配置転換を含めて検討する必要がある。企業にとっては，適材適所に人材が配置さることは，業績に直結する問題である。

そして最後に，**人材育成**といった側面がある。評価される側と評価する側には，常に認識のギャップが生じる。評価者が被評価者に対して，なぜこのような評価をしているのか，といった評価情報を伝え，課題を提示することは被評価者の成長を促すことにつながる。

4-3-4　人事評価の基準

評価基準は企業によって異なるが，ここでは一般的に使われている4つの基準を見ていくこととする。

(1) 成果評価

成果評価は，仕事の成果に応じて評価が行われるものである。即ち，成果が良ければ評価が高く，成果が悪ければ評価が低くなる。この成果を測定する仕組みのことを**目標管理**（Management By Object: MBO）という。MBOは，目標管理シートといったツールを使って行われる。成果評価の例は，次のような手順を踏む。まず，期首に評価者と被評価者が面談をして目標を決定する。その後，中間時点で目標達成への進捗状況の確認が行われる。そして期末に，目標達成に対する評価が行われる。まず，被評価者が自己評価を行い，評価者に提出を行って面談が行われる。評価者は，状況を確認しながら評価を行い，評価根拠を被評価者に伝えて納得性を高める。そして，必要に応じて来期への課題や方向性の提示が行われる。

(2) 能力評価

成果評価は1年間の業績や貢献度が評価対象であるが，すぐに結果の出る仕事ばかりではない。たとえば，研究開発職のようにある程度の時間をかけなければ，成果が期待できない仕事もあるからである。このため，短期的な業績評価だけではなく，従業員の将来性を見据えた評価が必要になる。それが能力評価である。能力評価の対象となるのは，潜在能力を含んだ**職務遂行能力**である。

(3) 情意評価

情意評価の対象となるのは，従業員への仕事への意欲や取り組み姿勢である。

具体的には，**責任性**（指示や命令を最後までやり遂げようとしているか），**協調性**（同僚の仕事の支援や業務の連携を図っているか），**積極性**（新しいことへの挑戦や仕事の改善・工夫を行っているか），**規律性**（組織のルールや職場の規律を守って仕事をしているか）などがある。

(4) 行動評価（コンピテンシー評価）

この評価の対象となるのは，**コンピテンシー**と呼ばれる成果に直結する高い行動能力である。コンピテンシーとは，特定の職務で高い業績を発揮する行動特性のことである（上林ほか 2018)。いくら仕事に必要な高い能力を有していても，行動が伴わなければ，それが仕事の成果に結びつくことはない。また，組織や担当する業務によって求められるコンピテンシーは異なるので注意が必要である。

4-3-5 評価エラー

人事評価では，様々な側面から被評価者の働きぶりが評価されるが，常に正当な評価が行われるとは限らない。評価者が誤った評価を行う**評価エラー**はその原因の一つである。評価者が陥りやすい代表的な評価エラーには，以下の6つがある。

① 期末誤差（近日誤差）

6か月や1年前の出来事ではなく，最近の出来事に引っ張られて評価をしてしまうこと。

② ハロー効果

被評価者の特に際立つ点に影響されて，他の項目の正しい評価ができなくなってしまうこと。

③ 論理誤差

事実によらず推測で，「○○ならば，△△のはずだ」といった具合に評価項目間の関係のある項目のつながりを意識して評価をしてしまうこと。

④ 対比誤差

評価者が自分自身の能力や行動，価値観と比較しながら評価する傾向のこと。自分の得意な項目には厳しく，自身のない項目には甘くなる傾向がある。

⑤ 寛大化傾向

部下との対立を避けたい時や評価に対して自信がない時に実態よりも良く評価してしまうこと。

⑥ 中心化傾向

部下の行動の観察不足などで，評価差をつけるのを避け，可もなく不可もなくといったように中央値付近に集中して評価をしてしまうこと。

このように評価者は，評価には様々な要因からバイアスが生じやすいことを認識して公正な評価を心がける必要がある。

4-3-6　人材の育成

それでは，組織に雇用される従業員は組織の中で，どのように教育や育成が行われるのだろうか。

わが国の企業において，行われてきた人材教育は大きく2つに分けることができる。**OJT**（on the job training）と**Off-JT**（off the job training）である。OJTは，仕事をしながら上司や先輩従業員から仕事のやり方を学んでいくものであり，Off-JTは，職場や仕事を離れて教育をうけるもので，一般的には研修と呼ばれており，OJTをカバーする目的で行われている。主なOff-JTとしては，教育対象者を職能資格や勤続年数などで捉えて同一内容の教育を行う階層別研修（新入社員研修・中堅社員研修など）や特定の職種ごとに行う職能別研修（営業部門研修・生産部門研修など）がある。そしてこれらの人材育成では，計画的に職務間の異動をくり返す**ジョブ・ローテーション**（job rotation）が行われ，**ゼネラリスト（多能工）**として育成されていくといった日本企業の特徴がある。企業にとっては，従業員一人一人の能力を高めることは，企業の能力を高めることにつながり，競争力を高めるために必要なことである。このため，時間やコストをかけてまで，人材の育成が行われるのである。

しかしながら，近年では企業が中心になって行われてきた能力開発から，その責任の主体が従業員個人へと変化してきている。従業員の教育訓練には費用（コスト）がかかるため，企業の業績に左右されやすいからである。このため，正社員と非正社員との間でも企業が行う教育訓練においても課題が生じている。厚生労働省が行った調査では，令和元年に働く人に占める非正社員の割合は約38.3％であり，10年前より約4ポイント上昇している。しかしながら，平成30年度能力開発基本調査では，計画的なOJTを実施している事業所は，正社員が62.9％であるのに対して，非正社員は28.3％，同じくOff-JTを実施している事業所は，正社員が75.7％であるのに対して，非正社員は40.4％であった。OJTやOff-JTを受ける非正社員は正社員の約半分程度といった結果になっている。

企業にとって，従業員の教育訓練にはコストがかかるが，教育訓練によって従業員のスキルが向上すれば，生産現場などでは生産性が向上する。向上した生産性は収益もたらすため，企業にとっては教育訓練はまさにコストをかけた投資であるといえる。長期雇用を前提とした正社員は投資の回収期間が長いのに対して，長期雇用を前提としない非正社員は不確実性が高い投資対象であるため，コストをかけた教育訓練へのインセンティブが低いと考えられる。

4-3-7 キャリア・マネジメント

キャリア（career）の語源は，ギリシャ語で「車が通った軌跡」という意味であるが，実に多義にわたって使われている。たとえば官僚のことをキャリア組とノンキャリア組といった具合に資格で区分してみたり，職業人として第一線で活躍する女性をキャリア・ウーマンと称してみたり，ただ単に経験や経歴をキャリアと捉えて，キャリアが豊富あるいはキャリア不足といったように表現することもある。

それでは，組織におけるキャリアとは，どのように捉えればよいのだろうか。組織におけるキャリアは，大きく2つの意味を持っている。それは，転職を繰り返しながら複数の組織を経験することで形成される**組織間キャリア**と1つの組織の中での職務を経験しながら形成される**組織内キャリア**である（開本2014）。

このうち，組織内キャリアについて，**シャイン**（Schein, E.）は，組織内でのキャリアを3種類の次元で捉えた**組織の3次元モデル**で示している（図表4-4参照）。

まず，タテの方向の動きで，これは階層や職位の動きのことである。社員から主任になり，そして係長，課長，部長へとまさに階層というハシゴをタテに上るように移動をして行くことで，これによって地位や権限が得られる。次にヨコ方向の動きである。これは，たとえば，製造からマーケティングへ，あるいは販売からマーケティングへといった職能を横断的に異動していく動きのことで，仕事に変化をもたらすため，個人の専門能力や技能の発達に影響を与える。そして最後が，中心方向への動きである。これは，部内者化または中心化

図表4-4　組織の3次元モデル

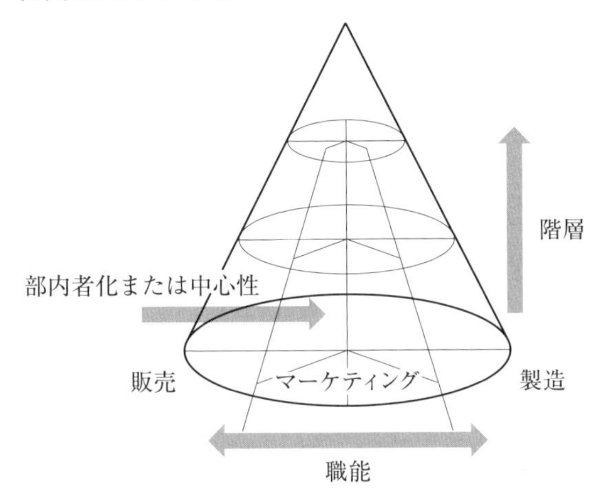

出所：シャイン（1991）を基に筆者作成

とも呼ばれ，組織の中でどれだけ中心的で重要な役割を果たしているかを意味している。中心方向への動きは，タテやヨコの動きのように外見的に目に付くものではないが，たとえば，組織内の重要な情報にどれだけアクセスできるかといったことで分かるとされている（開本 2014）。これによって，権限や影響力を獲得することが可能になる。

このように組織内でのキャリアの変化には，タテ・ヨコ・中心といった3つの動きがあり，複雑に絡み合って形成されていくことになる。

従来は，個人のキャリアは，組織が提供することによって形成されるのが一般的であった。しかしながら今日では，経営環境の変化や個人の価値観の多様化から，個人が自分自身のキャリアを自律的に形成する姿勢が求められている。即ち，自らエンプロイヤビリティーを高め，自分に合った働き方を築きあげていく自律的なキャリア・マネジメントが求められているのである。

4-3-8　人事管理の多様化

(1) ワーク・ライフ・バランス

近年，働くことの位置づけや意味付けが変わりつつある中で，「仕事と生活の均衡」をはかりながら働くということが議論されるようになってきた。つまり，仕事ばかりに偏重するのではなく，家庭生活や地域活動との調和・均衡を考慮しながら労働に従事するということである。

仕事と生活の調和の中でも，家事・育児・介護等による生活の変化が働き方などに与える影響について注目していく。内閣府による令和元年度「仕事と生活の調査推進のための調査研究報告書」によると，職場が育児・介護と仕事の両立に与える影響が大きいということから，職場での両立支援制度など支援の充実のさらなる必要性が強調された。平成30年度雇用均等基本調査によると，育児休業取得者は女性が82.2％に対し，男性が6.2％であり，男性の取得率は低く，期間も短い現状が明らかにされた。職場においては，時間単位・半日単位などの柔軟な有給休暇取得制度が用意されていることが重要であるとの声が多く，両立を支援する職場の制度や雰囲気の醸成が求められる。

また，労働者の高齢化が進む中で，介護離職が社会問題化している。今後は，介護と仕事の両立の必要性がますます高まっていくことが想定される。職場としては，介護と仕事の両立に役立つ制度として，柔軟な有給休暇取得制度を求める割合が多かった。それは，要介護者の通院やケアマネジャーとの打ち合わせ等で，勤務時間のうち数時間程度が必要になるからである。介護休暇の時間単位の取得については，制度改正により令和3年1月から可能になるが，今後は時間単位での取得日数の上限（現行では5日間）を緩和するなど，より柔軟な働き方を可能とするための施策も検討されるべきである。介護と仕事を両立しながら就業を継続するためには，介護に直面した際に相談できる窓口を設置し，周知を図ることも重要である。

さらに，企業が従業員の**ワーク・ライフ・バランス**向上を目指す際に留意する点として，自律的・主体的な施策を従業員が選択できるような従業員福祉ともいえる仕組みを整備する必要が生じる。その際，諸施策の導入はコストが生じる可能性も考えられるが，多様な働き方の積極的取り組みがある企業として優秀人材の獲得も期待できることから，人事戦略の視点からも競争優位性の獲得につながるものとして長期的視点で取り組みを進めていく必要がある。

(2) 高年齢者雇用

人的資源管理論の対象である働く人たち自身が従来よりも多様化しつつある実態がある。ここでは，定年後も働き続けることを望む元気で意欲的な高年齢者が増加している中で，組織はどう彼らを管理するのかについて見ていくこととする。2007年以降，超高齢社会になった日本では他国と比較しても急速に高齢化が進んでいる。高年齢者の増大とともに社会的に要請される高年齢者の活用という課題に，各企業がいかに効率的に対応し，持続的競争優位を獲得していくかについても考えていくとしよう。

まず，**高年齢者雇用**に関する法律については，1986年に高年齢者雇用安定法が制定されたのをはじめとして，その後，定年年齢の引き上げについて努力義務や義務化が提示される等，複数回において改正が繰り返されている。企業は従業員の65歳までの雇用確保が義務付けられているが，改正高年齢者雇用安定法の施行により2021年4月以降は，従業員が望めば，70歳まで働けるようにする努力義務を負うことになった。

具体的には定年に設定されている年齢を過ぎた後も定年前と同一の企業で勤務し続けられるようにするため再雇用制度と勤務延長制度制度の2つに分類できる継続雇用制度がある。働き続けたいと希望する高年齢者の意向を取り入れつつ，企業として，賃金を抑制しつつ，高年齢者の能力をいかに活用していくかのマネジメント能力が問われるものである。

今後，多くの企業は，定年を迎えた従業員を再雇用する継続雇用期限を70歳まで延ばすなどの措置を取ると考えられる。この他にも，企業による高年齢者のマネジメントとして，加齢による機能低下に対応し作業効率を上げていく工夫としてのユニバーサル・デザイン化を推進したり，長年の経験から培われる仕事上のスキル，能力を組織的に蓄積し，若者に伝えていく技能伝承をOJT

の形で行う等，多様な取り組みがなされている。

【参考文献】

Schein, E.H. (1978) “*Career Dynamics: Matching Individual and Organization Needs*”, Addison-Wesley.（二村敏子ほか訳『キャリア・ダイナミクス』白桃書房，1991年）

飯田史彦（1998）『日本的の論点』PHP研究所.

伊丹敬之・加護野忠男（2005）『ゼミナール経営学入門』日本経済新聞社.

井原久光（2018）『テキスト経営学<第3版>』ミネルヴァ書房

奥林康司編著（2008）『入門人的資源管理』中央経済社.

上林憲夫・奥林康司・團泰雄・開本浩矢・森田雅也・竹林明（2020）『経験から学ぶ経営学入門<第2版>』有斐閣.

上林憲夫・厨子直之・森田雅也（2018）『経験から学ぶ人的資源管理<新版>』有斐閣.

佐久間信夫他（2005）『現代経営用語の基礎知識』学文社.

鈴木正俊（2006）『経済データの読み方』岩波新書.

開本浩矢編著（2014）『入門組織行動論』中央経済社.

藤田誠（2012）『スタンダード経営学』中央経済社.

第5章 モチベーション論

5-1　モチベーションとは何か

仮に，皆さんが喫茶店のオーナーであったなら，もの覚えが悪く，怠惰で，すぐにスマートフォンをいじる若者にアルバイトとして働いてほしいだろうか。おそらく，ほとんどの人が「そんなアルバイトは雇いたくない」と答えるだろう。しかし，現実には職場で全力を出さずに働く人々が少なからず存在する。たとえば，本当は進学したかったが家計に余裕がなく働かざるを得なかった，望む企業に就職できなかった，望む部署に配属されなかった，給与が安すぎる，いわゆる「3K」（きつい，きたない，危険）の職場である，職場の人間関係が悪い，働くうえで必要な権限が十分に与えられていない，簡単なルーティンワークばかりで働いていても成長している実感がないなど，モチベーションの上がらない理由は個々人によって異なる。原因は，従業員自身にある場合もあれば，企業の経営方法にある場合もある。あるいは，双方ともに改善すべき点があるかもしれない。皆さんが喫茶店のオーナーとして冒頭の若者に「もっと真面目に働きない」と注意したら，「それならもっと時給を上げてください！　仕事の大変さと時給が釣り合っていないと思います！」と反論される場合だって考えられるのである。

5-1-1　モチベーションの2つの側面

モチベーションには，2つの側面がある。喫茶店が大好きで，将来は自分も喫茶店のオーナーになりたいと願っている若者を雇った場合，彼は自分から積極的に仕事を学び，各コーヒー豆の特徴，美味しいコーヒーの淹れ方，コーヒーに合う軽食メニュー，常連の顧客を生み出す接客手法，価格設定基準など，オーナーである皆さんに沢山の質問をしてくるだろう。あるいは，「なぜいつも来てくださるのですか」,「本店をもっと良くするために何か望まれることはありませんか」などと，常連客にさえ色々な質問を投げかけるかもしれない。このような，仕事に対する自分自身の意欲を**動因**（drive）と呼ぶ。

しかし，たまたま近所にあった喫茶店でアルバイトしているだけの若者は，動因が弱く，仕事に対して消極的な姿勢を見せるかもしれない。顧客へ注文を取りに行くのが遅い，オーダーミスをする，コーヒーカップの洗浄が不十分で先客の口紅の跡がうっすら残っている，化粧室の掃除を嫌がるなど，皆さんのお店の評判を下げてしまうかもしれない。もちろん，皆さんはオーナーとして，こうした状況を見過ごすことはできない。この状況が続けば，顧客が減ってしまう恐れがあるためである。そこで皆さんは，たとえば新しい仕事を覚えたら時給を30円上げる，単なる上司と部下としてではなく友情関係を深める，質の高い仕事をした場合に褒めるなど，彼のモチベーションを高めるために色々な方法を試みることになる。もしかすると，彼は友情関係の深化を喜び，皆さんに喜んでもらうために一生懸命に働くようになるかもしれない。このように，金銭的なものであれ，非金銭的なものであれ，仕事に対する意欲を高めるものを**誘因**（incentive）と呼ぶ。

5-1-2 欲求とモチベーションの関係

とはいえ，動因の弱い従業員のモチベーションを高めるためには，何が彼の誘因として作用するのかを知らなければならない。時給を上げて欲しいと願っている若者に対しては，友情を育むための健気な努力は徒労となるかもしれない。したがって，企業や直属の上司は，従業員の持つ様々な**欲求**（needs）を知っておく必要がある。

たとえば，一方で「生活するためには仕事が必要である」という欲求があり，他方で「働くのであれば大好きな喫茶店で働きたい」という欲求があったとする。前者の場合，生活の糧を得ることが主目的であり，より状況は切迫している。そのため，働ける場所があるならガソリンスタンドでもスーパーマーケットでも居酒屋でも構わない，ということになる。生活に困窮する者に対しては，少しでも高い時給が誘因として強く作用するだろう。しかし，後者の場合，状況はさほど切迫していないため，働く場所は喫茶店であることが望まれている。喫茶店で働くことを希望している若者に「ガソリンスタンドの時給の方が50円高い」と伝えても，彼の心には響かないかもしれない。逆に，店長から各コーヒー豆の特徴や焙煎の方法を教えてもらえないとしたら，仕事に対する彼のモチベーションは次第に低下していくかもしれない。各人の欲求は，一円でも高い時給のところで働く，喫茶店で働く，喫茶店で働くメリットが感じられなければ辞める，などといった具体的な行動に繋がる。このように，欲求とはその人に何らかの行動を生じさせる強い気持ちのことを意味する。

したがって，企業や直属の上司の提示するものが誘因として作用する場合，従業員は仕事に対するモチベーションを高めることになり，成果はさておき，少なくても仕事に対する積極的な姿勢を期待することができる。積極的に仕事に取り組めば，自分の欲求を満足させる可能性が高まるためである（それによって仕事で期待される結果が出るか否かは，本人の能力や適性など別の要因も考慮する必要がある）[1]。

とはいえ，人間の欲求は様々であまりにも多い。個々に数え始めたら，欲求は天の星の数や海の砂の粒のようになってしまうかもしれない。本章では，人間の欲求を5つのグループに分類した基礎的な理論を学習したうえで幾つかのモチベーションの理論にも触れ，仕事に対する従業員のモチベーションを高める様々な要因や方法を考察する。

5-2　欲求階層性理論

アメリカ出身の心理学者である**マズロー**（Maslow, A.H.）は，人間の欲求

(1) 企業は通常，従業員の学歴，扶養家族の人数，住所，家賃などを把握している。それは学歴に見合った賃金，扶養家族の人数に応じた手当や減税措置，適切な通勤手当や家賃補助などを支給し，従業員のモチベーションを高めるためでもある。同様の理由から，人事部は職種や勤務地に関する従業員の希望も把握していることが多い。

を5つのグループに分類し，各グループは階層的な関係にあるという**欲求階層性理論**を提唱した。たとえば，ひったくりに遭いたくない（欲求A），火事に遭いたくない（欲求B），他人から暴力を受けたくない（欲求C）という3つの欲求はそれぞれ異なるが，安全を求めているという点では共通する。こうした考え方に基づき，マズローは数多ある人間の欲求を以下のように5つにグループ化し，それを**基本的欲求**（the basic needs）と呼んだ。

5-2-1　生理的欲求

食べたい，飲みたい，眠たい，化粧室に行きたいなど，人間が生命を維持するのに不可欠な身体的欲求を**生理的欲求**（physiological needs）と呼ぶ。飲食，睡眠，排泄のうち，1つでも適切な仕方で欲求を満足させることができなければ，人間は生きていけない。したがって，生理的欲求は最も基本的かつ優勢な欲求である。

しかしながら，現代の日本では餓死などをする可能性は極めて低い。つまり，一般的な日本人は，この欲求に関して満足している。そのため，普段は友情や愛情，あるいは尊敬されたいといった欲求よりも軽んじられていることも少なくない。

5-2-2　安全の欲求

生理的欲求がある程度満たされれば，次に**安全の欲求**（safety needs）が意識されるようになる。これは，身体的に危害を加えられたくないという欲求のグループである。また，財産などを不当に奪われるなどの不安から解放されたいといった，法や秩序を希求する欲求でもある。他者から身体に危害が加えられると最悪の場合は死んでしまう。この意味で，安全の欲求は生理的欲求に次ぐ強い欲求となる。

しかしながら，わが国では法や治安は比較的安定しており，生命維持が危ぶまれるほど他者から不当に危害を加えられることは滅多にない。そのため，生理的欲求と同様に，普段の生活で安全の欲求が強く意識されることは少ない。

ただし，ICT（情報通信技術：Information and Communication Technology）の発達により，ハッキングなどインターネットを通じた様々な犯罪行為が頻発しているため，自分の身や財産を守るために，この欲求が意識されることは増えてきているかもしれない。

5-2-3　所属と愛の欲求

衣食住と安全がある程度満たされれば，次に**所属と愛の欲求**（belongingness and love needs）が意識されるようになる。これは，自分の居場所が欲しい，友人や恋人が欲しい，家族が欲しいなどといった，他者とのつながりを希求する社会的な欲求である。とはいえ，ここで強調されるべきは，「愛してもらいたい」（be loved）という受動的な欲求である，という点にある。そのため，自分を愛してくれる人は代替可能である，という特徴がある。端的に言えば，自分の基準をクリアしていれば，自分を愛してくれる人はAさんでもBさんでもCさんでも構わない，という傾向があるということになる。

人間は自分の生まれる家庭を選べないため，不運な環境下に生まれた場合，この種の欲求を十分に満たすことなく成人するかもしれない。そのような場合，極端な寂しがり屋になる，あるいは逆に，他人の愛情を求めること自体を放棄してしまうようになるかもしれない。

5-2-4　承認の欲求

両親や地域社会の他者からある程度の愛情を注がれたら，次に**承認の欲求**（esteem needs）が意識されるようになる。これは，所属組織や家族内で一目おかれたい，周囲から自分の能力などを認められたい，その象徴として出世したいなど，他者からの高い評価を希求する欲求である。また，健全な自尊心を持ちたい，自分を好きになりたい，といった側面も持つとされる。**この欲求を満足させるためには，①正当な努力，②正当な結果，③他者からの適切な承認，というプロセスを経ることが不可欠となる。**正当な努力によって生じる正当な結果を無くして，他者から高い評価を受けることは困難なためである。

しかし，正当な努力や正当な結果が無いにもかかわらず，他者からの高い評価を求める者も少なくない。企業組織において，一般的にこの種の者は，職位が上の者に媚びへつらい，それによって昇進するのを試みる。とはいえ，仮に出世できたとしても実力が伴わないため，基本的に部下からは尊敬されない。あるいは，部下から軽蔑される。そのため，本人は承認の欲求を満足させることができず，別の方法を使ってそれを満足させるようになる。すなわち，上位の職位にあるという立場を利用して，職権を乱用するようになる。「俺の言うことに逆らったらどうなるか分かっているだろうな!」といった姿勢を示し，権威主義へと傾倒することとなる。これにより，職場の雰囲気は悪化し，優秀な者は他組織に流出する可能性が高まる。

承認の欲求に関しては，もう一点留意すべき点がある。それは，褒め方やその程度に関する問題である。たとえば，親が子どもを，教師が学生を，上司が部下を承認する際などは，それが少なすぎれば正当な結果を出した者のモチベーションを下げることとなり，それが多すぎれば傲慢や不遜といった悪い人格的側面を助長してしまうことになるかもしれないからである。

5-2-5　自己実現の欲求

正当な努力に基づき，正当な結果を生み続け，正当に他者から承認されていると，**自己実現の欲求**（the need for self-actualization）に動機づけられるようになる。これは，自分の潜在能力を最大限に発揮したいという欲求である。もちろん，個々人の潜在能力は多種多様であり，ある者は学者・研究者として，ある者は身体能力で，ある者は素晴らしい母親となることで，自己実現することとなる。他の4つの欲求とは異なり，この欲求には天井が無く，正当な努力に基づく正当な結果から一時的な達成感や満足感に満たされたとしても，時間の経過とともに更なる高みを求めるようになる。

また，詳細は省略するが，マズローは自己実現者には彼らの動因となる本質的価値群があると主張し，それらを**存在価値**（the Being-Values）と呼んだ[(2)]。

5-2-6　欲求の相対的満足度

以上の5つの欲求は，下位のより優勢な欲求Aが100％満たされて初めて上位の欲求Bが出現するという関係にはない。たとえば，欲求Aが10％しか満たされていない場合は，欲求Bはほとんど意識されない。しかし，欲求Aが25％満たされれば欲求Bは5％出現し，欲求Aが75％満たされれば，欲求Bは50％現れるというような関係にある。そのため，厳格な意味で階段を上るというイメージよりも，図表5-1のように，より上位の欲求が下位の欲求の満足の程度に応じてオーバーラップしてくるというイメージである。また，たとえば生理的欲求や安全の欲求など普段の生活で十分に満たされている欲求は，個人を強く動機づける要因にはなりづらく，むしろよほどの危機にさらされない限り，あまり意識されない。

5-2-7　欠乏欲求と成長欲求

基本的欲求は更に2つのグループに分類することが出来る。一方を**欠乏欲求**（deficiency needs）と呼び，生理的欲求，安全の欲求，所属と愛の欲求，そし

---

(2) 彼は，人間は強い幸福感に満たされている時，一時的とはいえすべての基本的欲求が十分に満たされ，したがって自己実現した状態にあり，成長を動機づける何らかの影響を受けると考えた。そこで個人面接やアンケート調査が実施され，人間に成長欲求を発祥させるものとして次の15項目が導き出された。それらは，1)「真実」(truth)，2)「善」(goodness)，3)「美」(beauty)，4)「調和・全体性」(unity, wholeness)，4A)「二分法超越」(dichotomy-transcendence)，5)「快活・進歩」(aliveness, process)，6)「独自性」(uniqueness)，7)「完全性」(perfection)，7A)「必然性」(necessity)，8)「完成・終局」(completion, finality)，9)「正義」(justice)，9A)「秩序」(order)，10)「単純」(simplicity)，11)「豊かさ・総体性・総合性」(richness, totality, comprehensiveness)，12)「無為」(effortlessness)，13)「遊興性」(playfulness)，14)「自己充足」(self-sufficiency)，15)「有意義」(meaningfulness)である。マズローは，これらは15の「側面」(facet) を有する1つの価値であると説明している。したがって，特にどの項目に，あるいは幾つかの項目に動機づけられるかは個々人によって異なるものの，自己実現者が強く意識することのなかった項目もまた，1つの存在価値として重複・融合しているという。

図表5-1　基本的欲求の相対的満足度

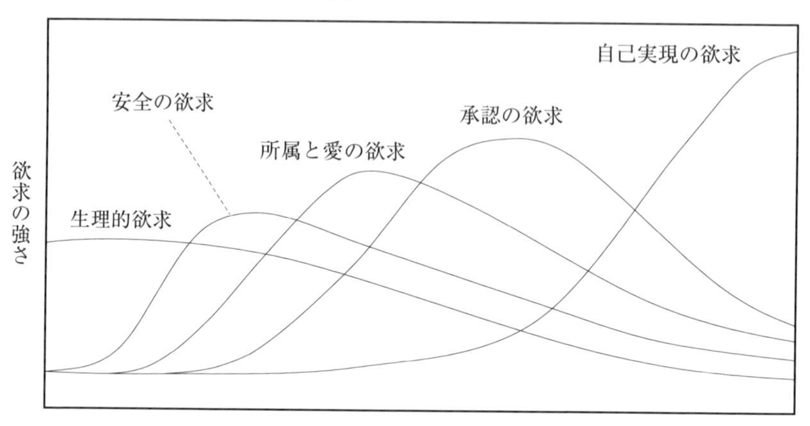

出所：田尾（1999）

て承認の欲求がこれに包含される。なぜなら，これらの諸欲求の特性には，1）欲求満足は他者に依存する，2）満足の効果が短期的である，3）自己中心的で利己的な臨床的行動を生じさせるという共通性が見られるからである。他方は**成長欲求**（growth needs）と呼ばれ，自己実現の欲求だけがこれに相当する。同欲求は，1）欲求満足は自己に立脚する，2）満足の効果は長期的である，3）問題中心的で非利己的な臨床的行動を生じさせるという，欠乏欲求とは対照的な特性を持つからである。

端的に言えば，両者の主な相違は欲求を満たすために他者を必要するか否かという点にある。したがって，欠乏欲求の優勢な者は，たとえば「同僚から受け入れられたい」，「上司から褒めてもらいたい」などといったように，たとえ悪意はないとしても，結果的に自己の欲求を満足させるために他者を必要とする（利用する）ケースが相対的に多い。逆に，成長欲求に強く動機づけられている者は，他人に欠乏を埋めてもらう必要性が少ないため非利己的な，あるいは時として利他的な行動をとることが多いという。場合によっては，利己性と利他性はほぼ同義語となる。たとえば，母子ともに空腹な場合，母親ももちろん目の前にあるパンを食べたいと願うだろうが，自分が食べる以上に我が子にそれを食べてもらいたいと願う場合，利己と利他の境は無くなる。また，この段階において，愛情は「愛してもらいたい」という受動的なものではなく，「愛したい」という能動的なものとなる。愛する対象は家族や同僚などの人間だけでなく仕事なども含まれる。「とても誠実に仕事をしてくれる」，「この仕事にやりがいを感じる」など，それを愛する明確な理由が存在するため，所属と愛の欲求の段階とは異なり，愛情の対象は代替不可となる。

このように，マズローは人間の欲求を5つのグループにまとめて基本的欲求と呼び，さらにそれらを特徴の違いから欠乏欲求と成長欲求の2つに分類した。

5-3　モチベーション論の発展と欲求階層性理論

興味深いことに，モチベーション論はマズローの欲求階層性理論に沿う仕方でアメリカにおいて発展してきた。1900年代初頭，アメリカでは**テイラー**（Taylor, F.W.）の**科学的管理法**や**フォード**（Ford, H.）の**フォードシステム**が提唱された。前者は熟練労働者の**動作・時間研究**を行うことで，後者はベルトコンベアーを工場に導入することで，それぞれ生産性の向上を志向した。また，テイラーは**差率出来高賃金制度**を導入し，図表5-2のように，生産性の向上によって増加した利益を労働者にも分配するようにと主張した。フォードのケースでは，工場で働く労働者の賃金を倍増した。当時の一般的な労働者の生活水準は恵まれたものではなかったが，賃金の上昇によって，彼らの生活は徐々に豊かになっていった。1920年代にはアメリカは空前の好景気となり，社会における中間所得者層が厚くなった。つまり，一般的な労働者の生理的欲求や安全の欲求が満たされていったのである。

基本的欲求の土台となる部分が満たされれば，次は人間関係に関わる欲求が意識されるようになる。第2章でも見たように，実際，1930年代には，**メイヨー**（Mayo, G.E.）と**レスリスバーガー**（Roethlisberger, F.J.）によって**人間関係論**が提唱されている。アメリカのシカゴ市郊外にあったウェスタン・エレ

図表5-2　生産性の向上と労働者の賃金

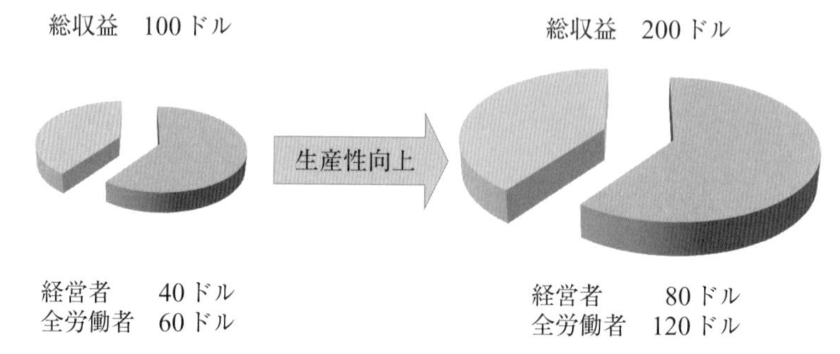

出所：筆者作成

クトリック社のホーソン工場で実施された**ホーソン実験**（1927～32年）から，二人は**非公式組織**の重要性を主張した。図表5-3のように，公式組織内には必ず価値観の近い人々によって形成される非公式の組織が存在し，それが生産性に大きな影響を与えることを突き止めたのである。派閥や学閥，もっと簡単に言えば，仲の良い者たちが形成するグループAが上司や組織内の他のグループB，C，…，あるいは企業自体と対立していれば生産性が下がり，円満であれば生産性が向上することが判明したのである。彼らの実験によって，労働者の所属と愛の欲求や承認の欲求を満足させることの重要性が明らかとなった（第2章も参照）。

1960年代に入ると，労働者は仕事を通じて成長することを望んでいるという考え方が醸成された。仕事は人々が自己実現するためのツールであるというのである。こうした人間観からモチベーション論を展開した代表的研究者が，**マグレガー**（McGregor, D.）と**ハーズバーグ**（Herzberg, F.）の二人である。マグレガーは仕事に対する姿勢において人間を2タイプに分類し，それぞれのタイプを動機づける管理方法を提示した。ハーズバーグは仕事に対する人間の2つの側面に触れ，労働者の満足感に関わる要因と不満足に関わる要因を明らかにした。両者に共通するのは，人間は仕事を通じて成長したいと願っている，という人間観を重視して理論を構成している点にある。

図表5-3　公式組織内の非公式組織

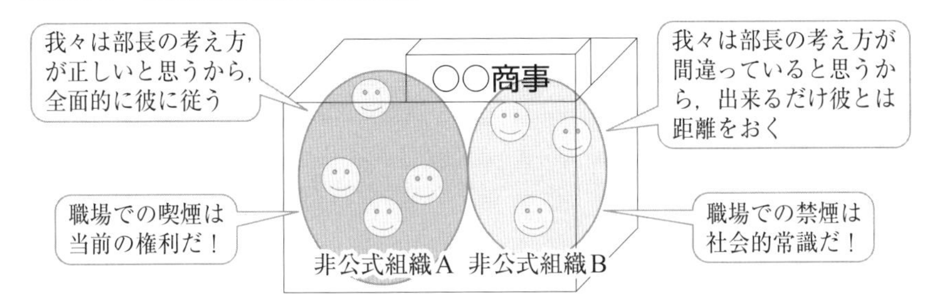

出所：筆者作成

しかしながら，労働者の誰もが仕事を通じて自己実現することを望むわけではない。自分の仕事を適切に行ってさえいれば，「仕事よりも家族との時間の方が大事である」，「趣味の魚釣りをするために働いている」などといった価値観や生き方が否定されるいわれはない。1960年代には，**ブルーム**（Vroom, V.），**ポーター**（Porter, L.W.）・**ローラー**（Lawler, E.E. III）などによって，労働者は誰もが成長を望むのではなく自分の期待する報酬が得られるか否かで動機づけられるとする**期待理論**も提唱された。

以下では，モチベーション論の中でも特に注目度の高いマグレガーの理論ならびにハーズバーグの理論に焦点を当て，2つの理論の詳細に触れる。その後，期待理論についても簡潔に触れる。

5-4　X理論・Y理論

マズローの欲求階層性理論を初めて経営学に応用したのが，マグレガーである。マグレガーは仕事に対する姿勢において人間を2タイプに分類した。一方は，仕事を通じて成長することをさほど希求しておらず，むしろ安全の欲求や生理的欲求などをより重視するタイプ（X）であり，他方は，仕事は成長の機会であり，一生懸命に働くことで自己実現を希求するタイプ（Y）の労働者である。マグレガーは，前者の側を動機づける管理方法を**X理論**，後者の側に関してはY理論と命名した。以下は，両タイプの人間モデル（人間観や仕事観）を表したものである。

(1) X理論の人間モデル[(3)]

・普通の人間は生来仕事が嫌いで，なるべくなら仕事はしたくないと思っている。

・この“仕事は嫌いだ”という人間の特性があるために，たいていの人間は，強制されたり，統制されたり，命令されたり，処罰するぞとおどされたりしなければ，企業目標を達成するためにじゅうぶんな力を出さないものである。

・普通の人間は命令されるほうが好きで，責任を回避したがり，あまり野心をもたず，なによりもまず安全を望んでいるものである。

(2) Y理論の人間モデル[(4)]

・仕事で心身を使うのはごくあたりまえのことであり，遊びや休憩の場合と変わりはない。

・外から統制したりおどしたりすることだけが企業目標達成に努力させる手段ではない。人は自分が進んで身を委ねた目標のためには自ら自分にムチ打って働くものである。

・献身的に目標達成につくすかどうかは，それを達成して得る報酬次第である（報酬の最も重要なものは承認の欲求や自己実現の欲求の満足である）。

・普通の人間は，条件次第では責任を引き受けるばかりか，自らすすんで責任をとろうとする。

・企業内の問題を解決しようと比較的高度の想像力を駆使し，手練をつくし，

---

(3) *The Human Side of Enterprise*の邦訳書，『企業の人間的側面』のpp.38-39から引用（一部を加筆修正）。

(4) *The Human Side of Enterprise*の邦訳書，『企業の人間的側面』のpp.54-55から引用（一部を加筆修正）。

創意工夫をこらす能力は，たいていの人に備わっているものであり，一部の人だけのものではない。
・現代企業においては，日常，従業員の知的能力はほんの一部しか生かされていない。

このような人間モデルから，マグレガーはそれぞれの管理方法を別々に提示した。以下に，2つの管理方法の詳細について触れる。

5-4-1　X理論の管理方法

端的に言って，X的な労働者は怠け者で仕事に対する動因が弱い。そのため，企業はこの種の労働者を動機づけるため，適切な誘因を提示することが不可欠となる。たとえば，優れた営業成績を出せばボーナスの金額が上がる，昇進できる，望む地域で働くことができるなど，X的な労働者の目に魅力的に映る「アメ」を提示することができる。とはいえ，彼らを動機づけるために用いるものは，必ずしも彼らにとって魅力的なものである必要はない。X的な労働者の望まないもの，たとえば営業ノルマを達成できなければボーナスの金額が下がる，いつまでも昇進できない，左遷されるなど，彼らにとって脅しとなるような「ムチ」をちらつかせる方法も有効となる。これら2つを巧みに組み合わせることでX的な労働者を動機づけることを**「アメとムチ」**（carrot and stick）による管理方法という。

企業目標を達成するために，たとえば問題を解決するために知恵を絞り出すとか，顧客の信頼を得るために汗をかくなど，X的な労働者による自主的な努力をさほど期待できないため，彼らの仕事の仕方はマニュアル主義的なものとなる。労働者自身の自主的な努力を期待できない状況で企業が成果を出すためには，「このような場合はあれこれを行って対応する」ということが細かく明記されたマニュアルに従ってもらう方が安全であり，業績に繋がりやすいためである。

したがって，上司の役割はX的な労働者がマニュアルを遵守して働くように，またサボタージュをさせないように監視するなど，権威主義的な管理方法になる可能性が高くなる。上司は部下を注意深く監視し，必要に応じて「アメ」や「ムチ」によって動機づけ，自身の部署に定められた企業目標をクリアしなければならなくなる。部署のトップは定められた結果を出すことを義務づけられているから，たとえ本人が望まないとしても，X的な部下に対して権威主義的に振る舞うしか他に選択肢がないかもしれない。時には強く机を叩きながら怒鳴ったりしなければならないかもしれない。

当然のことながら，皆さんの中で，このような仕方で企業に管理されて働くことを望む人はほとんどいないだろう。しかし，実際にこのような管理を受けて働くことを余儀なくされ，朝起きるたびに「出社したくない」と暗い気持ちになり，あるいは会社や上司に激しい怒りを覚えながら生きている社会人は少なくない。本論からの脱線となるが，勉学に対する皆さんのモチベーションを高めてもらうためにも是非，「どうしてそのような生活を送ることになってしまったのか」，「彼ないし彼女は学生時代に何をすべきだったのか」を，これを機に深く考えてもらいたい。22歳からおそらく70歳近くになるまで，月曜日から金曜日の9：00から18：00まで，つまり身体が比較的健康な年齢で太陽の上っている圧倒的多数の時間帯，皆さんは働いて過ごすことになるからである。会社や上司の管理方法によって，何よりも皆さんの仕事に対する姿勢によって，人生は劇的に変わるかもしれない。

5-4-2　Y理論の管理方法

端的に言って，Y的な労働者は仕事に対する熱意があり，動因も強い。そのため，企業は彼らの自主的な努力を期待でき，注意深く監視する必要性は低い。とはいえ，部署の目標を達成するためには，各構成員に組織的に行動してもらう必要がある。部下にやる気があるからといって，好き勝手に仕事をさせて良いわけではない。そのため，X的な部下とは質の異なる管理が必要となる。モチベーションの高い部下の目標と企業の目標とを可能な限り一致させることにより，部下の自主性が企業の利益に繋がるように調整することが重要と

図表5-4　統合と自己統制の管理

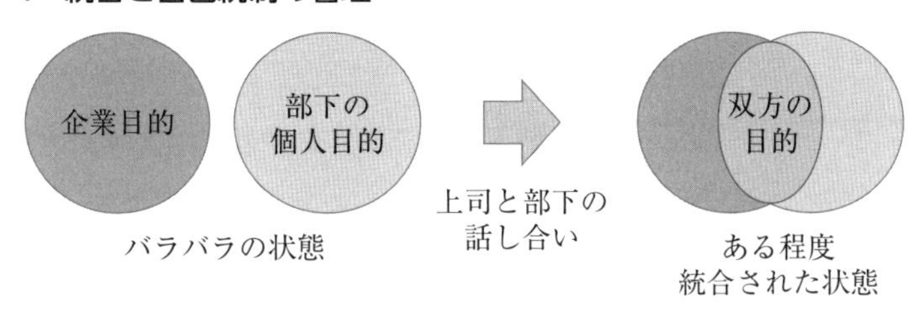

出所：筆者作成

なる。そこで，上司と部下による十分なコミュニケーションが不可欠となる。上司は部下と真摯に向き合い，仕事に対する包み隠しのない想いや希望を聞き出す努力や技量が求められる。また，企業目標と部下の目標に大きな乖離が存在する場合，部下にモチベーションを低下させない仕方で説得する必要に迫られる。図表5-4のように，次年度の部下の目標を設定するにあたり，上司は部下と十分なコミュニケーションをとり，部下が納得する仕方で，企業目標と部下の個人的目標の一致する部分を可能な限り大きくする努力が求められるのである。とはいえ，この過程において部下が心から次年度の目標設定に納得したのであれば，それは部下自身の目標でもあるため，元々モチベーションの高い部下がより積極的に仕事に励むようになることを期待できる。こうした管理方法を**「統合と自己統制の管理」**（management by integration and self-control）という。

企業目標とY的な部下の個人目標を首尾よく統合させることができたなら，上司は彼らの自主的な努力を期待できる。部下は業務に関するマニュアルや先輩から積極的に学び，必要に応じて自身で知恵を出し，汗をかき，企業のために懸命に働く可能性が高い。したがって，部下の働き方は基本的に臨機応変なものとなる。また，上司の役割は，部下の自主性を尊重し，必要な時にだけ彼らの支援に回るというものとなる。

このように，マグレガーはY的な労働者の存在と管理方法を明示し，それ以前の「労使は対立する」という規定概念を打破した。企業は採用人事で仕事を通じて自己実現を志向するY的な労働者を雇用し，彼らの個人目標と企業目標を首尾よく統合させることが出来れば，お互いにWin-Winの関係になれることを明示したのである。

5-5　二要因理論

ハーズバーグもまたマズローの欲求階層性理論を応用し，労働者のモチベーションに関する**二要因理論**を提唱した。彼は約200名の会計士やエンジニアにアンケート調査を実施し，①仕事で幸福感を感じた時とその出来事について，②仕事で嫌な気分を味わった時とその出来事について尋ねた。その結果，労働者には仕事を通じて生得の潜在能力を実現したいという側面と，仕事から生じる痛みを回避したいという側面とが併存することが発見された。また，労働者の満足感に関わる**動機づけ要因**（motivator factors）と不満足に関わる**衛生要因**（hygiene factors）を明らかにした。

5-5-1　動機づけ要因

皆さんは働くことによって達成感や充実感を味わい，上司や同僚から高く評価され，活力に溢れる生活を送れたとしたら，どのように感じるだろうか。おそらく「今の仕事が好きで，幸せだ」と感じるだろう。では，給与や待遇の面で会社に不満は無いとしても，日々のルーティンワークをこなすだけで，たとえば営業から提出される伝票の処理ばかりで達成感や充実感を得られないとしたら，どのように感じるだろうか。もしかしたら，「文句はないけど，何かもの足りない」と感じるかもしれない。ハーズバーグは，人間は仕事を通じて成長することを希求しているという側面に着目し，旧約聖書の登場人物を用いて，そうした性質を「アブラハム的側面」と呼んだ[(5)]。また，アブラハム的側

(5) アブラハムは，旧約聖書の神から祝福された善人でユダヤ人の祖先であるとされる。

面を促進する職場の要因を「動機づけ要因」と命名した。

動機づけ要因は，一方で，自分に起因し，正当な努力と正当な結果がもたらす充実感などを促進する。また，それが周囲からの承認に繋がるかもしれない。他方で，充実感が無いとしても，それだけで自動的に労働者に絶望や不幸を感じさせることもないという特徴を有する。ハーズバーグはそうした性質を持つ要因として，**達成**，**承認**，**仕事そのもの**，**責任**，**昇進**を上げた。仕事を通じて，この5つの動機づけ要因のいずれか1つ，あるいは複数の要因に恵まれれば，労働者は総じて幸福な状態で働いていると言える。また仮に恵まれないとしても，積極的な幸福を感じないだけで，自動的に不幸を感じるようなこともない。

5-5-2　衛生要因

人間は誰でも働くことによって，いわゆる3K（きつい，汚い，危険）と呼ばれる職場で作業する，同僚から嫌がらせを受ける，サービス残業を強要されるなど，嫌な経験をする可能性が生じる。当然のことながら，誰しもこうした心身に痛みを生じさせる経験は避けたいと願うだろう。このように，劣悪な職場に身を置くのを嫌い，環境的な苦痛を避けたいと願う労働者の側面を，ハーズバーグは「アダム的側面」と呼んだ(6)。また，アダム的側面を刺激する職場の要因を「衛生要因」と命名した。

衛生要因は，一方で，自分に起因しない，職場環境から受ける苦痛は労働者に不満を蓄積させる。他方で，悪環境が改善されたとしても，労働者に持続性のある積極的な幸福感を生じさせるわけでもないという特徴を有する。たとえば，所属する部署のコピー機の調子が悪く，使用するたびに紙が詰まり，いちいち中を開いて詰まった紙を取り出さないといけない場合，皆さんはどう感じるだろうか。おそらくイライラすることだろう。その状態が長期間続けば，企

(6) アダムもまた旧約聖書の人物で，神に創造された最初の人間であるものの，神の指示に従わなかったためエデンの園を追放され，衣食住など生活環境の面で苦労したとされる。

業や上司に対する不満が蓄積されるだろう。しかし，もし新しいコピー機が導入されて，状況が改善されたらどうだろうか。おそらく一時的には嬉しいだろうが，「このコピー機があるからとっても会社が好きだし，幸せ！」と感じることはないだろう。ハーズバーグは，労働者にこうした感情をもたらすものとして，**会社の政策と経営**，**監督技術**，**給与**，**対人関係**，**作業条件**を挙げた。この5つの衛生要因のいずれか1つ，あるいは複数の要因が劣悪であれば，労働者は企業や上司への不満を感じながら働くこととなる。また仮に解消されたとしても，不満の無い状態になるだけで，積極的な幸福感を生じさせることはない。

5-5-3　7つの精神的状態

従来，「幸福の反対は不幸」（精神的健康の反対は精神的病気）と考えられていたが，ハーズバーグの研究成果によって，それが正確ではないことが判明した。つまり，「幸福の反対は幸福の無い状態」，「不幸の反対は不幸の無い状態」であり，したがって，幸福（精神的健康）と不幸（精神的病気）はそれぞれ一本の線の対極に位置するのではなく，二本の線の上に位置するということである。こうした理解から，ハーズバーグは労働者の精神状態を図表5-5のように7つに分類した。

「Ⅰ」は動機づけ要因と衛生要因の両方に恵まれており，最も望ましい幸福な状態である。「Ⅱ」は幸福と不幸の両方が併存する状態，「Ⅲ」は幸福も不幸もない状態，「Ⅳ」は純粋に不幸な状態にあると言える。「Ⅴ」以降は動機づけ要因を志向しない，つまり仕事を通じて成長したいと願っていない労働者の状態を表している。ただし，「Ⅶ」は少し特殊なタイプで，たとえば修行僧が寒い冬の日に滝の水を浴びることで幸福感を感じるような精神状態にある者を表している。

このように，ハーズバーグは職場における職務満足（幸福）と不満足（不幸）がそれぞれ一本の線の対極に位置するのではなく，それぞれが別の線の上に位置するものであることを明らかにした。

図表5-5　7つの精神状態

Ⅰ 健康な動機づけ要因追求者

Ⅱ 不幸な動機づけ要因追求者

Ⅲ 充足されざる動機づけ要因追求者

Ⅳ 不幸な充足されざる動機づけ要因追求者

Ⅴ 衛生追求者

Ⅵ 精神的に病気の衛生追求者

Ⅶ 否定的衛生充足者（修道院的）

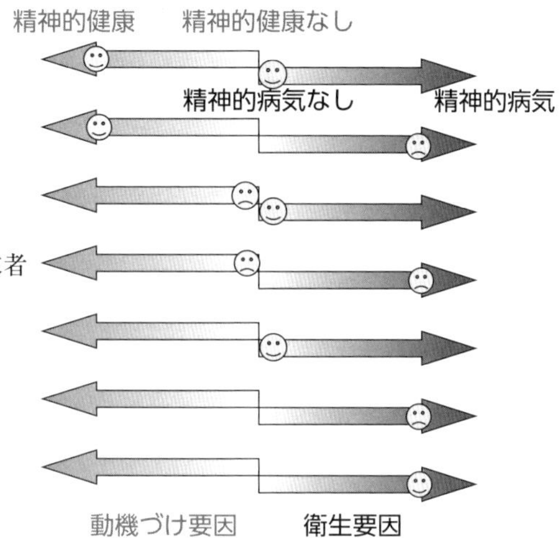

出所：Herzberg (1966) より加筆修正

5-6　期待理論

マグレガーやハーズバーグは，労働者が仕事を通じて自己実現できるようにすることを重んじたが，先述のように，誰しもがそれを望んでいるわけではない。「仕事は生活の糧を得るための手段」と割り切って働いている人もいるだろう。ブルームやポーター・ローラーはこうした点も重んじ，労働者のモチベーションは自分が期待する報酬を得られるか否かによって決まる，という考え方から**期待理論**を構築した。

彼らによれば，労働者は2種の期待をもって働いている。1つ目は，指定された業務を適切に果たすことが出来るか，つまり自分の努力が業績に繋がるか否かの期待で，**手段性**と呼ばれる。2つ目は，達成された業績が自分の望む報酬に繋がるか否かの期待で，**誘意性**と呼ばれる。たとえば，部長に昇進することを望む者の場合，上司から提示されたプロジェクトを成功させることが出来るか否かという期待（手段性），仮に成功させたとして本当に昇進させてもら

図表5-6　期待理論の考え方

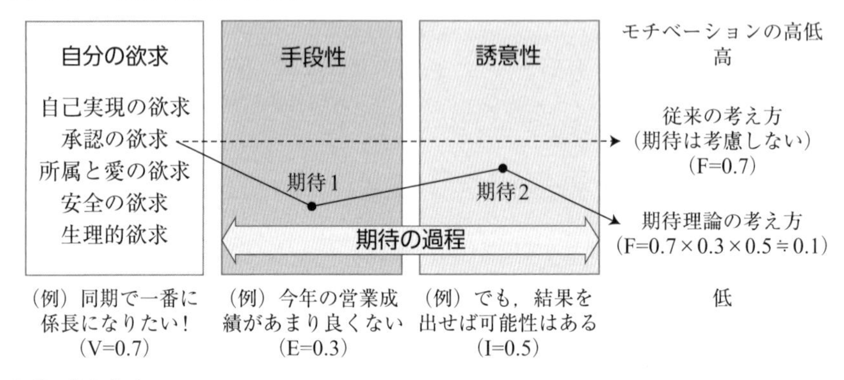

出所：筆者作成

えるかどうかの期待（誘意性）という2つの過程を経る。もし過去に上司に裏切られた経験があれば，当然のことながら誘意性は小さくなる。あるいは，プロジェクトを成功させた手柄だけを上司に奪われると考えるなど，マイナスの期待が生じるかもしれない。この場合，「仕事で手を抜いてやろう」，「プロジェクトが失敗するようにしてやろう」などと，マイナスのモチベーションが強まるかもしれない。事実，ブルームはマイナスのケースも生じることを念頭にモチベーションの計算式を考案している[7]。

図表5-6が示すように，期待理論はそれ以前までの理論とは異なり，個人の欲求に対する魅力の強さだけではなく，自分の能力や自分の外にある要因もモチベーションの高低に影響を与える，という考え方をとる。手段性と誘意性という2つの期待のプロセスを経てからモチベーションの高低が決まるため，期待理論は**過程説**とも呼ばれる。

もちろん，誘意性として機能するものは個々人によって異なる。成長だけで

(7) ブルームはモチベーションの計算式を「F=E×Σ（V×I）」（F：行動への力，E：手段性，V：欲求に対する魅力の強さ，I：誘意性）で表した。また，「E」と「V」の数値を「0≦X≦1.0」としたのに対して，「I」だけ「-1.0≦X≦1.0」としている。これは，誘意性でマイナスの期待が生じる可能性があるためである。

なく，金銭や人間関係なども強い期待となり得る。また，「期待」という言葉が示す通り，手段性も誘意性も本人の主観がモチベーションの高低に影響を及ぼすのであって，他者からの客観性は基本的に関係ない。周囲の同僚が「彼にはプロジェクトを成功させる能力は絶対に無い」と考えていたとしても，本人が「私が関われば絶対に成功させられる」と考えているのであれば，彼のモチベーションは高くなる。その逆もまた同様である。期待理論で重視されるのは，あくまで2つの期待に対する本人の主観である。

このように，モチベーション論はアメリカの経済的発展に伴って，マズローの基本的欲求の階層を上る仕方で発展してきた。1900年代初頭は生理的欲求や安全の欲求が，1930年代には所属と愛の欲求や承認の欲求が主要な誘因とされ，1960年代には自己実現の欲求と基本的欲求のすべてを動因・誘因とする理論が生まれたのである。

【参考文献】

Herzberg, F. (1966) *Work and The Nature of Man*. Cleveland: World Pub. Co.（北野利信訳『仕事と人間性』東洋経済新報社，1968年）

Maslow, A.H. (1954) *Motivation and Personality* (1st). HARPER & BRPTHERS.（小口忠彦訳『人間性の心理学<初版>』産能大学出版部，1971年）

Maslow, A.H. (1962) *Toward a Psychology of Being* (1st). D. VAN NOSTRAND COMPANY. INC.（上田吉一訳『完全なる人間<第1版>』誠信書房，1964年）

Maslow, A.H. (1964) *Religions, Values, and Peak-Experiences*. OHIO STATE UNIVERSITY PRESS.（佐藤三郎・佐藤全弘訳『創的的人間』誠信書房，1972年）

Maslow, A.H. (1971) *The Farther Reaches of Human Nature*. Viking Press Inc.（上田吉一訳『人間性の最高価値』誠信書房，1973年）

McGregor, D. (1960) *The Human Side of Enterprise*. McGraw-Hill Inc.（高橋達男訳『企業の人間的側面<新訳書版>』産能大学出版部，1970年）

Porter, L.W. & Lawler, E.E. (1968) *Managerial Attitudes and Performance*. Homewood, Ill., R.D. Irwin.

Vroom, V.H. (1964) *Work and Motivation*. New York, John Wiley and Sons.（坂下昭

宣・榊原清則・小松陽一・城戸康彰共訳『仕事とモチベーション』千倉書房, 1982年)
赤岡功・日置弘一郎編著（2005）『労務管理と人的資源管理の構図』中央経済社.
田尾雅夫（1991）『組織の心理学』有斐閣.

第6章 リーダーシップ論

6-1 リーダーシップとは何か

皆さんが高校生活で経験した体育祭や文化祭などを通じて，「あの人はリーダーシップがあるな」とか「あの人はリーダーに向いていない」といったことを感じたことはないだろうか。たとえば，文化祭の合唱コンクールで，あるクラスがベスト3に入賞することを目標としているとしよう。ところが，練習時に一部の生徒が口パクしかしていない，練習に大幅に遅れて来るなど，その態度が許容できないものであった場合，事態を是正するために，委員長（リーダー）は何らかの行動をとる必要に迫られる。あるリーダーは，問題のある生徒を皆の前で名指しして怒鳴るかもしれない。別のリーダーは，放課後に問題のあるメンバーに近づいて練習の必要性を丁寧に説明するかもしれない。また，担任の先生に報告して叱ってもらうという方法もある。あるいは，何もしないで放っておくかもしれない。こうしたリーダーの選択によって，組織全体のパフォーマンスは大きく左右される。リーダーが適切な仕方で対処すればクラス全体の練習態度が改善され，結果としてベスト3に入賞するという目標を達成できるかもしれない。逆に不適切な対応であれば，極端な場合，練習に参加する人が日に日に減っていき，クラス（組織）の結束そのものが瓦解するかもしれない。

このように，リーダーの行動は良くも悪くも組織全体の業績に大きな影響を与える可能性を秘めている。リーダーシップが適切な仕方で発揮されれば，その指示を受けるメンバー（フォロワー）たちにそれが受け入れられ，メンバーの間で良い意味で変化が生じ，組織の目標達成に近づくこととなる。したがって，**リーダーシップ**とは「あるメンバー（リーダー）が集団内の他のメンバー（フォロワー）の行動に影響を与えることによって，集団の目標達成を促すこと」と定義される[1]。

6-1-1　リーダーの役割（1）：「業績の確保」

経営学において，リーダーには2つの主要な役割があるとされる。組織にリーダーが必要とされる理由は，リーダーとなった人物が組織全体を適切な仕方でまとめ，目標とする何らかの結果を達成できるようにフォロワーたちを導くためである。たとえば，大学のサッカークラブにおいて，リーダーである監督は「一部リーグで3位以内に入る」などといった目標を定めるだろう。ある時は監督自身が熟考して一人で組織目標を決定するかもしれない。またある時は，チームのメンバーと話し合いながら決定するかもしれない。組織目標を決定するプロセスがどのようなものであれ，一度目標が設定され，それが各メンバーに受け入れられたのであれば，リーダーは組織目標の実現に向けて，リーダーシップを発揮することが必要となる。プロレベルのスポーツクラブとなれば，組織目標を達成できないリーダーは契約期間中に解雇される可能性すらある。あるいは，契約期間を修了した時点で再度更新されないなど，シビアな状況に直面するかもしれない。このように，リーダーの主要な役割の1つは，**業績の確保**となる。

組織目標の達成という業績を確保するために，リーダーである監督はまず，練習計画（企業なら作業計画など）を作成してチームメート（企業なら部下）に説明する必要がある。また，独自の練習方法などを考案して，それに必要な教育などを施す必要もあるかもしれない。さらに，練習時における役割分担，ポジションの分担なども決めなければならない。こうしたプロセスにおいて随時，監督のリーダーシップが求められる。たとえば，監督はチームのメンバーのサッカーボールを操る技術力は十分な水準にあり，各員の連携も高く評価しているものの，スタミナが足りなくて後半のラスト15分で失点することが多いと分析していたとしよう。この状況を改善して「一部リーグで3位以内に入

（1）奥林ほか（2003）のp.38から加筆・修正。

る」という組織目標を達成するために，ランニングの練習メニューを大幅に増やす，スタミナを強化する新しい練習メニューを考案するなど，監督にはリーダーシップの発揮が求められるのである。

6-1-2　リーダーの役割（2）：「フォロワーへの配慮」

とはいえ，監督の考案した新しい練習メニューは，チームメートに容易には受け入れられないかもしれない。たとえば，「我々はマラソン選手ではない」，「ボールを触る時間が少なすぎる」などといった不満が生じるかもしれない。リーダーはそうしたフォロワーの意見や不満を適切に対処しつつ，チーム全体のスタミナを底上げしていかなければならない。あるいは，練習内容ではなく「なぜ私がスタメンで起用されないのか」，「監督の考え方は守備的に過ぎる」などといった選手の起用方法やチーム戦術などに不満を持つフォロワーもいるかもしれない。そうした意見や不満を無視して強引に物事を進める，フォロワーの意見を聞き入れるふりだけするなど，リーダーが対応面で適切さを欠けば，一部のチームメートは部活を辞めてしまうかもしれない。また，監督に対するチーム全体の不信感を醸成することになるかもしれない。さらにはもっと単純に「あいつのことは嫌いだ」とか「彼女に振られて悲しくて練習に力が入らない」など，もはやサッカーとは関係のないところで悩んでいるフォロワーもいるかもしれない。監督はこうした問題にも向き合い，業績を確保する必要がある。したがって，リーダーの主要な役割の2つ目は，**フォロワーへの配慮**となる。

メンバーの意見や不満を吸収・改善する，メンバー間の対立を解消する，個人的な悩みを聴くなどといった配慮を示すためには，リーダーはフォロワー各員のサッカーに対する考え方，人間関係，モチベーションの高低などを見極め，様々な問題の有無や種類を理解していなければならない。したがって，リーダーには優れた洞察力が求められる。

以後，本章では複数のリーダーシップ理論を概説していくが，各論において名称の差異はあるものの，どの理論においても上述の2つがリーダーの主要な役割となっている。

6-2　リーダーシップ論の発展

リーダーシップに関する学術的研究は1930年代頃からアメリカで始まったとされる。当初は，リーダーとなる人とならない人の能力，資質，パーソナリティなどの違いに焦点があてられた。しかし，この種の議論はあまり深まらず，後に業績を確保できるリーダーとできないリーダーの行動パターンに着目する理論が発達した。また，ケースによって求められるリーダーは異なるという，状況を中心に優れたリーダー像について考察する理論も生まれた。以下に，順々に概説していく。

6-2-1　資質理論

有能なリーダーに備わっている共通項を，人物の資質から考察したのを**資質理論**（trait theory）という。この資質は，身体的特性，社会的特性，精神的特性という3つの要素から成る。身体的特性は，たとえば年齢が高い，身長が高い，容姿端麗であるなど，文字通り身体の特性を重視し，社会的特性は，学歴が高い，貴族や華族の出身である，大企業経営者の家で生まれ育ったなど，社会的な立場を重視する。精神的特性は，知能指数が高い，社交性に富むなど，人間の内面的特性を重視している。とはいえ，容姿端麗な者が経営者になれば必ず企業が成長するわけもなく，こうした分析手法は，理論としては早々に消えていった。

ただし，リーダーの精神的特性に着目した研究はその後も継続された。たとえば，**ギゼリ**（Ghiselli, E.E.）は優れたリーダーの精神的特性として，認知能力の高さや自己主張の上手さなどが共通項として見受けられ，これら2つが最も重要な特性であるとした。また，これらに次いで，高い知性，優れた監督能力や主導性も共通項として見受けられると主張した。

6-2-2　行動理論

1940年代以降のアメリカでは，優れたリーダーとそうではないリーダーの行動パターンからリーダーシップを論じる研究が進められた。たとえば**ミシガン研究**では，業績の高い部門と低い部門のリーダーが被験者となり，両者にどのような違いがあるかという観点から分析された。その結果，業績の高い部門のリーダーは従業員を中心とした監督方法をとっており，低い部門のリーダーは職務を中心とする監督方法をとっていることが判明した。前者は，従業員を信頼して必要以上に部下の仕事に口をはさまない，配慮を示す，権限を委譲するといった方法である。後者は，部下の仕事に事細かく口をはさむ，スケジュールの順守を極端に優先するなどといった方法である。こうした研究結果から，リーダーは従業員中心の管理方法をとるべきであると結論された。

1950年代の**オハイオ研究**では，企業で働く管理職を被験者にインタビュー調査が実施され，優れたリーダーに備わる2つの主要な行動パターンが抽出された。1つ目は**構造づくり**と呼ばれ，組織目標を達成するために，部下の役割や目標を明確にし，作業計画や作業方法などを指示するという行動パターンであった。2つ目は**配慮**であり，部下の感情を尊重し，職場の人間関係上の緊張などを緩和する行動パターンであった。同研究では，優れたリーダーは必要に応じてこれら2つの行動パターンに沿って適切に振る舞い，リーダーシップを発揮するとされた。

1960年代には，日米の研究者らが**PM理論**（PM theory of leadership）や**マネジリアル・グリッド**（managerial grid model）という理論を提唱した。これらの理論もまた，優れたリーダーには共通の行動様式が存在するという視点から分析が進められた。その結果，双方の理論で類似する複数のリーダーのタイプが提示され，最も優れたリーダー像の行動様式が明確にされた（これら2つの理論の詳細は後述する）。このように，リーダーの行動を詳細に分析することで「どのような状況においても，優れたリーダーは特定の行動様式によって業績を確保する」という立場の理論を，総じて**行動理論**（behavioral theory）という。

6-2-3 コンティンジェンシー理論

とはいえ，たとえばフォード自動車の創業者である**フォード**（Ford, H.）の事例に見られるように，ある状況では偉大な業績をあげたリーダーであっても，状況の変化に伴って優れたリーダーシップを発揮できなくなるようなこともある。第5章で触れたように，フォードは1900年代初頭にベルトコンベアーを自動車工場に導入することで生産性を劇的に向上させた。その結果，1923年の時点でアメリカにおけるT型車の市場シェアを約50%にまで押し上げるという偉業を成し遂げた。それにもかかわらず，彼は消費者の買い替え需要に対応する新車種の開発を怠ったため，1926年には30%代前半にまでシェアを急落させるという失態も演じている。どのような状況（経営環境）においても，優れたリーダーは特定の行動様式によって業績を確保するという行動理論では，フォードの事例を上手に説明することが出来ない。

こうした事例にも理論的に対応するため，1960年代から70年代にかけて，状況を中心とした視点から優れたリーダーを分析する研究が注目を浴びるようになった。たとえば，**ハウス**（House, R.J.）の**パス－ゴール理論**（path-goal theory）では，リーダーシップの主要な役割は**構造づくり**と**配慮**の2つであるとされた。前者は，作業計画や作業方法など部下（フォロワー）が目標を達成するために必要な経路（path）を明示する役割であり，後者は，職場の人間関係など部下が目標の達成（goal）に向かって円滑に仕事が出来るようにする役割であるとした。そのうえで，「仕事が複雑な状況」では，部下は何をすれば良いか明確に理解していないものの，難しいことや新しいことにチャレンジしているため仕事自体には楽しみを感じており，したがってリーダーは構造づくりにより注力すべきであるとした。反対に，「仕事の単純な状況」では，部下は何をすればよいか明確に理解しているものの，仕事自体にさほど楽しみを感じていないため，リーダーは仕事以外の部分でフォロワーが楽しめるよう，配慮により注力すべきであると主張した。

この他にも，アメリカでは8つの状況と2種のパーソナリティから優れたリーダー像を論じた**フィードラー・コンティンジェンシー・モデル**（Fiedler contingency model）や，部下の仕事に対する成熟度によって異なる管理方法をとるべきであるとする**SL理論**（situational leadership theory）など，リーダーを取り巻く状況を中心に据えてリーダーシップを論じる理論も提唱された（これら2つの理論の詳細は後述する）。

このように，「優れたリーダーは状況によって決定されるのであって，リーダーの行動様式だけで決定されるわけではない」という視点から分析が進められた理論を，総じて**コンティンジェンシー理論**（contingency theory）という[2]。

6-3　PM理論

PM理論は行動理論に分類される，日本の**三隅二不二**によって提唱された理論である。彼はリーダーシップの主要な役割として**P機能**と**M機能**の2つを挙げて理論を展開した。P機能とは業績を確保できるか否かという仕事に対するリーダーのパフォーマンス（Performance）能力を意味する。三隅はまた，P機能をさらに2つに分類した。業績の確保のためにフォロワーに厳しいプレッシャーをかけるスタイルを**圧力P**，フォロワーに明確な作業計画や作業方法を提示するスタイルを**計画P**と分類したのである。両者の特徴としては，以下のものが挙げられる[3]。

［圧力Pの特徴］

① 最大限に部下を働かせようとする。

② 仕事の進み具合についてしつこく報告を求める。

③ 規則をやかましく言う。

④ 所定の時間までに完了するようにしつこく要求する。

---

(2) Contingentは，「（…を）条件として」という意味を持つ。コンティンジェンシー理論では，「優れたリーダーは『これこれの状況を条件として』決まる」と考える。

(3) 奥林ほか（2003）のp.42から加筆・修正。

⑤ 指示・命令を頻繁に与える。

［計画Pの特徴］

① 目標達成のための計画を綿密に立てている。
② その日の仕事の計画・内容を知らせる。
③ 仕上げる時期を明確に示す。

M機能は，職場の上下関係や同僚との人間関係が友好的なものとなるように働きかけるリーダーの行動や能力を意味する。たとえば，部下同士の不仲の仲介，業務に関する部下の不満の解消など，リーダーには，フォロワーが余計な心労に煩わされることなく業務に集中できるよう，職場の人間関係をメンテナンス（Maintenance）する役割が求められる。こうした機能として有効な具体的行動として，三隅は以下の5つを挙げた[(4)]。

［M機能の特徴］

① 部下を支持してくれる。
② 部下の立場を理解してくれる。
③ 部下を信頼している。
④ 部下に好意的である。
⑤ 個人的な問題に気を配ってくれる。

P機能とM機能とは，どちらか一方がより優れているという性質のものではない。また，一方の機能が他方の機能を代替できるという性質でもない。三隅はこの2つの機能を尺度として用い，P機能とM機能の双方に優れたリーダーをPM型（ラージピーエム型），P機能にのみ強いリーダーをPm型（ラージピースモールエム型），M機能にのみ強いリーダーをpM型（スモールピーラー

(4) 奥林ほか（2003）のp.43から引用。

図表6-1　4つのリーダーシップ・スタイル

M

pM型
M機能のみ持つ

PM型
両機能を併せ持つ

p　P

pm型
両機能とも持たない

Pm型
P機能のみ持つ

m

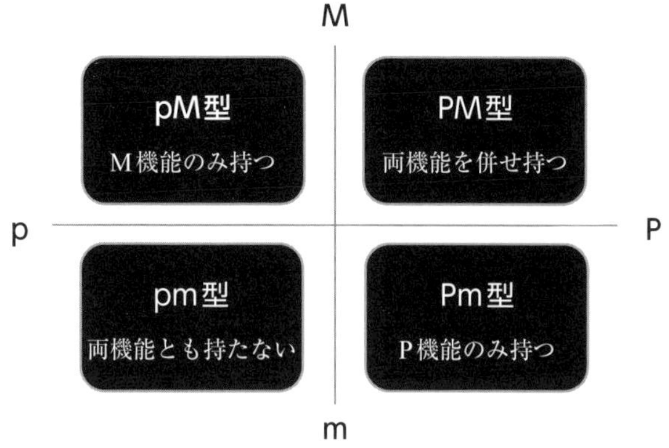

出所：筆者作成

ジエム型），双方ともに優れないリーダーをpm型（スモールピーエム型）と呼び，図表6-1のように，4つのリーダーシップのスタイルを明示した（図中のPとMの大文字は能力（機能）に優れ，小文字は劣ることを意味する）。

6-3-1　PM型

PM型のリーダーは，P機能とM機能の両方を備えている。なお，P機能は計画Pであることが多いとされる。そのため，作業計画や役割分担などは自分で作成して部下に大筋を示し，その後の細部調整は部下に一任するリーダーシップ・スタイルをとる。部下の質にもよるが，基本的に部下（フォロワー）を信頼し，彼らが困ったときに相談に応じる支援者的な管理方法をとる。そのため，部下の満足度が最も高く，三隅によれば，たいていの場合（状況）で最善のリーダーであるとされる。第5章で触れたマグレガーの理論における，Y的な労働者に対する「統合と自己統制の管理」に近いスタイルと言える。

6-3-2　Pm型

Pm型のリーダーは，強いP機能によって業績を確保することは出来るものの，M機能の役割を果たすという面においては心もとない。そのため，P機能は圧力Pであることが多いとされる。リーダーは職場の人間関係についてあまり考慮しない（できない）ため，部下のモチベーションに悪影響を与えるレベルまで作業方法などを細部まで厳格に命令し，何度もチェックするようなリーダーシップ・スタイルをとる。そのため，職場は険悪な雰囲気になりやすい。とはいえ，部下は常に監視され叱咤激励されるため，短期的には生産性が向上する。しかし，時間の経過とともにフォロワーは精神的に疲弊し，職場の離職率が高くなるなどの理由から，長期的には生産性は低下する。マグレガーの理論における，X的な労働者に対する管理方法「アメとムチ」に近いスタイルと言える。

6-3-3　pM型

pM型のリーダーは，P機能を十分に果たすことが出来ず，業績を確保するという点で心もとない。そのため，M機能によってその弱点をカバーしようとする傾向がある。リーダーは業績を確保するための指導力が足りないため，「仲良しクラブ」を作ることに腐心する。部下の歓心を買うことが自己保身に繋がるためである。したがって，フォロワーに厳しい目標を設定したり，強い努力を求めるようなこともしない。フォロワーがミスをしても大目に見て，厳しく叱ったりすることもほとんどしない。このようなリーダーの下では生産性はさほど重視されないため，マグレガーの理論における，X的な労働者からは歓迎される。

6-3-4　pm型

pm型のリーダーは，P機能もM機能も果たすことが出来ない。そのため，フォロワーには「今月のノルマは200万円だ！」などといった簡単な命令だけを伝え，具体的な作業計画や方法を明示しない。具体的に指示しないため，部下は自分で考えて業務を行うほかなく，そのため業績を達成できなかった場合，その責任をすべて部下になすりつけることができるようになるからである。この種のリーダーは権限至上説を好み，ただ職位が上であるということを根拠に部下に対して頻繁に怒鳴るなど強く当たる。しかし，上司には媚びへつらう。指導力がなく，部下を大切にする気持ちもないため，上司に好かれることだけが自己保身に繋がるからである。三隅によれば，たいていの場合（状況）で，部下の満足度が最も低いとされる。

このように，三隅はP機能とM機能という2つの尺度からリーダーシップを理論化し，リーダーを4タイプに分類するとともに模範的なリーダー像も明示したのである。

6-4　マネジリアル・グリッド

マネジリアル・グリッドは行動理論に分類される，アメリカの**ブレーク**（Blake, R.R.）と**ムートン**（Mouton, J.S.）によって提唱された理論である。彼らはリーダーシップの役割として**生産に対する関心**と**人々に対する関心**を挙げて理論を展開した。前者は，工場における製品の生産プロセスの管理や向上，提供するサービスの質の管理，受注数と販売量の管理，商品に関連する研究開発などに対する関心が含まれる。後者は，職場の人間関係，個々人の欲求や能力，仕事に対する不満，従業員の家族構成，適切で公正な人事考課や給与の支払いなどに対する関心である。名称は異なるものの，生産に対する関心はいわゆる業績の確保，人々に対する関心はフォロワーへの配慮とほぼ同じ意味と考えて大きな問題はない。

この2つの尺度を用い，ブレークとムートンはリーダーシップのタイプとして以下の5つを挙げた。生産と人々の関心の両方にほとんど関心を示さないタイプを**無為無策型管理**（impoverished management），生産にのみ強い関心を持つタイプを**生産至上型（あるいは破綻する）管理**（produce-or-perish management），人々にのみ強い関心を持つタイプを**カントリークラブ型管理**（country club management），双方に一定の関心を持つタイプを**中道無難型管**

図表6-2　マネジリアル・グリッド

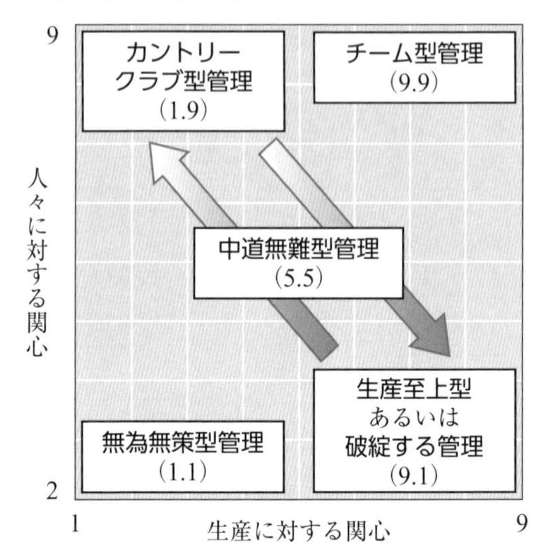

出所：筆者作成

理（middle-of-the-road management），そして，双方に強い関心を持つタイプを**チーム型管理**（team management）と命名した。以下に，これらのリーダーの特徴について概観する。

6-4-1　無為無策型管理

無為無策型のリーダー（生産に対する関心1，人々に対する関心1）は，概ね三隅の理論のpm型に相当する。業績の確保にもフォロワーへの配慮にも関心が薄い。リーダーは部下（フォロワー）に最低限の命令だけを伝え，彼らとの係わり合いを極力避けようとする。問題が発生した際に責任回避するためである。ブレークとムートンによれば，出世街道から外れた人，左遷された人，何年もつまらない職務を押し付けられてきた人など，無為無策型は長年に渡って欲求不満をためてきた人物によく見受けられるという。

6-4-2　生産至上型（あるいは破綻する）管理

生産至上型のリーダー（生産に対する関心9，人々に対する関心1）は，概ね三隅の理論のPm型に相当する。職場では圧倒的に業績の確保に力点が置かれ，フォロワーは機械と同じものとして扱われる。リーダーはひたすらスケジュールや自分の命令を守らせようとし，部下が自分に意見することを許さない。また，失敗が生じたら必ず対象者を見つけて厳しく罰する傾向があり，部下との間に深刻な確執が生じやすい。短期的に高い生産性を実現するが，長期的には逆の効果をもたらす。職場が疲弊しきった後，振り子が大きく左右に振れるように，人間関係や雰囲気を再建するためにカントリークラブ型のリーダーが着任する可能性が高まる。ブレークとムートンによれば，教育水準の低い労働者が，この種のリーダーの下で働く可能性が高いという。

6-4-3　カントリークラブ型管理

カントリークラブ型のリーダー（生産に対する関心1，人々に対する関心9）は，概ね三隅の理論のpM型に相当する。職場における対立の不在と親睦関係こそが重要であり，生産活動は付随的なものとされる。努力を要する目標設定や職場改革は嫌われ，フォロワーのミスも大目に見られる。そのため，メンバー間で率直な問題の指摘がなされず，問題が極めて深刻になるまで改善は先送りされやすい。しかし，深刻な問題が明るみになると，それを解決するために生産至上型のリーダーが着任する可能性が高まる。カントリークラブ型のリーダーは，競争の少ない独占企業や利益追求の求められない公官庁で生じやすい。

6-4-4　中道無難型管理

中道無難型のリーダー（生産に対する関心5，人々に対する関心5）は，三隅の理論では該当するタイプが存在しない。リーダーは少なくとも組織の求める必要最低限の業績を確保するため，フォロワーとの人間関係が悪化しない程度の圧力をかける。業務上の問題が生じた際は，最善の解決策よりもバランスの良い解決策で妥協することで業績と配慮の双方を希求する。しかし，職場の人間関係を維持するために公正さを重んじる側面も併せ持つ。

6-5-5　チーム型管理

チーム型のリーダー（生産に対する関心9，人々に対する関心9）は，概ね三隅の理論のPM型に相当する。リーダーとフォロワー，またフォロワー同士も仕事を通じて互いに結びつき，信頼し合い，チームとしての親睦関係を深めていく。業務上の問題などは自然な流れでオープンに扱われるため，各メンバーの創造性が刺激されて議論が深まり，より優れたアイディアや解決策が生まれやすい。チームのメンバーの生産活動は課業的条件と人間的条件の統合の所産であり，職場の雰囲気は程よい緊張感と強い信頼感に満たされる。そのため，チーム型管理は常に最善の管理方法であるとされる。

しかしながら，チーム型管理を成立させるためにはひとつの条件をクリアしなければならない。それは，組織（チーム）の構成員の多くが，マグレガーの理論でいうY理論的な人々でなければならない，という条件である。X理論的な人々がチームの多数派であれば，そもそも活発な議論や精力的な働きを期待できないからである。

最後に，マネリアル・グリッドとPM理論の差異について言及したい。双方の理論はロジックがよく似ているが，3点ほど異なる点が見受けられる。1点目は，2つの関心の強さを表す際にブレークとムートンがグリッドを用いた点にある。グリッドとは「碁盤目」を意味する。三隅はP機能とM機能の優劣ないし強弱を大文字と小文字という2段階で表現したのに対し，図表6-2のように，彼らは2つの関心を9段階で表現した。関心が最も小さい状態を1，最も大きい状態を9とし，それをグリッド上で表現したのである。これにより，三隅の理論では存在しない5つ目の中間的なリーダーシップ・タイプ（中道無難型）が登場することとなった。これが2点目の違いである。3点目は，生産に対する関心であれ人々に対する関心であれ，どちらか一方に極端に偏ったリーダーシップをとると，いずれは真逆のタイプのリーダーが着任することになると主張した点にある（この組織的な力学は，図表6-2の中で矢印によって表現されている）。振り子が左右に大きく振れるように，両極端なタイプのリーダーの解任と着任が続くと職場は疲弊する。したがって，ブレークとムートンは，リーダーの選出に当たってはどちらか一方の関心に偏った人物ではなく，少なくとも無難な中道の人物を選ぶべきであると主張したのである。

PM理論とマネジリアル・グリッドは共に行動理論に分類されるが，こうした差異もあることを知っておこう。

6-5　フィードラー・コンティンジェンシー・モデル

フィードラー（Fiedler, F.E.）によって提唱された**フィードラー・コンティンジェンシー・モデル**は，PM理論やマネジリアル・グリッドとは異なり，コンティンジェンシー理論に分類される。これこれのリーダー像が常に模範的であるという立場をとる行動理論とは異なり，コンティンジェンシー理論ではすべての状況に適応できる唯一最善のリーダー像は存在しないという立場をとる。そのため，フィードラーの理論では8つの状況と2つのリーダーシップ・スタイルが設定され，それぞれの状況でどちらのタイプのリーダーがより生産性を高められるかについて論じられている。

6-5-1　8つの状況

フィードラーは，**リーダー・メンバー間の関係**（leader-member relations），**仕事の構造**（task structure），**職位の権限**（position power）という3つの尺度を用いた。彼は図表6-3のように，リーダー・メンバー間の関係が良好な場合と劣悪な場合からスタートさせ，次に仕事の構造が単調か複雑か，最後に職位の権限の強弱を特定することで8つの状況を設定した。状況Ⅰはリーダー・メンバー間の関係が良好かつ仕事が単純で，職位の権限も強いことを表している。以下，状況Ⅱから状況Ⅷは，図表6-3のラインを追っていくとおりである。

図表6-3　8つの状況

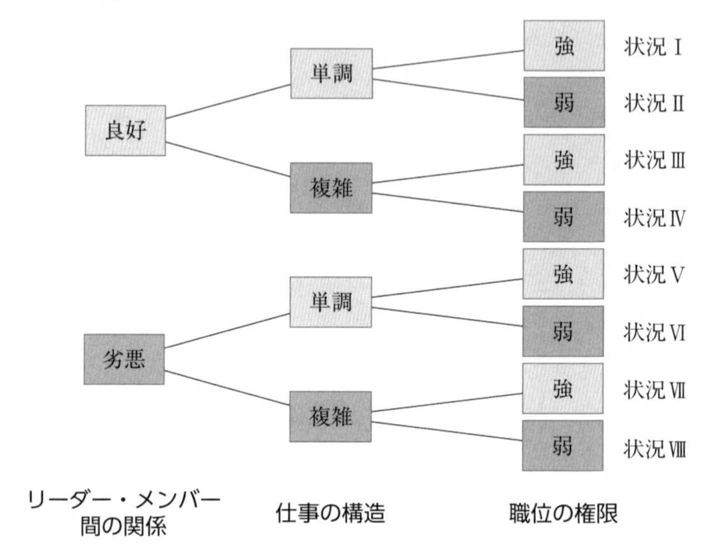

出所：筆者作成

6-5-2　2つのリーダーシップ・スタイル

フィードラーはまた，人間の人格はあまり変化しないという見解から，各人のパーソナリティがリーダーシップを決定づけると考えた。そこで，リーダーシップを判別するため，図表6-4で示されたLCPテストを作成した[(5)]。被験者はまず，人生経験において最も好ましく思われない同僚の具体名を頭の中で思い浮かべ，その人物の印象をテストの指示に従って点数化していき，最後に合計点からリーダーシップのスタイルを特定する。

LPCテストに基づくリーダーシップのスタイルは，合計点数が57点以下の場合は**課業志向型**（task-oriented），64点以上の場合は**人間関係志向型**（relationship-oriented）とされた。

（5）LPCとはLeast Preferred Co-workerの略で，「最も好ましくない同僚」を意味する。

図表6-4　LPCテスト

										得点
楽しい	8	7	6	5	4	3	2	1	楽しくない	
友好的である	8	7	6	5	4	3	2	1	友好的でない	
拒絶的である	1	2	3	4	5	6	7	8	受容的である	
緊張度が高い	1	2	3	4	5	6	7	8	ゆとりがある	
遠い（疎遠）	1	2	3	4	5	6	7	8	近い（親近）	
冷たい	1	2	3	4	5	6	7	8	暖かい	
支持的である	8	7	6	5	4	3	2	1	敵対的である	
退屈である	1	2	3	4	5	6	7	8	興味深い	
口論好きである	1	2	3	4	5	6	7	8	協調的である	
陰気である	1	2	3	4	5	6	7	8	朗らかである	
開放的である	8	7	6	5	4	3	2	1	警戒的である	
陰口をきく	1	2	3	4	5	6	7	8	忠実である	
信頼できない	1	2	3	4	5	6	7	8	信頼できる	
思いやりがある	8	7	6	5	4	3	2	1	思いやりがない	
卑劣である（きたない）	1	2	3	4	5	6	7	8	立派である（きれい）	
愛想がよい	8	7	6	5	4	3	2	1	気難しい	
不誠実である	1	2	3	4	5	6	7	8	誠実である	
親切である	8	7	6	5	4	3	2	1	不親切である	
									合　計	

出所：Fiedler, Chemers and Mahar（1976）

6-5-3　状況とリーダーシップ・スタイルの関係

フィードラーは2つのリーダーシップ・スタイルと8つの状況の関係を明らかにするため，それぞれが高業績を生んでいる状況を分析した。その結果，課業志向型に特に適しているのは，リーダーとメンバー間の関係が良好で仕事の構造が単調な場合（状況Ⅰ，Ⅱ），あるいはそれが複雑でも職位の権限が強い場合（状況Ⅲ）であることが判明した。人間関係が良好なため，リーダーは業績の確保に注力できるためと思われる。また，リーダーとメンバー間の関係が劣悪で仕事の構造が複雑かつ権限の弱い場合（状況Ⅷ）でも，課業志向型のリーダーはそれなりの成果を生んでいたことも判明している。リーダーにとって非常に厳しい職場環境では，フォロワーに幾ばくかの配慮を示したとしても効果が薄いため，業績の確保にのみ尽力する方が合理的なのかもしれない。

人間関係志向型に最も適しているのは，リーダーとメンバー間の関係が良好で仕事の構造が複雑かつ職位の権限が弱い場合（状況Ⅳ）であった。権限が弱いため，リーダーはフォロワーへの配慮を示しつつ，その良好な人間関係を土台に複雑な業務をこなしていくのかもしれない。人間関係志向型はまた，関係が劣悪でも仕事の構造が単調かつ権限が強い場合（状況Ⅴ）でも好業績を残していた。業務内容の負担が軽く，かつ強い権限を土台に適切な指示を出すことで業績を確保できるため，人間関係の修復・改善にエネルギーを注ぐ余力が生まれるためかもしれない。

このように，フィードラーは状況によって適切なリーダーシップが異なることを証明した。ただし，本理論にはひとつの留意点がある。LPCテストの点数は，被験者の人生経験によって大きく変わりうるという点である。人生で同僚に恵まれてきた被験者の点数は高目に，悲惨な同僚に苦しめられた者は低目になる傾向があるだろう。

6-6　SL理論

SL理論は，アメリカのハーシー（Hersey, P.）とブランチャード（Blanchard, K.）によって提唱された理論である。彼らは，上司が部下に対してどのようなリーダーシップを発揮すべきかは，仕事に対する部下のレディネス（readiness）によって異なると主張した。多くの場合において，上司は次年度の人事で誰が自分の新しい部下となり，誰が自分の部署から去っていくのかをコントロールできない。この意味で，この理論もコンティンジェンシー理論のひとつとされる。

レディネスとは教育学の用語で，一般的に成熟度ないし準備性と邦訳されることが多い。本理論では，部下が仕事を遂行するための教育や経験をどれほど有しているか（職務レディネス），目標設定に関する意欲や仕事にコミットする意思がどれほど強いか（心理レディネス）などを意味する。こうした考え方からハーシーとブランチャードはレディネスを4段階まで設け，部下を未熟（レディネス1），やや未熟（同2），やや成熟（同3），成熟（同4）の4タイプに分類した。

彼らはまた，リーダーの**指示的行動**（課題志向的行動）と**協労的行動**（支援的行動）という2つの尺度から，リーダーシップ・スタイルの分類も試みた。指示的行動とは，上司が頻繁かつ詳細に指示を出す行動で，部下のレディネスが低い時に有効とされる。協労的行動は，部下のモチベーションやコミットメントを高めるため上司が人間的魅力を発揮したり，部下と協同して業務に取り組む際などに見受けられるものである。こうした考え方に基づき，彼らは図表6-5のようにリーダーシップを4つのタイプに分類し，各タイプがどのレディネスの段階に対応するかについても提示した。

図表6-5 レディネスの段階に対応したリーダーシップ・スタイル

部下の成熟度	レディネス	行動の効果		効果的なリーダーシップ
		指示的行動	協労的行動	
成熟	レディネス4	低	低	委任型
やや成熟	レディネス3	低	高	参加型
やや未熟	レディネス2	高	高	説得型
未熟	レディネス1	高	低	教示型

出所：筆者作成

6-6-1　教示型リーダーシップ

教示型リーダーシップでは，部下に具体的に指示を出し細部まで監督する。また，部下の目標や業務に関する意思決定は，基本的に上意下達である。業務の精通度に大きな差があるため，上司はあまり協労的行動をとらない。そのため，レディネスが最も低い部下に対するリーダーシップ・スタイルであり，新入社員などに対して効果的であるとされる。

6-6-2　説得型リーダーシップ

説得型リーダーシップでは，上司が部下の意見を求める機会が増える。上司が仕事の説明をしたうえで，部下に疑問を尋ねたり，そうした疑問について部下に考えさせ，独自の見解を求めたりする。リーダーは指示的行動と協労的行動の両方で積極的な姿勢をとる。仕事に対する部下の自主性を高め，レディネスの成長を促すためである。こうしたリーダーシップのスタイルは，ある程度業務に精通してきた入社数年目の社員に有効であるとされる。

6-6-3　参加型リーダーシップ

参加型リーダーシップでは，部下に対する指示的行動が控えられる。上司は部下の自主性を更に伸ばすため，その環境整備に尽力する。上司は部下の意見に深く耳を傾け，彼らの業務に関する考え方と自身の上司（職位上位者）の考え方を融合させる仕方で意思決定するようになる。部下にある程度の権限を移譲し，業務や組織に対するコミットメントを高める協労的行動が重視される。こうしたリーダーシップのスタイルは，業務の実情にリーダーと同じくらい精通している中堅社員に有効であるとされる。

6-6-4　委任型リーダーシップ

委任型リーダーシップでは，業務遂行に関する権限や責任は部下に委ねられる。上司は指示的行動も協労的行動も極力控え，ある意味で“管理しない管理”という姿勢をとる。こうしたリーダーシップのスタイルは，業務の実情に関して自分よりも精通するベテラン社員に対して有効であるとされる。

このように，ハーシーとブランチャードは部下のレディネスという視点から，4つのリーダーシップ像を提示した。ただし，本理論にもひとつ留意すべき点がある。それは，部下のレディネスを正確に見極めるのは容易でないという点である。上司が思っているよりも成長しているかもしれないし，その逆もあり得る。また，部下自身の自己評価が実際のレディネスと異なる場合もある。そのため，上司は部下とのコミュニケーションを密にとり，その能力や見解に精通しておく必要がある。不適切なリーダーシップをとると，部下のモチベーションやコミットメントを損ねる結果となりかねないからである。

リーダーシップ論は行動理論とコンティンジェンシー理論を中心に展開する教科書が多い。しかし，他にもカリスマ性を持ったリーダー，変革期に活躍するリーダー，フォロワーに奉仕するリーダーシップのあり方など，様々な研究や理論が存在する。リーダーシップに興味のある学生は，より発展的な理論の学習に励んでほしい。

【参考文献】

Blake, R. and Mouton, J. (1964) *The Managerial Grid: The Key to Leadership Excellence*. Houston: Gulf Publishing Co.（上野一郎監訳『期待される管理者像』産業能率短期大学，1965年）

Fiedler, F.E., Chemers, M.M. and Mahar, L. (1976) *Improving Leadership Effectiveness: The Leader Match Concept*, New York: John Wiley and Sons.（吉田哲子訳『リーダー・マッチ理論によるリーダーシップ教科書』プレジデント社，1978年）

Hersey, P. and Blanchard, K. (1993) Management of Organizational Behavior: Utilizing Human Resources (6th), Pretty Penny Pr.

赤岡功・日置弘一郎編著（2005）『労務管理と人的資源管理の構図』中央経済社.

奥林康司編著（2003）『入門 人的資源管理論』中央経済社.

三隅二不二（1966）『新しいリーダーシップ―集団指導の行動科学』ダイヤモンド社.

第7章 経営戦略論

7-1　経営戦略とは何か

戦略はもともと軍事用語である。軍事における戦略とは，戦争に勝利するための活動方針や計画のことを指す。企業間競争においても，軍事における戦略と同様に，競争相手に勝ち生き残る上で活動方針や計画を立てる必要がある。そのため，**経営戦略**という言葉が使われるようになった。現代では，経営戦略という言葉は一般的に普及しているが，その定義は論者によって様々である。網倉・新宅（2011）は，多様な定義の中から共通点を見出した上で，経営戦略を「企業が実現したいと考える目標と，それを実現させるための道筋を，外部環境と内部資源とを関連づけて描いた，将来にわたる見取り図」と定義している。

7-1-1　外部環境と内部資源

企業は，戦略を策定する際に自社を取り巻く**外部環境**と自社の内部の**経営資源**を分析する。外部環境は2種類に分けられる。政治情勢や景気，社会動向など，一企業の思惑では変化させることができない外部環境をマクロ環境という。他方，企業と直接競争している競合他社や，直接取引をしている供給業者や顧客などは，企業が働きかけることで変化させることができる。これらをミクロ環境という。外部環境によって，企業にとってプラスの可能性を意味する**機会**（Opportunity）と，マイナスの可能性を意味する**脅威**（Threat）の2つがもたらされる。

企業内部の経営資源は，ヒト，モノ，カネ，情報から構成される。競合他社との比較において，経営資源の中には自社の**強み**（Strength）となるものと，**弱み**（Weakness）となるものが存在する。

図表7-1　SWOT分析

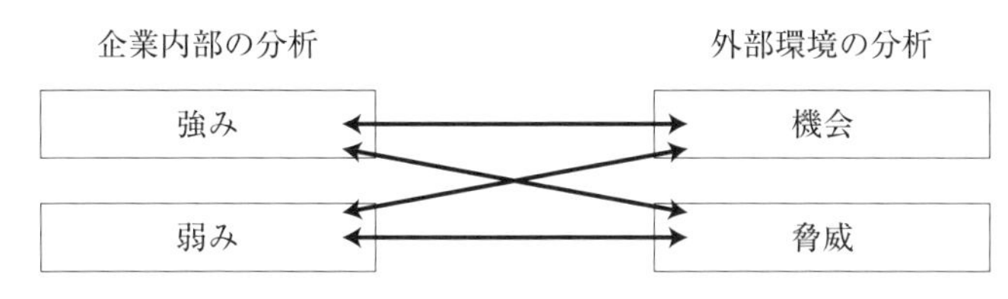

出所：Barney（2002）

経営資源の強みと弱み，外部環境の機会と脅威を合わせてSWOTと呼ぶ。これら4つを包括的に分析することが戦略策定の第一歩とされる。SWOT分析は，企業が自社の強みを活用し，弱みを補いつつ，外部環境がもたらす機会を利用し，脅威を回避する方針を決定するために用いられる（図表7-1参照）。

7-1-2　戦略の3つの次元

経営戦略には大きく3つの次元が存在する。第1に，個別の製品や製品群のレベルの戦略である。企業が販売する製品やサービス一つひとつに対して，それをどのように顧客に購入してもらうかという問題に対処する次元であり，**マーケティング戦略（製品戦略）**と呼ばれる。第2に，事業のレベルの戦略である。企業が競合他社よりも高い利益を獲得するために，どのように競争するかを決定する次元であり，**競争戦略（事業戦略）**と呼ばれる。第3に，企業全体のレベルの戦略である。多くの企業は複数の事業を有しており，企業全体の成長を考慮して，事業間の経営資源の配分を決めなければならない。企業がどこで競争するのかを選択し，企業全体としてどのように成長を実現するのかが問題となる次元であり，**全社戦略（企業戦略）**と呼ばれる。

経営戦略の3つの次元は，企業以外の組織にも当てはめることができる。たとえば，大学は複数の学部から構成される場合がほとんどであり，それぞれの学部には専門の講義が多数存在する。教員一人ひとりは自身の担当する講義をより多くの学生に履修してもらおうと，講義内容や講義のやり方を工夫する。これはマーケティング戦略の次元に相当する。大学を学部という単位で区切ると，各学部は他の大学の類似する学部との間で，受験生や研究資金をめぐって競争している。その際に各学部が考慮しなければならないのは競争戦略の次元である。さらに，複数の学部を束ねる大学全体として，時代のニーズに合わせた方針の転換や，学部の新設，学部再編を遂行する必要がある。大学が今後も存続していくために検討されるこれらの施策は，全社戦略の次元にあたる。

7-1-3 戦略を決めるのは誰か

戦略という言葉には，事前に目標を設定し，それを実現するための道筋を計画するという意味合いがある。それぞれの次元におけるトップが事前に外部環境と内部資源の分析に基づいて戦略計画を策定し，その戦略計画に従って現場は業務を遂行する。この点で，戦略を決めるのはトップであると言える。

しかし実際には，事前に立てられた計画の中では想定されていなかった事態が生じることがある。こうした事態に対応していく過程で，戦略が試行錯誤を通じて当初の計画とは異なるパターンを描くようになる。事前には想定されていなかったパターンが事後的に見られる戦略のことを**創発戦略**という。創発とは，外部環境や経営資源を構成する個別要素間の複雑な相互作用の中から，個別要素の作用からは予想できない現象が生み出されることを意味する（網倉・新宅 2011）。

創発戦略は，主に現場で働くミドル・マネジメントが日々の業務遂行の中で試行錯誤を重ねた結果として発現する（沼上 2009）。つまり，ミドル・マネジメントは，トップが策定した戦略を実行する役割と同時に，外部環境に適応するために日々努力をしている中で，戦略を構想する役割も期待されている。

7-2 マーケティング戦略

マーケティング戦略は，企業の販売する単一の製品やサービスが顧客に購入されるように策定される戦略である。マーケティング戦略には，（1）市場を細分化する，（2）ターゲットとする顧客を明確にする，（3）ターゲット顧客に最適な働きかけを設計するという3つのステップが存在する（沼上 2008）。

7-2-1　セグメンテーション

我々消費者は全員が同じニーズを有しているわけではない。その一方で，消費者一人ひとりが完全に異なるニーズを有しているわけでもない。そこで，企業は製品を開発・生産・販売するにあたり，まずは消費者をニーズや特性によって細分化する。類似したニーズや特性を有している人々をグループ化して捉える作業を**セグメンテーション**という。セグメンテーションによって分けられた一つひとつのグループのことを**セグメント**という。企業はセグメントの中から自分たちのターゲットとする顧客を決定する。セグメンテーションの基準は多種多様であるが，一般的には以下の4つの基準が用いられることが多い（Kotler and Keller 2006）。

①　地理的基準：地域，都市規模，人口密度，気候など
②　人口統計的基準：年齢，性別，世帯規模，所得，職業，教育水準，世代など
③　心理的基準：ライフスタイル，性格など
④　行動的基準：製品使用経験の有無，製品使用量，購買機会，製品に対する態度など

提供する製品やサービスの特徴を考慮して，企業はこれらの基準や独自の基準を組み合わせて市場を細分化する。同一セグメント内に属する人々は，類似したニーズや特性を持つため，ある製品やサービスに対して同じ反応を示す。属するセグメントが異なる人同士は，同じ製品やサービスに対して異なる反応を示す。セグメンテーションを行う際は，各セグメントについて，事業を展開するに値する市場規模が見込めるように細分化する必要がある。

7-2-2 ターゲティング

セグメンテーションによって分けられた複数のセグメントの中から，企業はターゲットとするセグメントを決定する。自社が狙うセグメントを選択することを**ターゲティング**という。ターゲティングの方法には3種類ある（沼上2008）。第1に，特定のセグメントに絞った**単一ターゲット・アプローチ**である。第2に，複数のセグメントをターゲットとして，同じ製品やサービスを提供する**結合ターゲット・アプローチ**である。同じ店舗やメニューで，学生や子供連れなど多種多様なセグメントを顧客としているマクドナルドは，結合ターゲット・アプローチを採用していると言える。第3に，複数のセグメントをターゲットとして，セグメントごとにそれぞれ異なる製品やサービスを提供する**複数ターゲット・アプローチ**である。イタリア料理店，中華料理店，居酒屋，和食レストランなど，複数の異なる業態を展開している外食チェーン企業は複数ターゲット・アプローチを採用していると言える。

7-2-3 マーケティング・ミックス

企業は自社製品のターゲットとするセグメントにどのように働きかけるかを決定する。企業が設定することのできるマーケティングの要素は，**製品（Product）**，**流通チャネル（Place）**，**販売促進（Promotion）**，**価格（Price）**の4つである。4つの要素とも，英語ではPから始まる単語であることから**4つのP（4P's）**と呼ばれる。この4つのPの組み合わせのことを**マーケティング・ミックス**と呼ぶ。

4つのPは企業視点であり，実際のマーケティング戦略を構築する上では，顧客視点に立つ必要がある。企業側の4つのPに対応する形で，顧客視点の**4つのC（4C's）**も提唱されている。顧客ソリューション（Customer Solution），利便性（Convenience），コミュニケーション（Communication），顧客コスト（Customer Cost）である（Kotler & Keller 2006）。

(1) 製品（Product）―　顧客ソリューション（Customer Solution）

製品やサービスそのものを指す要素だが，本質的には製品が提供する機能を意味する。顧客は製品の物理的特徴そのものだけを購入しているのではなく，製品がもたらす機能を購入している。たとえば，自動車は顧客が移動サービスという機能を求めているために購入されるのである。製品という要素を考える際には，自社製品が果たしている機能を見極め，顧客のニーズに適合させることが求められる。

さらに，製品が果たす機能をより魅力的にするような補助的サービスも製品を考えるうえで重要となる。補助的サービスの典型例としては，ブランド名やパッケージ，返品や修理などの保証が挙げられる（Kotler & Keller 2006）。

(2) 流通チャネル（Place）―　利便性（Convenience）

流通チャネルとは，企業から最終顧客へと製品が届くまでの経路のことである。流通チャネルの設計に関しては2つの政策がある。**閉鎖型チャネル政策**は，中間の流通業者を限定して狭い範囲の小売店で製品を販売する政策である。この政策では，価格やブランド・イメージを維持することができるが，大量の製品を販売することは難しい。他方，**開放型チャネル政策**は，中間の流通業者を限定することなく幅広く製品を流通させる政策であり，大量販売が可能な反面，価格やブランド・イメージの維持は難しい。

(3) 販売促進（Promotion）―　コミュニケーション（Communication）

販売促進とは，企業が製品に関する情報を顧客に伝える活動のことである。自社の製品やサービスを購入してもらうためには，まず当該製品の存在を認識してもらい，関心を持ってもらう必要がある。情報を伝える方法としては，テレビCMやインターネットを利用した**広告**，営業部門による**販売員活動**などが挙げられる。近年では，製品のレビューサイトやSNSの発達によりクチコミやインフルエンサーを利用した情報発信が重要性を増している。

(4) 価格（Price） ― 顧客コスト（Customer Cost）

価格は安ければ良いというわけではない。競合他社が低価格に追随できない場合，あるいは価格を低くすることで顧客が増加し業界全体の規模が大きくなる場合であれば，価格を安くしても問題はない。しかし，そうでない場合に価格を下げれば価格競争に陥り，自社の利益だけでなく業界全体の売上を縮小させることにつながる（沼上 2008）。

マーケティング・ミックスを構成する4つのPは互いに適合している必要がある。たとえば，ルイ・ヴィトンのような高級ブランド品（製品：Product）を扱う企業は，すべての製品を直営店あるいは百貨店内の正規契約店で販売するという閉鎖型チャネル政策（流通チャネル：Place）を採用している。高級品のイメージを崩さないよう，テレビCMや新聞広告を出すことはない（販売促進：Promotion）。商品価格は高いが，高級感を醸すためには高い価格設定が適している（価格：Price）。このように高級ブランド品を扱うことに適したマーケティング・ミックスを構築している（沼上 2008）。

7-3 競争戦略

競争戦略の次元では，事業が**持続的な競争優位**を確立し，長期的に利益を獲得することが目標である。競争優位とは，企業の活動が経済価値を創出している一方で，同様の行動をとっている競合企業がほとんど存在しない状況を指す（Barney 2002）。企業の競争優位は外部環境と内部の経営資源に左右される。企業が利益を獲得するための基本的な論理について説明したのち，外部環境と経営資源それぞれの分析フレームワークについて見ていく。

7-3-1 基本戦略

企業の利益は単純に表現すると，売上（価格×数量）からコスト（費用）を引いたものである。**ポーター**（Porter, M.E.）は利益を獲得するための基本的な論理が3つあるとした上で，その3つを**基本戦略**とした。競合他社よりも低いコストで製品を提供する**コスト・リーダーシップ戦略**，競合他社よりも顧客が高い価格で購入するような製品やサービスを提供する**差別化戦略**，競合他社とは直接競争しない状況を作る**集中戦略**の3つである。

図表7-2には3つの基本戦略が図示されている。図の縦軸は，ターゲットとするセグメントの範囲を示している。複数のセグメントあるいは業界全体をターゲットとするコスト・リーダーシップ戦略と差別化戦略に対して，集中戦略は単一のセグメントをターゲットとする。横軸は，低コストを実現することで競合他社よりも優位に立つか，独自性を打ち出すことで優位に立つかを示している。

図表7-2　3つの基本戦略

		戦略の有利性	
		低コスト	独自性
ターゲットセグメント	複数セグメント（業界全体）	コスト・リーダーシップ戦略	差別化戦略
	特定セグメントのみ	集中戦略	

出所：Porter（1980）を一部加筆修正

(1) コスト・リーダーシップ戦略

コスト・リーダーシップ戦略は，競合他社と同じ価格で売っていたとしても，他社よりもコストを小さくすることで利益を生み出す戦略である。コスト・リーダーシップ戦略は，**規模の経済**や**経験効果**を働かせることによって，競合他社よりも低いコストで製品を提供する。規模の経済とは，大量生産や大量販売によって，製品一単位あたりにかかる固定費（生産数量にかかわらず必要となるコスト）が低下していく現象である。経験効果とは，累積生産量が増加するにつれて，製品一単位あたりの平均コストが低下していく現象を指す。「100個の製品を生産する場合よりも，200個の製品を生産する場合のほうが，製品のコストが安くなる」というのが規模の経済であるのに対して，「100個目の製品の生産コストよりも，200個目の製品の生産コストのほうが安い」というのが経験効果である（坂下 2007)。

コスト・リーダーシップ戦略において注意が必要なのは，競合他社よりも低コストを実現したとしても，それがそのまま低価格で販売することにはつながらない点である。競合他社に価格競争を仕掛けられた場合には低価格で対抗することができるが，平時においてはわざわざ価格を下げる必要はなく，標準的な価格であってもコストが低い分だけ高い利益を獲得することができる。

(2) 差別化戦略

差別化戦略は，競合他社とは異なる独自の軸を打ち出すことで，他社よりも高い価格であっても顧客に購入されることを目指す戦略である。製品品質やデザイン，ブランド・イメージ，アフターサービスなどの軸において，競合他社の製品とは異なることを顧客が認識すれば，たとえ他社製品よりも価格が高いとしても，自社製品を購入してもらえる可能性が高まる。差別化戦略を採用する際は，企業側が何らかの軸で他社製品との差別化を図ったつもりでも，顧客がその独自性を認識しなければ高価格では購入してもらえず，競争優位にはつながらない点に注意が必要である。

(3) 集中戦略

集中戦略は，業界の中の特定のセグメントにターゲットを限定することで，事実上競争のない状況を作り出し利益を維持する戦略である。特定のセグメントに集中することによって，コスト・リーダーシップ戦略や差別化戦略をとる競合他社に対して，企業規模は小さくとも効果的に競争することができる。集中戦略はさらに，特定のセグメント内で低コストを追求する低コスト重視の集中戦略と，独自性を打ち出して競争優位を確立する差別化重視の集中戦略の2つに分けられる。

7-3-2　業界の競争構造

企業を取り巻く外部環境は競争優位の源泉となりうる。特に**業界の競争構造**は，当該業界の利益を左右する重要な外部環境要因である。業界の競争構造が異なるために，利益をあげやすい業界とあげにくい業界がある。この利益のあげやすさのことを**利益ポテンシャル**という。

外部環境には業界の利益を奪おうとする力が作用しており，その力が強ければ，業界の利益ポテンシャルは小さくなり，反対に力が弱ければ業界の利益ポテンシャルは大きくなる。ポーターの**ファイブフォース**というフレームワークによって，業界の競争構造を規定する5つの力の強弱を理解することができる。5つの力がすべて小さい業界では，業界の利益ポテンシャルは高いと言える。

5つの力は顧客をめぐる競争に関係する3つの力（既存企業の対抗度，新規参入の脅威，代替品の脅威）と利益配分をめぐる競争に関係する2つの力（供給業者の交渉力，買い手の交渉力）に分けられる。顧客をめぐる競争とは，一般的に企業間の競争として想像されるものである。他方，利益配分をめぐる競争とは，ある製品やサービスの取引を通じて生じた利益をどのように分け合うかというものであり，供給業者および買い手との間に生じる競争のことである。

図表7-3　ファイブフォース

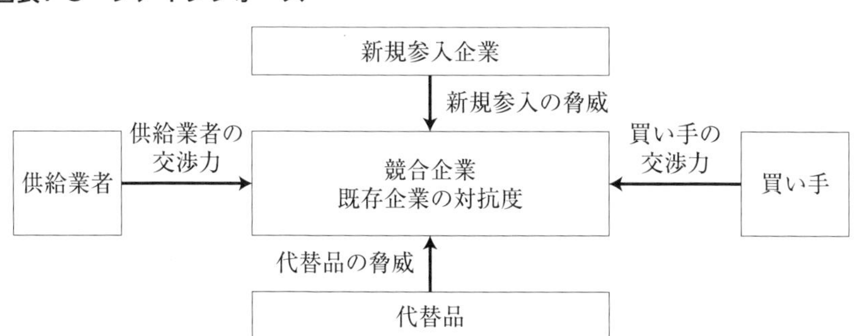

出所：Porter（1980）を一部修正

A. 顧客をめぐる競争

① 既存企業の対抗度

既存企業の対抗度とは，当該業界に参入している既存企業間の競争がどれほど激しいかを意味している。様々な要因によって，既存企業の対抗度は変わる。たとえば，競合企業数が多ければ多いほど業界内の競争は激化する。業界の成長率が低ければ，新しい顧客が生まれないため既存の顧客の奪い合いとなり競争が激化する。業界の特性上，既存企業間で差別化がとりづらい場合も，価格競争に陥りやすいため競争は激しいものとなる。このように既存企業間の競争が激しくなるほど，業界の利益ポテンシャルは小さくなる。

② 新規参入の脅威

利益ポテンシャルに影響を及ぼす力には，業界に既に参入している企業だけでなく，今後参入する可能性のある企業も含まれる。業界内の既存企業が標準を上回る利益を獲得していると，高い利益を求めて外部の企業が業界に参入しようとする。このとき，業界の**参入障壁**が高ければ，企業が新たに参入することを防ぐことができ，業界の利益ポテンシャルは守られる。たとえば，事業を始めるために大規模な運転資金が必要である場合は新規参入が難しい，つまり参入障壁が高いと考えられるため，業界の利益ポテンシャルは維持される。政府の規制によって新規参入が制限されている業界も参入障壁が高いと言える。

③ 代替品の脅威

実際の企業は同一業界内だけで顧客を奪い合っているわけではない。企業は代替品の業界とも顧客をめぐって競争している。顧客にとって同じ機能やニーズを満たすような製品のことを代替品と呼ぶ。たとえば，缶コーヒーを製造している企業は，他の缶コーヒー企業とのみ競争をしているのではない。缶コーヒーに顧客が求める機能として「眠気覚まし」があることから，同じ機能を提供しているエナジードリンク企業とも競争している。このとき，エナジードリンクは缶コーヒーの代替品と言える。代替品が相対的に高い性能を実現している，あるいは相対的に低価格である場合，代替品に顧客を奪われやすくなるため，業界の利益ポテンシャルは小さくなる。

B. 利益の配分をめぐる競争

④ 供給業者の交渉力

企業は製品やサービスを提供する際に，部品や原材料などの投入資源を供給業者から調達している。業界の企業と供給業者の間の取引において，どちらが強い交渉力を持つかによって，業界の利益ポテンシャルは左右される。業界の交渉力が強いほど，業界の利益ポテンシャルは高まる。業界の交渉力は，業界が仕入れ価格を抑えたい思いの強さと，業界が希望する仕入れ価格を供給業者側に押し付けるパワーの強さによって決まる。

⑤ 買い手の交渉力

業界と供給業者の関係は，そのまま買い手と業界との関係にも当てはまる。つまり，買い手の交渉力は，買い手が仕入れ価格を抑えたい思いの強さと，買い手が希望する仕入れ価格を業界側に押し付けるパワーの強さによって決まる。買い手の交渉力が強いほど，業界の利益ポテンシャルは低くなる。

7-3-3　リソース・ベースド・ビュー

業界の競争構造だけでは企業の競争優位を説明することはできない。なぜならば，たとえ利益ポテンシャルが高い業界だとしても，その業界の中で高い利益を出している企業とそうでない企業が存在するからである。同じ業界内の企業間で競争優位に差が生じる要因として，企業内部の経営資源に注目する必要がある。企業の経営資源に注目して競争優位を捉える考え方のことを**リソース・ベースド・ビュー**（resource-based view：頭文字をとって**RBV**とも呼ばれる）という。

リソース・ベースド・ビューに基づいて企業の経営資源を分析する枠組みとして**VRIOフレームワーク**がある。このフレームワークは，次の4つの問いに対する答えによって，経営資源の強みと弱みを明らかにすることができる(Barney 2002)。

① 経済価値（Value）に関する問い

企業の保有する経営資源は，企業が外部環境における脅威や機会に適応することを可能にするだろうか。

② 稀少性（Rarity）に関する問い

その経営資源を現在コントロールしているのは，ごく少数の競合企業だろうか。

③ 模倣困難性（Inimitability）に関する問い

その経営資源を保有していない企業は，その経営資源を獲得あるいは開発する際にコスト上の不利益に直面するだろうか。

④ 組織（Organization）に関する問い

企業が保有する，価値があり稀少で模倣コストの大きい経営資源を活用するために，組織的な方針や手続きが整っているだろうか。

保有する経営資源に価値がなければ，競争劣位に置かれる。経営資源に価値がないため，企業は当該資源を用いて外部環境の機会を活用する，あるいは脅威に備えることはできない。当該経営資源はSWOT分析で言うところの企業の弱みに該当する。

価値がある資源を保有していたとしても，それが稀少でなければ他社にも入手可能であるため，競争優位にはなりえない。保有する経営資源に価値があり，稀少であったとしても，競合他社による模倣が容易である場合，一時的に競争優位を確立できるかもしれないが長期的に保つことは難しい。価値があり，稀少性があり，他社による模倣が困難な場合，持続的な競争優位が得られる。さらに，経営資源を活用できるような組織体制が整備されていれば，競争優位の持続性はさらに強固なものとなる（図表7-4参照）。

図表7-4　VRIOフレームワーク

価値があるか	稀少か	模倣コストは大きいか	組織体制は適切か	競争優位の意味合い	経済的なパフォーマンス
No	—	—	No	競争劣位	標準を下回る
Yes	No	—	↑	競争均衡	標準
Yes	Yes	No	↓	一時的競争優位	標準を上回る
Yes	Yes	Yes	Yes	持続的競争優位	標準を上回る

出所：Barney（2002）を一部加筆修正

7-3-4　価値連鎖

7-3-2で述べた通り，ポーターは業界の競争構造によって企業の競争優位を説明しようとした。しかし，後に企業内部にも注目するようになり，企業内のどのような活動が競争優位の源泉となっているかを明らかにするための**価値連鎖（バリュー・チェーン）**という概念を生み出した（図表7-5参照）。

価値連鎖は5つの主活動と4つの支援活動から構成される。主活動は，購買物流，製造，出荷物流，販売・マーケティング，サービスに分けられる。支援活動は，各主活動を横断的にサポートする活動として，全般管理（インフラストラクチュア），人事・労務管理，技術開発，調達活動に分けられる。業界によって各活動の重要性は異なるが，あらゆる企業の活動は5つの主活動と4つの支援活動に分けることができる。これらの活動の中のどの段階で製品やサービスに価値が付加されるかを明らかにすることが価値連鎖による分析の目的である。同じ業界の企業同士であっても互いに異なる価値連鎖を有しており，特定の活動における他社との差が企業の競争優位につながる。

価値連鎖は用いられている言葉から，一見すると製造業にのみ適用できると思われがちだが，顧客価値と経営資源（ヒト，モノ，カネ，情報）の観点で価値連鎖を捉え直すことで，どのような業種にも適用できるフレームワークとなる。主活動はそれぞれ，経営資源の投入（購買物流），経営資源の顧客価値への変換（製造），顧客価値の提供（出荷物流），価値の伝達（販売・マーケティング），顧客関係の維持（サービス）と言い換えることができる。さらに，支援活動はそれぞれ，VRIOフレームワークにおける組織体制（全般管理），ヒトの調達と管理（人事・労務管理），情報資源の生成と管理（技術開発），カネとモノの調達と管理（調達活動）と言い換えることができる。

飲食店経営の価値連鎖を考えてみると，主活動は，食材の投入（購買物流），調理（製造），料理の提供（出荷物流），宣伝（販売・マーケティング），接客や再来店の促進（サービス）となり，支援活動は，店舗運営（全般管理），人材確保（人事・労務管理），メニュー開発（技術開発），食材や資金，店舗物件の確保（調達活動）と当てはめることができる。これらの活動に分けた上で，どのように価値が生み出されているのかを考えることによって，競争優位の源泉を明らかにすることができる。

図表7-5　価値連鎖（バリュー・チェーン）

<table>
<tr><td rowspan="4">支援活動</td><td colspan="5">全般管理（インフラストラクチュア）</td></tr>
<tr><td colspan="5">人事・労務管理</td></tr>
<tr><td colspan="5">技術開発</td></tr>
<tr><td colspan="5">調達活動</td></tr>
<tr><td>主活動</td><td>購買物流</td><td>製造</td><td>出荷物流</td><td>販売・
マーケティング</td><td>サービス</td></tr>
</table>

出所：Porter（1985）を一部修正

7-4　全社戦略

全社戦略は，**企業ドメイン**と呼ばれる企業全体の活動領域を決めることから始まる。多くの企業は，ミッション・ステートメントや経営ビジョン，企業理念などを通じて，自社の存在意義や企業としてのあるべき姿を提示している。これらも企業ドメインの一部とされる（網倉・新宅 2011）。自社の企業ドメインを定義することによって，企業は従業員の一体感を形成し，従業員のエネルギーを一つの方向に向けさせることができるとともに，企業の社会的な意義を明確化することができる（大滝ほか2016）。

アンゾフ（Ansoff, H.I.）は**成長ベクトル**というフレームワークを通じて，企業には現在の事業領域との関連において，4つの成長の方向性があることを提示した。図表7-6に成長ベクトルの4つの方向性が示されている。(1）現在の製品を現在の市場に投入して売上高を高める**市場浸透**，(2）新規の製品を現在の市場に投入する**製品開発**，(3）新規の市場に現在の製品を投入する**市場開拓**，(4）製品も市場も新しくする成長方向としての**多角化**の4つである。アンゾフは縦軸をミッション，横軸を製品と定義したが，現在では縦軸は市場ニーズ，横軸は技術という言葉に一般化されている（沼上2009）。

図表7-6　成長ベクトル

		製品（技術）	
		既存	新規
ミッション（市場ニーズ）	既存	市場浸透	製品開発
	新規	市場開拓	多角化

出所：Ansoff（1965）を一部加筆修正

7-4-1　多角化

図表7-6の成長ベクトルにもある通り，企業が新しい製品分野へと事業領域を拡大することを多角化と呼ぶ。さらに，多角化には事業領域の拡大だけでなく，原材料の製造から最終顧客への販売に至る事業の流れの中で垂直的に活動領域を拡大する**垂直統合**も含まれることがある。同一製品分野内には，原材料の製造から組立，販売，アフターサービスなど多様な活動が存在している。その中でどこまでを自社が担当するかということも全社戦略の問題となる。必要に応じて，これまで他社から調達していた原材料を自社製造するなどの決定がなされることがある。こうした垂直統合も含む広義の多角化は5つのタイプに分類できる（図表7-7参照）。

企業が多角化する理由はいくつか挙げられる。第1に，既存事業が停滞している場合に，企業は新しい成長分野を開拓しようと多角化を試みる。第2に，

図表7-7　多角化の類型

専業型	売上高のほとんどを主力事業が占める
垂直型	垂直的な関連を持つ事業グループの売上が，全社売上の大部分を占める
本業中心型	主力事業が売上高の多くの部分を占める
関連型	市場や技術などで関連ある事業グループの売上が，全社売上の多くの部分を占める
非関連型	事業間に関連がなく，売上比率の大きな部分を占める事業がない

出所：吉原ほか（1981）

リスクを分散する目的で多角化がなされることもある。たとえば，スキー用品を販売する企業は，秋・冬にしか需要がない。そこで，一年を通じて業績を安定化させるために，春・夏に売行きが見込めるゴルフ用品の販売に多角化することが考えられる。

第3に，複数事業間で**範囲の経済**が見込める場合に多角化が選択される。範囲の経済とは，個々の製品やサービスを単独で扱う場合に比べて，複数の製品やサービスを扱う場合のほうが，コストが抑えられる現象のことを指す。たとえば，キユーピーはマヨネーズを製造する過程で生じる卵の殻を利用して，カルシウム強化食品なども手掛けている。卵の殻にはカルシウムが多く含まれているため，カルシウム強化食品を製造するにあたって原材料を外部から購入する必要がない。それゆえに，マヨネーズからカルシウム強化食品へと事業範囲を拡大することによって，それぞれ単独で事業展開する場合よりもコストを抑えることができる。このような範囲の経済が働くことも多角化の動機の一つとなりうる。

複数事業間で範囲の経済によってコストが低下するだけでなく，波及効果が生じることがある。そのような波及効果のことを**シナジー**と呼び，複数の事業間で経営資源や活動の共有が可能なときに生み出されるプラスの効果のことを指す。企業はシナジーを見込んで多角化を行うことがある。シナジーは次の4つに分類される（Ansoff 1965）。

① 販売シナジー：流通チャネルやマーケティング手法の共通利用から生じるシナジー
② 生産シナジー：生産設備や従業員の共通利用から生じるシナジー
③ 投資シナジー：在庫や研究開発，設備への投資の共通利用から生じるシナジー
④ 経営管理シナジー：経営手法や経営経験の転用から生じるシナジー

7-4-2　両利きの経営

企業全体が成長する上で，近年注目されているのは，**両利きの経営**である。これは，既存の事業の**深化**（exploitation）と次なる収益の柱になりうる新規事業の**探索**（exploration）を両輪で進めることを意味する言葉である。環境の変化に対応するためには，深化と探索のバランスを保つことが求められる（March 1991）。両利きの経営という概念自体が示している方向性は明確だが，実行に移すことは容易ではない。なぜならば，企業の経営資源の既存の強みを深化する活動は効率的になる一方で，不確実性の高い探索活動には経済的にも時間的にもコストがかかるためである。その結果，深化の比重が高まり，さらに既存の強みが強化されていき，探索活動には注意が向けられなくなっていく。このように，深化に偏ってしまう状況を**コンピテンシー・トラップ**（**サクセス・トラップ**）という（Levinthal & March 1993）。企業が長期的に成長していくためには，コンピテンシー・トラップに陥ることなく，深化と探索のバランスを保つ両利きの経営を実現することが求められる。

【参考文献】

Ansoff, H.I. (1965) *Corporate Strategy*, McGraw-Hill.（広田寿亮訳『企業戦略論』産業能率短期大学出版部，1969年）

Barney, J.B. (2002) *Gaining and Sustaining Competitive Advantage* (2nd ed.), Prentice Hall.（岡田正大訳『企業戦略論―競争優位の構築と持続〈上〉基本編』ダイヤモンド社，2003年）

Kotler, P. and K.L. Keller (2006) *Marketing Management* (12th ed.), Pearson Prentice

Hall.（恩藏直人監修・月谷真紀訳『コトラー＆ケラーのマーケティング・マネジメント<第12版>』ピアソン・エデュケーション，2008年）
Levinthal, D.A. and J.G. March (1993) "The Myopia of Learning," *Strategic Management Journal*, 14(S2), pp.95-112.
March, J.G. (1991) "Exploration and Exploitation in Organizational Learning," *Organization Science*, 2(1), pp.71-87.
Porter, M.E. (1980) *Competitive Strategy*, Free Press.（土岐坤・中辻萬治・服部照夫訳『<新訂>競争の戦略』ダイヤモンド社，1982年）
Porter, M.E. (1985) *Competitive Advantage*, Free Press.（土岐坤・中辻萬治・小野寺武夫訳『競争優位の戦略―いかに高業績を持続させるか』ダイヤモンド社，1985年）
網倉久永・新宅純二郎（2011）『マネジメント・テキスト―経営戦略入門』日本経済新聞出版社.
大滝精一・金井一賴・山田英夫・岩田智（2016）『経営戦略<第3版>：論理性・創造性・社会性の追求』有斐閣.
坂下昭宣（2007）『経営学への招待<第3版>』白桃書房.
沼上幹（2008）『わかりやすいマーケティング戦略<新版>』有斐閣.
沼上幹（2009）『経営戦略の思考法』日本経済新聞出版社.
吉原英樹・佐久間昭光・伊丹敬之・加護野忠男（1981）『日本企業の多角化戦略―経営資源アプローチ』日本経済新聞出版社.

第8章 生産管理論

8-1　生産管理論の発展過程と基本的な考え方

8-1-1　生産管理論の発展過程

生産管理論が理論体系化されるまでの歴史的な経緯を考えてみたい。産業革命の時代の18世紀に書かれたアダム・スミス（Smith, A.）による『国富論（諸国民の富）』の中に，ピン（裁縫用の待ち針）を分業によって効率的かつ大量に生産することについて述べられている。しかし，そこでは経済学の視点で国を豊かにすることに重点が置かれ，企業における生産管理や経営管理の議論へとは十分に発展しなかった。

20世紀の初頭になり，フランスの鉱山会社の社長であったファヨール（Fayol, J.H.）が，経営活動について分析して『産業ならびに一般の管理』を著した。その中で，企業の様々な経営活動の中でも管理活動の重要性が説かれるようになる。さらに同じころ，アメリカでは人口の増加と工業の発展に伴い大量生産の時代となり，工場でいかに生産を効率的に行うかに関心が高まる。そうした中，テイラー（Taylor, F.W.）は，自身の製造現場での経験をふまえて『科学的管理法（の諸原理）』等を著し，当時の工場における成り行き任せの管理や搾取を戒め，科学的な視点を取り入れて管理をする必要性と方法を説き，これらが生産管理論へと発展していった。

こうした議論は，その後，人間関係論，そして組織行動論ほか様々な経営学の理論の礎になった[(1)] 言われているが，品質管理，作業管理，工程管理，資材管理，設備管理，労務管理，原価管理など，時代に合わせて様々な生産管理の考え方や手法が織り込まれ，今日の理論体系が築かれている。

（1）富田・糸久（2015）

このような経緯がある生産管理論のすべての項目を限られた紙面で扱うことは難しいが，企業における生産管理教育では，実務に則して項目を絞って工場の従業員などに教えることも多く，本章ではこうした実践的な内容を意識しながら，初歩的かつ基本的な事項を学ぶこととしたい。

8-1-2　生産管理の基本的な考え方

生産管理の基本的な考え方をいくつか紹介する。これらの中には，生産管理に限らず，様々な分野で日常的に用いられるものも多い。

(1) PDCAサイクル

PDCAとはPlan，Do，Check，Act（もしくはAction）の頭文字をとった言葉である。管理をするためには，まずは計画（P：Plan）を立てることが必要となる。その計画に従い実行（D：Do）し，計画と実行結果の差異の状況を点検・調査（C：Check）し，その調査結果をもとに行動（A：Act）する。この一連の活動を**PDCAサイクル**と呼ぶ。

生産管理の事例を考えてみよう。営業部門は顧客から受注した情報を工場に伝え，工場側では，どのような製品を，いつまでに，いくつ作るかについて生産計画（P）をたてる。しかし，工場では様々なトラブルが発生して，実際に生産をする（D）と計画通りには製造できないことがある。

皆さんが顧客の立場だとして，注文した商品が予定の期日に届かないと問題だと思うだろう。工場側は進捗状況を常に点検して，遅れた場合，その原因を調査（C）する。そして，早急に改善に向けて行動（A）して，できるだけ当初計画した通りに製品を顧客に届けようとする。

ここで注意しなくてはならないのは，改善に向けた行動（A）をした後は成り行き任せにしてはならない点である。改めて遅れを取り戻すための計画（P）を立て直すことが必要である。気づかれたであろうか。最初のPに戻ってきたのである。

こうして顧客の製品が確実に生産できたことを確認できるまで工場では

図表8-1　PDCAサイクルと継続的改善のイメージ

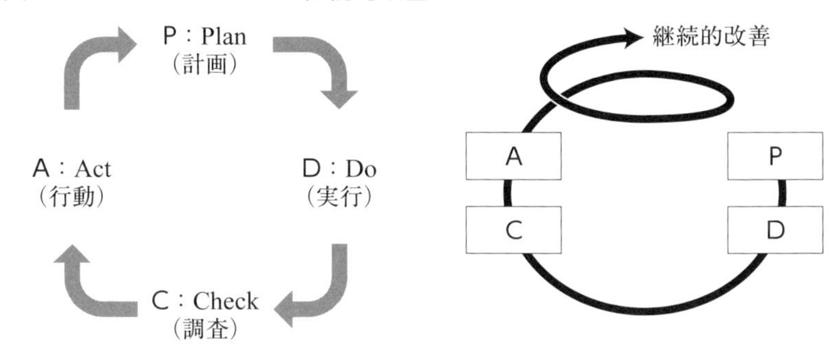

出所：筆者作成

P→D→C→Aの手順を回す（繰り返す）。そして同じ問題が起こらないように再発防止策を織り込み，さらによりよい状態になるように**継続的改善**をめざすことも大切である。このPDCAサイクルは管理サイクルとも呼ばれ，もともとは生産管理の中の品質管理の分野から発展した管理手法であったが，今日では経営管理の様々な場面で適用されるようになっている(2)。

(2) QCD

前述したPDCAサイクルの事例では，顧客の注文した製品が納期に間に合うように工場側が生産管理をしていた。しかし，顧客の要求は納期だけではない。故障がないなどの品質も求めるし，価格が安いことも重要であろう。

工場ではこうした顧客の要求にこたえるために，**Q（Quality：品質），C（Cost：原価，費用），D（Delivery：納期）**を重要な管理指標としており，この**QCD**を合言葉のようにして日々生産管理をしている。今日ではこの言葉

(2) 変化の激しい今日の事業環境に臨機応変に対応するためにOODA（ウーダ）ループが新たに提唱されている。これはObserve，Orient，Decide，Actの頭文字をとった言葉であり，観察（O：Observe）をして，変化があると即座に状況判断（O：Orient），そして意思決定（D：Decide）をして行動（A：Act）に移す一連のサイクルを指す。

は製造業に限らない。サービス業なども提供する業務（たとえば物流業，飲食業など）のQCDを追求するようになってきている。

ここで，Dの納期について補足をしたい。たとえば，ある化学メーカーの工場が商社を通じて海外の原料を仕入れようとしたとしよう。数量は40トン，総額で4千万円もする原料を大型船で運び，納期は2カ月の契約をしたとする。しかし，実際には天候などにも恵まれ，その船が予定日よりも数日早く国内の目的地（工場）に着いたとしよう。台風や大雨の被害にあわず，品質Qは問題なし，費用Cも予算通りであった。ここで納期のDは早く着いたのだからよしとするだろうか？　状況にもよるが基本的には受け入れられない。

納入先の工場側は商社にこう訴える。40トンもの原料をどこに置けばよいのか，今ある倉庫はすぐには空きがなく，別の倉庫を新たに手配して管理するのにも追加で費用と手間暇がかかる。さらに4千万円分の支払いを前倒ししなくてはならず，資金が手もとになければ銀行と交渉して調達しなくてはならない。そして，その金利は誰が負担してくれるのか。面倒なことが生じるばかりである。

この点に関し，**トヨタ生産方式**ではJIT（ジャスト・イン・タイム：Just in Time）という考え方を重視している。直訳すれば「ちょうど間に合って」となるが，**「必要な時に，必要なものを，必要なだけ」**[(3)] というオペレーションの原則があり，遅れては当然ダメ，しかし早すぎてもダメ，ちょうどよいタイミングを求めている。QCDという指標を使って生産管理をする上で，Dは納期と言われることが一般的だが，こうしたJITの考え方に基づいた適時性も重要であることにも注意しなくてはならない[(4)]。

---

(3) 大野（1978）。なお，JIS（日本産業規格）のジャスト・イン・タイムに関する定義は「すべての工程が，後工程の要求に合わせて，必要な物を，必要なときに，必要な量だけ生産（供給）する生産方式」（JIS Z 8141-2201）となっている。

(4) JISにおける納期Dの定義は「delivery, due date」（JIS Z 8141-1215）となっており，一般的にDはdeliveryと言われるが，due date（期日）などの意味も含まれる。

(3) 5のつく生産管理用語

生産管理に関する作業現場のキーワードには5がつくものが多い。以下，代表的な用語を挙げる。

① 5M

工場で生産に大きく影響を及ぼす項目は**原材料（Material）**，**作業者（Man）**，**機械設備（Machine）**，**作業方法（Method）**，**計測（Measurement）**の5つと言われている。これらは英語では，それぞれの頭文字がMになっていることから**5M**と呼ばれており，生産管理においてはこれら5Mを管理することが重要となる。その関係を図表8-2に示す。

図表8-2　5M（5つの管理項目）

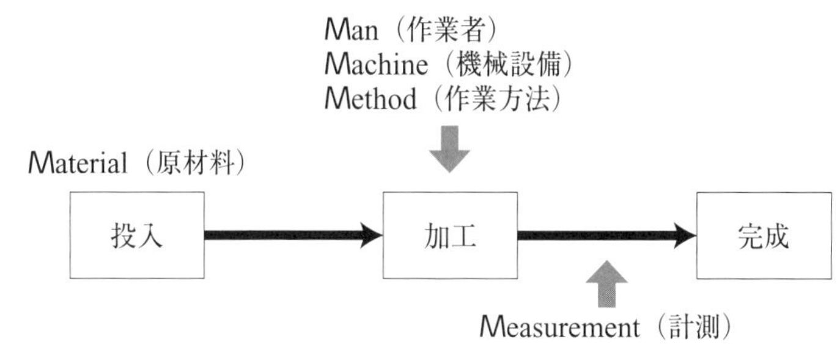

出所：筆者作成

製品をつくるには，まず原材料を工場の現場に投入して，そして加工をする。この際，原材料（Material）の品質がよくなければならず，加工をする場面では，機械設備（Machine）の状態，人（Man）の能力，それらの作業方法（Method）が生産に影響をおよぼす。さらに，計測（Measurement）においては，品質をチェックする方法や，使用する検査機器類を整備（校正）することなども重要である。こうして，5Mを適正に管理することが製品のQCDに影響する。

企業によってはこれら項目の一部をとって3Mもしくは4Mと呼ぶこともあるが，5Mと呼ぶところも多い。工場の購買部門や品質管理部門の担当者は，原材料などのサプライヤー（仕入先）や外注先を監査するために，先方の工場を訪問することがあるが，その際，会社が異なっても5Mという言葉を共通用語として使い，それぞれの項目において管理がしっかりとできているかどうかをお互いに確認し合っている。

② 5S

5Sは整理，整頓，清掃，清潔，躾（しつけ）について，日本語ローマ字表記の頭文字をとったものである。今日では，5Sは製造現場に限らず，事務作業を行う間接部門に適用されることも多い。内容は以下のとおりである(5)。

〈1〉整理：必要なものと不必要なものを区分し，不必要なものを片付けること
〈2〉整頓：必要なものを必要な時に，すぐに使用できるように準備しておくこと
〈3〉清掃：必要なものについた異物を除去すること
〈4〉清潔：整理・整頓・清掃が繰り返され，汚れのない状態にしていること
〈5〉躾：決められたことを必ず守ること

工場などでコンサルタントが5Sの指導をするとき，まずは〈1〉の整理することから教える。その際，不要なものは捨てるように指導する。まずは断捨離からである。その上で〈2〉の整頓をすれば，必要なものが即時に取り出せるようになる。製造現場と同様に事務間接部門も5Sを指導されることもある。

事務間接部門の5Sはイメージしにくいかもしれないが，たとえば，机の中の引き出しに，うすいスポンジなどを敷き詰め，ペンや電卓などの文具のうち必要なものだけを選び，置き場所を決めて，形に合わせて穴をくりぬいて，そこを定位置とするように指導される。最初は空きスペースがもったいなく思えるが，不必要なものが全くなくなり，どこに何があるかすぐにわかるので，探すことが一切なく作業効率が上がる。当然，製造現場では工具類などにおいて

(5) JISの定義（JIS Z 8141-5603）をもとに一部加筆修正。

同様のことを行う。その上で〈3〉清掃，〈4〉清潔を徹底する。

最後の〈5〉に躾が入っていることを意外に感じた読者もいるだろう。たとえば，工場の現場管理に長年携わり，5Sに精通した人は，はじめて訪れた工場であっても，道具の整理・整頓のされ方，清掃の状況，従業員の態度，工場全体の雰囲気など，中に入って回りをザッと見渡すだけで，その工場がよい工場かどうかが一瞬でわかるという。よい製造環境を実現し，その状況を維持するためには，日々従業員に躾がしっかりと行われていることが重要となる。躾を含めた5Sが徹底されているかどうかをプロは初見で見抜くのである。

③ 5ゲン主義

机上ではなく，**「現場」「現物」「現実」**という3つの“現”を重視する考え方を**3現主義**という。たとえば，メーカーの生産管理部門などでは，生産現場に行かないで，事務所の机の上や会議室の中だけで仕事を進めようとすると，実際に「現場」に行って，「現物」を見て，「現実」を直接確かめるように指導されることがある。つまり机上の仕事だけでは，必ずといってよいほど現実の世界で生じている問題を見失いがちとなるので3現主義が重要であると言われる。

さらに**「原理」，「原則」**の2つを合わせて**5ゲン主義**と呼ぶ。3現主義の「現場」「現物」「現実」を観察して，なぜそのような状態になっているのか，そして，あるべき姿はどういう状態かという「原理」「原則」までふみこんで分析することで真の問題を見つけ出して，改善活動や抜本的な問題解決へと結びつけることができる。

本章の冒頭で生産管理論の起源として紹介した**テイラー**について言えば，ストップウォッチで作業時間を測定したり，作業しやすい道具を選定したり，作業量に応じて賃金が決まる差率出来高賃金制度などを発案して**科学的管理法**を工場に導入したことで有名である（第2章も参照）。

しかし，これによりテイラーが非人間的な管理を追求していたと単純にとらえてはいけない。彼は，社長をはじめとする経営層が工場内で実際に起きていることを詳しく知らない中で，モラルの低下した「現場」にあえて自ら身を置き，現場の台帳や作業道具などの「現物」を実際に見て使い，様々な「現実」を知り悩み苦しみながら，「原理」「原則」を追求することであるべき管理体制の構築やルールづくりを行おうとしていたことが彼の一連の著作[(6)]を読むとわかる。このように経営学における生産管理論の起源と言われる科学的管理法を唱えたテイラーの姿勢には5ゲン主義が貫かれていたと考えられる。

④ 5W1Hとなぜ5回

さきほどの5ゲン主義では，「現場」，「現物」，「現実」を直視した上で，何が問題で，なぜそうなっているのか，そしてあるべき姿までの「原理」，「原則」まで追求していかなくてはならないと述べた。この方法として5W1Hという言葉がよく使われる。5W1HとはWho（だれが），When（いつ），Where（どこで），What（なにを），Why（なぜ），How（どのように）という英語の頭文字をとった呼び名であり，これらを明らかにすることで問題を解決へと導いていく。

しかし，5W1Hの状況がわかったとしても，分析だけで終わってはダメだと企業ではよく言われる。なぜならば，実際に改善活動や問題解決がなされなければ利益にはつながらないからである。特にWhy（なぜ）については，一度だけでは不十分で，繰り返しその理由を追求することで，ようやく真の問題点を把握して行動に移すことが可能になり，問題解決に結びつくと言われている。この点に関して，実際の経験をもとに『トヨタ生産方式』を著した大野（1978）は，「原因」の向こう側に「真因」が隠れていると述べている。

たとえば製造現場で生産トラブルがあった際，上司が「“なぜ”この問題が起きたか?」と尋ねたら，部下は思いつく理由を答える。次に上司はその答えに対して，「ではそれは“なぜ”起きたのか?」とさらに深い理由を探る。真の原因（真因）を見極めるには，これを最低でも5回繰り返す必要があると言わ

(6) テーラーF.W.著，上野陽一訳・編（1969）にはテイラー全集として各種著作が収められている。

れる。こうした「なぜ5回」を行うことで「現場」,「現物」,「現実」の奥に秘めている「原理」「原則」をようやく理解でき，根本的な問題解決ができるようになる。

ところで,「なぜ5回」を上司が部下に行うと，何度も尋ねられた部下は叱られたと思って委縮してしまうかもしれない。また周りの人間もその状況を見て異様に思う可能性がある。ここで,「なぜ5回」という言葉の共有化と，それを必ず行うという暗黙の了解が職場全体にあることが必要となる。つまり，上司や部下など関係なく，お互いで「なぜ5回」による問題点の追及を行うという風土の醸成が必要であり，この「なぜ5回」を自然に行う習慣が定着していることは，強い現場の証ともいえる。

8-2　様々な生産方式

8-2-1　注文対応方法による分類

生産の形態は，大別して注文を受けて生産する受注生産，そして売れることを見越して生産する見込生産がある。

(1) 受注生産

受注生産とは「顧客が定めた仕様の製品を生産者が生産する形態」(JIS Z 8141-3204) と定義されている。受注生産は，顧客の要望をふまえて製品仕様を決め，設計を行うことからスタートする。その上で原材料を調達して生産を行い，顧客に納品する。

(2) 見込生産

見込生産とは「生産者が市場の需要を見越して企画・設計した製品を生産し，不特定な顧客を対象として市場に製品を出荷する形態」(JIS Z 8141-3203) と定義されている。見込生産は受注生産とは異なり，同一設計仕様の標準製品を繰り返し生産する。そして標準製品であることから在庫を保有して販売することを前提としている。

8-2-2 生産品種と生産量による分類

生産品種と生産量によって，以下の3種類の分類が一般的になされる。

(1) 多品種少量生産

多品種少量生産は，「多くの種類の製品を少量ずつ生産する形態」(JIS Z 8141-3212) と定義されている。たとえば，顧客から注文を受けてつくる受注生産では，個々の顧客により仕様，価格，納期が異なるため，多品種となり，それぞれの品種では少量の生産になる傾向がある。なお，この多品種少量生産は多種少量生産と呼ぶこともある。

(2) 少品種大量生産

大量生産については「見込生産によって複数品種の製品を大量に低価格で生産する形態」(JIS Z 8141-3213) と定義されている。一般的に見込生産は**少品種大量生産**の傾向があると考えられる。

(3) 中量生産

前述した受注生産が多品種少量生産，見込生産が少品種大量生産となる傾向について，必ずしも，こうした決めつけができないケースも存在する。たとえば，受注生産は量が少ないのが一般的であるが，ある程度量がまとまって受注できれば**中量生産**になり，また見込生産でも多くの需要を見込めないものは中量生産になる傾向がある(7)。

8-2-3 製品の流し方による分類

製品の流し方には，個別生産，連続生産，ロット生産の3種類が存在する。

---

(7) 泉 (2015)

(1) 個別生産

個別生産とは「個々の注文に応じて，その都度1回限りの生産を行う形態」（JIS Z 8141-3208）と定義されている。この個別生産は，受注生産に多く見られ，注文ごとに個別に生産する方式であり，多品種少量生産の傾向がある。

(2) 連続生産

連続生産とは「同一の製品を一定期間続けて生産する形態」（JIS Z 8141-3210）と定義されている。この連続生産は，見込生産に多く見られ，同一品種のものを一定期間繰り返し，大量に生産する場合にとられる生産方式であり，少品種大量生産の傾向がある。

(3) ロット生産

ロット生産とは「品種ごとに生産量をまとめて複数の製品を交互に生産する形態」,「断続生産ともいい，個別生産と連続生産の中間的な生産形態」（JIS Z 8141-3209）と定義されている。品種ごとに生産量をまとめた時の単位をロットと呼び，そのロットごとに加工を施す生産方式である。

以上で述べてきた内容を整理をすると図表8-3のようになる。

図表8-3　各種生産形態の連携図

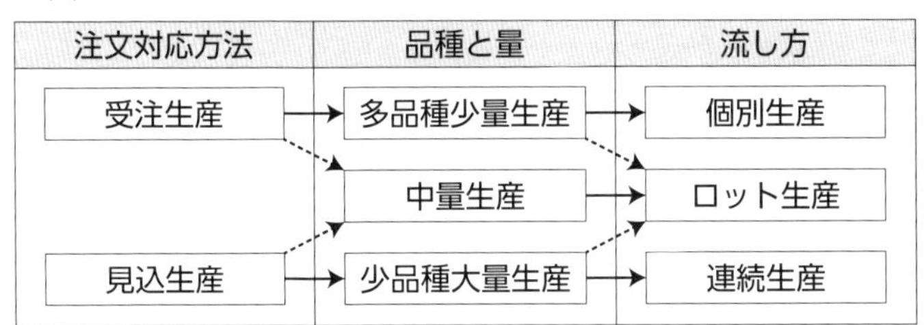

出所：中央職業能力開発協会編（2016）を一部加筆修正

8-2-4　生産方式の事例

以上の生産形態に関する用語をふまえ，生産方式の具体的な事例を検討してみよう。

(1) ライン生産方式

1900年代初頭にアメリカのフォードが自動車を大量生産した時は，生産品目をT型と呼ばれる単一車種に限定して（**単純化：Simplification**），部品などを規格化して互換性を高めて標準作業を行い（**標準化：Standardization**），専用の設備や工具を使って専門工場で加工する（**専門化：Specialization**）生産方式を導入した。これらは各英語の頭文字をとって3Sと呼ばれる。

そして，フォードでは互換性を持つ部品を効率よく組み立てていくために，ベルトコンベアによる流れ作業によって大量に生産する方式を導入した。こうしてT型フォードの生産を通じて，見込生産による少品種大量生産方式が生み出された。

図表8-4のように，作業者に担当設備を割り当て，ベルトコンベアなどを用いて流れ作業を行う生産は**ライン生産方式**と呼ばれ，少品種大量生産を前提として，見込生産を行うのに適していた。当時の有名なT型フォードは長らくモデルチェンジを行わずに，同じ型の自動車を大量生産していたため，ライン生産方式は非常に効率的であった。

図表8-4　ライン生産方式

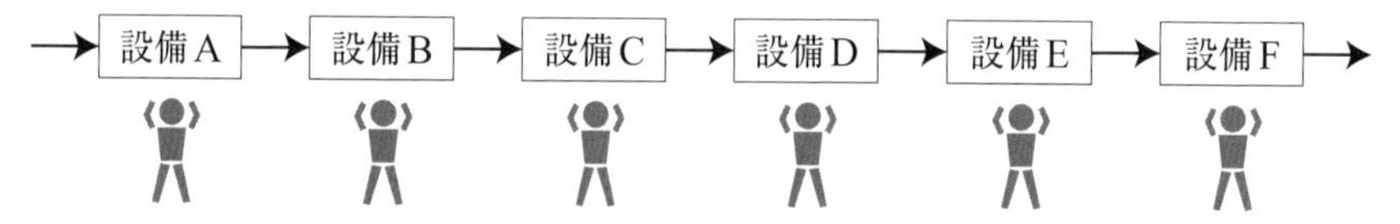

出所：泉（2015）を加筆修正

(2) セル生産方式

前述のライン生産方式は，作業者にとってはベルトコンベアの中の一つの担当設備だけを受け持ち，非常に作業が単調となる傾向がある。また同一品種を大量に生産する時には都合が良くても，多品種の製品を生産する際には，品種の切り替え作業などの**段取り**に手間と時間がかかり，生産効率が悪くなることも多い。

そこで，多品種少量生産を行うにあたって，ベルトコンベアなどによるライン生産方式とは異なる，一人（もしくは複数）の作業者が製品を組み立てる方式が考え出された。たとえば図表8-5にあるような小規模な作業ステーション（これをセルと呼ぶ）内で一つの製品を作る方式で，これを**セル生産方式**と呼ぶようになった。

セル生産方式では，ライン生産で使われる設備を比較的小規模なものにして，一人（もしくは少人数）が全ての工程の作業を行えるように多能工化して，複数のセルを同時に運用しながら生産する。

図表8-5　セル生産方式

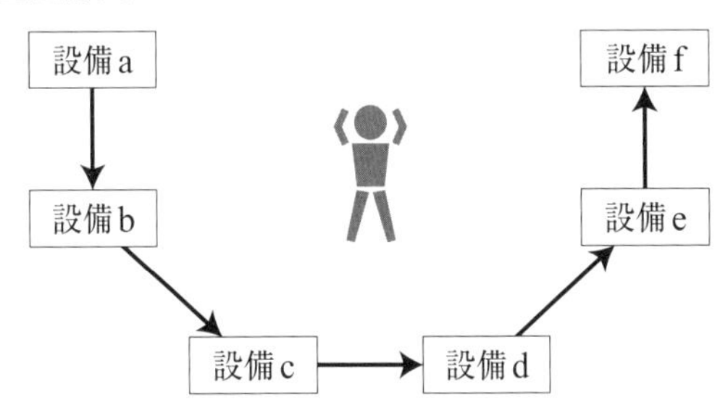

出所：泉（2015）を加筆修正

先ほどのライン生産方式の事例（図表8-4）では，大規模な設備を6台並べ，6人で作業をしていた。仮にこれを小規模な6台の設備に置き換え，6つのセルを作って，それぞれのセルに人を配置して多能工化する（図表8-5）ことができれば，作業者は単調作業から解放され，様々な品種を製造する小回りのきく生産ラインを組むことができる。そして，こうした方式を徹底して生産性が向上すれば，手間暇のかかる多品種少量生産であっても，さらに人と設備を少なくして対応することも可能となる。

セル生産方式は多能工化を進める上では人材育成に時間がかかるが，自己完結性の高い生産方式であるため，どこかのセルが滞ってもライン生産のように全体に大きな影響を及ぼすことが少なく，様々な品種の生産に柔軟に対応できる。よって，特に多品種少量生産においては，ライン生産よりも生産効率を高める効果が期待できる。

(3) かんばん方式

トヨタ生産方式の中に**かんばん方式**がある。かんばんとは，広告などに使われる看板ではなく，以下の図表8-6にあるような内容（何が，どれだけ，どこから，どこへ行くか等）が記載されている伝票（たとえば，縦9cm×横15cmくらいの大きさ）である。

図表8-6　かんばんの例

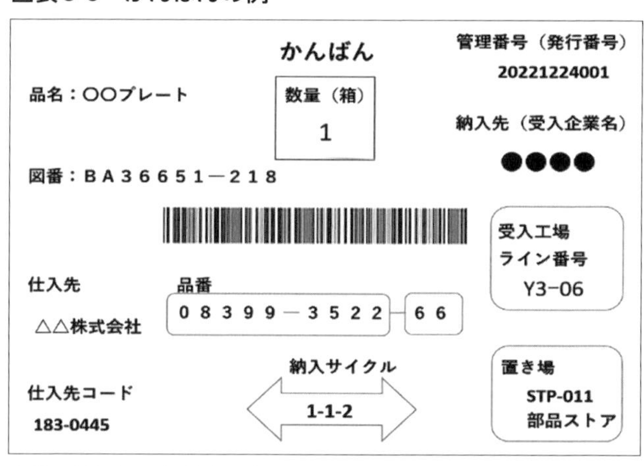

出所：（例示用に）筆者作成

工場・倉庫にある部品など（以下モノと言う）はかんばんを一緒につけて保管しておくことが原則である。そして，製造時にモノを使ったら，外されたかんばんを前工程に提示してモノを受け取って元の状態にもどす。こうして工程間（もしくはサプライヤーとの間）でかんばんを行き来させてモノを補充する。これがかんばん方式の基本的な考え方である[8]。

かんばん方式とは，かんばんを利用して連鎖させることにより，モノとかんばんが自律的に動いてモノが補充されるしくみをいう。前述した「必要な時に，必要なものを，必要なだけ」というトヨタのジャスト・イン・タイム方式は，このようなやり方を徹底することで実現している。

自動車1台の生産における部品の点数は2～3万点に及ぶと言われており，1点でも不足すると完成品はできない。すべての部品を管理することが難しい中で，こうしたかんばんを利用して自律的に補充する仕組みは画期的であり，生産方式におけるイノベーションの一つと言われている。

また，かんばん方式による生産は**プル型生産**とも言われる。それは，生産に必要な部品などを，使ったら（無くなったら）かんばんを持って前工程に引き取り（プル）に行くことに由来し，自動車のように部品点数が多い場合や多品種少量生産を行う場合に有効である。一方，少品種大量生産の場合は，連続生産により大量の部品や原材料を押し込んで（プッシュ）作っていくようなイメージから**プッシュ型生産**と呼ばれる。

8-3　生産管理におけるQCDの展開

8-3-1　品質管理

生産管理におけるQCDの意味については前述したが，以下，その詳細について順を追って説明する。まずはQの品質管理の具体的な内容について説明したい。

(8) かんばんには生産を指示するための生産指示かんばんと，運搬を指示するための引取かんばんの2種類がある（JIS Z 8141-2203）。なお，前者は仕掛けかんばんとも呼ばれる。

(1) SQCとTQC

品質管理とはQC（Quality Control）の訳である。戦後しばらく，日本の工業製品は「安かろう，悪かろう」と言われていた時代があった。しかし，こうした未熟な段階を経て，高度成長期を過ぎたころになると，日本製の高品質な製品が世界中で注目されるようになる。この背景として品質管理技術の向上が非常に大きな役割を担ってきた。

1950年にアメリカのデミング（Deming, W.E.）が来日した際，統計学を活用して品質データを解析して管理する手法として**SQC（Statistical Quality Control：統計的品質管理）**の教育・指導がなされた。これが基礎となり，その後1960年代になると，**TQC（Total Quality Control：全社的品質管理）**へと発展する。TQCとは，それまで品質管理については品質管理部門のみが担当すると考える傾向があったが，そうではなく，全部門（品質管理部門のみならず，製造部門，営業部門，開発部門，さらに企画部門や総務・経理などの事務間接部門まで），全社員（社長をはじめ担当者まで）が一丸となって品質管理を実施することである[9]。

(2) QCサークル

全社的に品質管理を行うTQCの活動においては，たとえば，各職場内で**QCサークル**という小集団グループをつくり，品質を中心とした改善活動を自主的に行う。この活動を通じて，職場の管理，改善を継続的に全員参加で行うのである。さらに，この活動の中では，統計的手法を応用した**QC7つ道具（パレート図，特性要因図，チェックシート，ヒストグラム，散布図，層別，グラフ）**[10]が使われる。

具体的な活動方法は，工場の現場や事務間接部門なども含めて全職場で**小集団グループ**を編成して，各グループでリーダーを決め，このリーダーを中心に

---

(9) 泉（2015）
(10) QC7つ道具は主に図表やグラフ等であり，それほど難しいものではない。インターネットの検索エンジンなどを使って調べてみるとよい。

メンバー全員で品質向上に向けた改善提案を活発に行い，QC7つ道具などを用いながら実際に改善させていく。各小集団グループは，自分たちでユニークなグループネームをつけて愛着を持てるようにしたり，改善件数や金額をグループ間で競い合い，優秀なグループには会社が表彰することもある。こうして全社的な活動を活発に行うことで品質改善へと結びつけていく。

ベルトコンベアなどで単純な流れ作業を行う製造現場であっても，こうしたQCサークルをつくり，お互いに改善に向けて切磋琢磨するためのコミュニケーションの機会を持つことは，職場の連帯感や仲間意識が醸成され，仕事への意欲を向上することにもつながっていく。

(3) TQCからTQMへ

日本ではQC活動を中心としたTQCが浸透し，様々な製品で品質は大幅に向上し，その秀逸さは世界各地に知れ渡るようになる。さらに，このTQCは製造業だけではなく，サービス業など様々な業種に拡大されるようになる。海外ではこれを見習い，日本的なTQCの活動を導入するのと同時に，経営管理的な要素を取り入れたTQM（Total Quality Management：総合的品質管理）へと発展させていった。

たとえば，今日の企業の多くは企業理念・経営基本方針のもとに中期計画（3～5年）を策定する。その上で全社の年度方針を決定して，それに従い各部署が実施計画書を作りPDCAの管理サイクルを回すが，その一環として品質管理項目を織り込んで，品質マネジメントをするようになってきた。

このように，海外では日本的TQCに経営管理的要素を取り入れてTQMが定着していったが，そうした中，日本でも1996年に日本科学技術連盟の指導のもと，TQCに変わってこのTQMという呼称が国内で一般的に用いられるようになった。今日では，顧客満足向上の視点もふまえ，経営管理の一環として品質向上をめざすようになっている。

8-3-2　原価管理

生産管理におけるQCDに関して，Cの原価の具体的な管理方法について説明したい。

(1) 原価の種類

原価には**総原価**と**製造原価**がある。総原価の中には，たとえば販売促進のための広告宣伝費などの**販売費**，また本社部門の人件費などの**一般管理費**が含まれる。これら販売費・一般管理費は製造にかかわる費用ではない。そこで，総原価から販売費・一般管理費を除いたものが製造原価となる。

次に製造原価は，大まかに**材料費**，**労務費**，**経費**に分類される。お好み焼き屋を例にすると，豚肉，キャベツ，小麦粉などはお好み焼きの中に含まれる材料となる。またお好み焼きには直接つけないが，鉄板に塗る油なども材料である。こうした費用を材料費と呼ぶ。さらに現場の作業者の人件費などは労務費であり，これら以外のものが経費となる。

そして，**売上高**から総原価を除いたものが**利益**となる。図表8-8において，以上で説明した内容を示す。

図表8-8　原価の種類と利益の関係

<table>
<tr><td></td><td></td><td>利益</td><td rowspan="3">売上高</td></tr>
<tr><td></td><td>販売費
一般管理費</td><td rowspan="2">総原価</td></tr>
<tr><td>材料費
労務費
経費</td><td>製造原価</td></tr>
</table>

出所：筆者作成

利益を増やすためには原価を低減することが必要であるが，生産管理では工場における製造原価の具体的な低減策を打ち出さなくてはならない。それについて以下で検討したい。

(2) 製造原価低減の方法

工場では，製造原価の中の材料費，労務費，経費をいかに低減するかに日々腐心している。たとえば材料費など社外から仕入れるものは，どれだけ安く購入できるかが鍵となる。現在使用しているものと同等の品質を保証できるのであれば，安い材料に変更することも必要であろう。海外から購入すれば安く仕入れることができるのならば，そうした購入ルートの開拓も大事である。また購買部門の値引きの交渉力も重要となる。

労務費は，安易に従業員の給料を下げるわけにはいかないため，より少ない人数で作業できるように効率化を推進することが必要である。また，作業者のスキルアップを行いながら生産効率を上げ，アウトプット（生産量）を増やしていくことを検討することも大切であろう。

経費には様々なものがあるが，大胆な費用削減策を検討するのと同時に，小さなことから節減を心がけることも重要である。たとえば，多くの工場では使っていない蛍光灯の電気をこまめに切る習慣がある。明りの必要ない区域や，お昼休みなど作業をしていない時は，製造現場だけでなく事務所も，その都度消灯を行いコストダウンに努めているところが多い。たとえ小さなことでも，一つひとつの積み重ねが大きな費用削減効果へと結びつく。

このように原価低減において重要なことはムダの排除であり，製造現場においては**7つのムダ**をなくすように地道に努めている。7つのムダとは**(1) 作りすぎのムダ，(2) 手待ちのムダ，(3) 運搬のムダ，(4) 加工そのもののムダ，(5) 在庫のムダ，(6) 動作のムダ，(7) 不良をつくるムダ**である。

前述した品質管理におけるQC活動の中では，品質のみならず，こうしたムダの削減についても日々議論し合い，生産効率の改善，そして原価低減へと結びつけている企業は多い。また7つのムダの排除は工場だけの話ではなく，今日では，本社などの事務間接部門においても，事務作業のムダを探して効率化と費用削減を追求している。

一方，数量を増やして**規模の経済**を追求することも重要である。より多く生産して，より多く販売すれば，売上高が増えるのと同時に，単位あたりのコストが下がり，利益が大きく改善する。つまり，いかに生産高と売上高を増やす(11) かが重要となる。

さらに，先ほどの経費の中には設備に関わる費用として**減価償却費**がある。規模の経済を追求するためには**設備投資**が必要であり，その判断を慎重に行い，一旦設備を購入したのならば，効率よく稼働して生産できるようにしなくてはならない。設備投資を決定する際は，何の製品を，どれくらい生産して儲けるかという戦略が必要なため，生産管理のみならず，経営戦略，財務会計・管理会計など，様々な経営に関する知識が必要となる。

8-3-3　納期管理

生産管理におけるQCDの中で，最後のDにあたる納期管理に関する用語と具体的な手法について説明する。

(1) リードタイムの管理

リードタイムとは，一言で言えば，生産管理上の「開始してから完了するまでの時間」のことである。たとえば，図表8-9のように資材の発注から納入までの**調達リードタイム**，作業開始から完了（完成）までの**生産リードタイム**，発送から配達が完了するまでの**配送リードタイム**などがあり，スピードを測る指標として用い，計画と実績を対比して納期管理を行う。

図表8-9　各種リードタイム

資材の調達期間		製造期間		輸送期間	
発注	納入	作業開始	完成	発送	配達
←調達リードタイム→		←生産リードタイム→		←配送リードタイム→	

出所：筆者作成

(11) スループット（全体のものの流れ）を向上させると表現することも多い。

(2) ガントチャート

ガントチャートとはガント（Gantt, H.L.）が考案したもので，日程計画や日程管理などに用いられる図表の一つであり，作業計画を視覚的にわかるようにしている。たとえば図表8-10にあるように，横軸を時間軸として，縦軸に工程（もしくは作業者，装置，業務内容など）を割り当て，各作業の開始から完了までを長方形で示した表がよく用いられる。

図表8-10　ガントチャート（例）

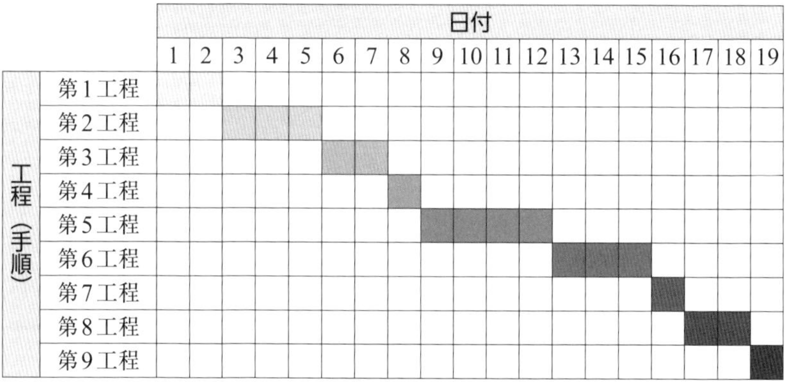

		日付																		
		1	2	3	4	5	6	7	8	9	10	11	12	13	14	15	16	17	18	19
工程（手順）	第1工程																			
	第2工程																			
	第3工程																			
	第4工程																			
	第5工程																			
	第6工程																			
	第7工程																			
	第8工程																			
	第9工程																			

出所：筆者作成

計画を立てる時に上記のような表を作成して，さらに実際の進捗状況を記録（対比）していくと，予定通り進んでいるのか，遅れているのかがよくわかる。また各工程のグラフの長さ（必要日数など）をみると，どの工程で負担がかかっているのかがよくわかり，遅れている場合は，どこに重点管理をして作業を早めていくべきか検討しやすい。

こうした手法は，生産管理のみならず，各種プロジェクトにおけるスケジュール管理などにおいても利用することができ，用途に合わせて形を変えて様々な場面で応用されている。

(3) 製造三角図

製造三角図は，縦軸に累積生産数をとり，横軸に稼働日数をとった管理図表で，図表8-11に例を示す。この事例では1カ月分のデータをとっており，グラフの中にある実線は計画，点線は実績を表している。またAの横幅は，このケースでは日数の遅れを示し，Bの縦幅は数量の遅れを示している。

日々の管理においては，表やグラフを作成しながらPDCAサイクルを回し，計画から実績が乖離しないようにすることが大切である。また日々の作業量にばらつきがないようにして，継続的に生産量を一定に保持することを**平準化**と呼ぶが，図表8-11の計画（実線）グラフをみると直線になっており，平準化生産を目指している。一方，実績（点線）グラフでは月の中盤までは遅れ気味であり，その後徐々に挽回をして，月末には当初の生産計画を上回ることができた状態になっている。

生産管理においては，現場で起きている事象を漠然と観察するのではなく，

図表8-11　製造三角図

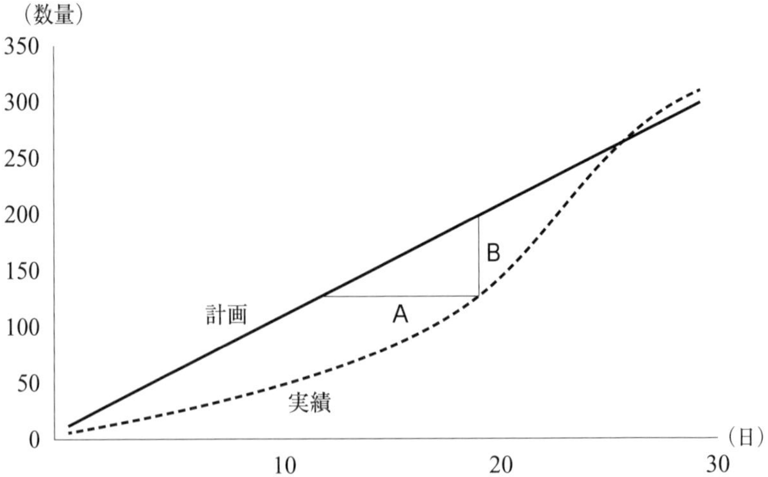

（数量）
350
300
250
200
150
100
50
0
（日）
10
20
30
計画
実績
A
B

出所：筆者作成

その内容を具体的に書き出して整理したり，数値化してグラフや表を描いたり，また，たとえば製造現場の装置にトラブルが起きた場合には，**あんどん**とよばれる表示ランプで知らせる仕組みをつくるなどして，問題点を可視化（顕在化）させることが重要である。このように可視化させることを**見える化**と呼ぶ(12)。見える化することによって生産上の様々な障害を見つけ出すことが可能となって解決へと結びつく。日々生じる問題点を見える化して，継続的改善を行う姿勢が生産管理を行う上で非常に重要である。

【参考文献】

Smith, A. (1776) *An Inquiry into the Nature and Causes of the Wealth of Nations*. Edited, with an introduction, notes marginal summary and an enlarged index by Cannan, E. (1950, 6th ed. Vol.1) London: Methuen & Co. Ltd.（大内兵衛・松川七郎訳『諸国民の富Ⅰ』岩波書店，1969年）.
泉英明（2015）『わかりやすい生産管理』日刊工業新聞社.
大野耐一（1978）『トヨタ生産方式』ダイヤモンド社.
中央職業能力開発協会編（2016）『生産管理BASIC級』中央職業能力開発協会.
テーラーF.W.著，上野陽一訳編（1969）『科学的管理法』産業能率短期大学出版部.
富田純一・糸久正人（2015）『コア・テキスト生産管理』新世社.
日本経営工学会編（2002）『生産管理用語辞典』日本規格協会.
ファヨールH.著，佐々木恒男訳（1972）『産業ならびに一般の管理』未来社.

(12) スケジュール管理の手法としてはガントチャートのほかにパート図などがある。また，製造三角図を応用したものに流動数曲線がある。本稿で紹介した以外にも様々な見える化の手法があるので，発展的学習として各自で調べてみるとよい。

第9章 財務管理論

9-1 財務管理とは

財務管理とは，企業価値の向上を実現するために，「資金をどのように調達し，どの投資案で運用し，獲得した利益をどう配分すべきか」に関する計画と統制をいう。本章では，法人数の9割以上を占める株式会社を対象とし，資金調達から利益分配までの経済活動を貨幣価値で測定された**財務諸表**を用いて，以下の手順で**財務管理**の基礎を学習する。

第1節では，**財務諸表**と関連する法律をふまえたうえで，株式会社の大規模化を背景とした**エージェンシー問題**や**コーポレート・ガバナンス**の関係について概観していく。第2節では，実在する企業の**財務諸表**を参考に，**財務諸表**の構造を説明する。第3節では，財務諸表分析を用いた財務管理方法を解説する。

9-1-1 財務諸表

財務諸表(1) は，**会社法**や**金融商品取引法**，**法人税法**の規制を受けるとともに，**企業会計原則**などの**会計基準**(2) や**財務諸表規則**(3) によって作成される。本章では，基本となる3つの**財務諸表**について学習していく。

第1の**貸借対照表**（Balance Sheet: B/S(4)）とは，企業のある一定時点におけ

---

(1) 会社法では，財務諸表ではなく計算書類とよばれる。財務諸表（本書で扱わない財務諸表を含む）と法律や会計基準の関係については，桜井（2020b）pp.11-42が詳しい。

(2) 日本において，金融商品取引法の対象となる企業は，企業会計基準（日本基準）だけでなく，国際財務報告基準（IFRS）やアメリカ基準でも作成することができる。会計基準の国際的統合については，伊藤（2020）pp.101-121が詳しい。

(3) 正式名称は「財務諸表等の用語，様式及び作成方法に関する規則」である。

(4) 国際財務報告基準ではA Statement of Financial Position: F/P（財政状態計算書）と表記される。

る財政状態を表す書類をいう。企業がどこから資金を調達し，何に投資しているのかを表し，企業の安全性や事業構造を読み取ることができる。

第2の**損益計算書**（Profit and Loss Statement: P/L[(5)]）とは，企業のある一定期間における経営成績を表す書類をいう。企業が獲得した収益と，その収益を獲得するために犠牲となった費用を対応表示させることで，企業の収益性や費用構造がわかる。

第3の**キャッシュ・フロー計算書**（Statement of Cash Flow: C/F）とは，企業のある一定期間における現金及び現金同等物[(6)]の流れをまとめた書類をいう。**発生主義**に基づいて作成された貸借対照表の財政状態や，損益計算書の経営成績を裏付ける現金及び現金同等物の収入と支出の詳細が示される。

金融商品取引法が適用される企業においては，**有価証券報告書**[(7)]の中で，これら3つの**財務諸表**が公開されている。なお，**有価証券報告書**は，各社のホームページのIR（Investor Relations）情報や投資家情報，金融庁が運営するEDINET（Electronic Disclosure for Investors' NETwork）を通じて入手可能である（https://disclosure.edinet-fsa.go.jp/）[(8)]。

9-1-2　エージェンシー問題とコーポレート・ガバナンス

株式会社が大規模化していくと，企業の**所有と経営の分離**が生じる。そこには，会社の所有者である株主を依頼人（principal），経営者を代理人（agent）とするエージェンシー関係が成立する。株主の利益となるように経営者は行動

(5) 国際財務報告基準ではA Statement of Comprehensive Income: C/I（包括利益計算書），アメリカ基準ではIncome Statement: I/Sと表記される。

(6) この「現金及び現金同等物」の現金とは，紙幣や硬貨だけでなく，要求払預金（当座預金，普通預金や通知預金など）が含まれる。また，現金同等物とは，容易に換金可能で僅少なリスクしかない，取得日から決済日までの期間が3か月以内の定期預金，債券，コマーシャル・ペーパーがある。

(7) 有価証券報告書の補足資料として，3か月ごとに作成される四半期報告書がある。

(8) 取締役会での決算案承認後すぐに決算概要を発表するよう証券取引所から要請されているので，上場会社は決算日後40日程度で決算短信も提出している。また，非上場会社は決算公告として公開される（詳細は桜井（2020b）pp.11-24参照）。

しなければならないが，ときとして代理人が依頼人の利益に反した行動をとる**エージェンシー問題**が発生する。

証券市場が発達した現代においては，**エージェンシー問題**が複雑化している。将来の株主になるかもしれない投資家は，**財務諸表**をもとに企業価値を判断し，どの企業に投資するかの意思決定を行う。しかし，**財務諸表**を作成する経営者の利害と投資家の利害は必ずしも一致せず，市場内で流通している株式の品質に関して**情報の非対称性**(9)が存在する。また，企業は株主だけでなく債権者からも資金を調達しているので，利益分配や投資計画などの代替案を選択する際に株主と債権者との間にも利害関係が生じる。これらの問題を抑制する方法として，**コーポレート・ガバナンス**（corporate governance）がある。

コーポレート・ガバナンスとは，株主やその他の利害関係者のために，企業不祥事の防止と企業価値の向上を実現し，企業経営や企業としてのあり方を統制する仕組みをいい，企業統治と訳される。たとえば，**財務諸表**や**内部統制報告書**の公開といった情報開示制度(10)や，経営者や従業員の報酬を企業業績にリンクさせる**ストック・オプション**制度がある。

財務諸表は，財務管理に用いられるだけでなく，株主や投資家，債権者などの**ステークホルダー**（利害関係者）との対立を防ぐ役割も果たしている。次節では，3つの**財務諸表**の内容について詳しく説明する。

9-2 財務諸表の構造

本節では，ハウス食品グループ本社株式会社（以下，ハウス食品）およびエスビー食品株式会社（以下，エスビー食品）の2020年3月期決算の**有価証券報告書**から**貸借対照表**，**損益計算書**，**キャッシュ・フロー計算書**の主要となる

(9) 情報の非対称性とは，経済的な取引を行う当事者全員が必要な情報を入手していない状態をいい，逆選択やモラルハザードの問題を生じさせる。財務諸表の役割と情報の非対称性の関係については，須田（2000）pp.13-24が詳しい。
(10) 企業の情報開示については，伊藤（2020）pp.134-187が詳しい。

項目の金額が記載された図表を用いて，各財務諸表の構造について解説する[(11)]。

9-2-1　貸借対照表

貸借対照表は，株主などの投資家から集めた元手と獲得した利益などで構成される**純資産**，銀行などの債権者から集めた資金などの**負債**，それらのお金を使って購入した建物や商品，獲得した現金などの**資産**で構成される。**資産**や**負債**は，**営業循環基準**と**一年基準**[(12)]によって**流動資産**と**固定資産**，または，**流動負債**と**固定負債**に区分される。ハウス食品とエスビー食品の**貸借対照表**（図表9-1と9-2）を用いて，各項目について詳しく説明する。なお，エスビー食品の**資産**を構成する各項目の金額を合計しても120,037百万円にならない（図表9-2）のは，各財務諸表を作成する際に百万円以下を切り捨てて表示するため，金額の合計や割合がずれる場合がある（以下，同じ）。

資産とは，「過去の取引または事象の結果として，報告主体が支配している経済的資源」[(13)]をいう。この経済的資源とは，「キャッシュの獲得に貢献する便益の源泉をいい，実物財に限らず，金融資産及びそれらとの同等物」[(14)]である。**流動資産**には，現金や預金，回収できていない売上代金（売上債権）となる受取手形や売掛金，時価の変動より利益獲得を目指す有価証券などの**当座資産**，営業活動で扱う，製品や商品，未完成な状態の仕掛品などの**棚卸資産**，貸借対照表日の翌日から1年以内に決済される短期貸付金，費用の繰延，収益の

---

(11) 企業集団の連結財務諸表と個別（単体）財務諸表の構成要素に若干の違いはあるが，本章では入手しやすい連結財務諸表を用いて説明する。なお，有価証券報告書には，企業集団を形成する親会社（提出会社）の個別財務諸表も記載されている。

(12) 資産と負債を流動と固定に区分する第一の基準として営業循環基準，第二の基準として一年基準がある。営業循環基準とは，原材料等の仕入，製品の生産，販売，代金回収という企業本来の営業プロセスで増減する資産や負債は流動項目とする考え方である。一年基準とは，営業循環基準で貸借対照表日の翌日から1年以内に決済される資産や負債を流動項目とする考え方である。

(13) 企業会計基準委員会（2006）p.15

(14) 企業会計基準委員会（2006）p.15

図表9-1　ハウス食品の貸借対照表（単位：百万円）

流動資産 40.8%	当座資産	124,976	流動負債 14.5%		53,138
	棚卸資産	18,497			
	その他	6,181			
			固定負債 9.0%		33,126
固定資産 59.2%	有形固定資産	90,239	純資産 76.5%	株主資本	228,616
	無形固定資産	54,476		その他包括利益累計額	20,154
	投資その他の資産	72,825		非支配株主持分	32,160
総資産合計 100.0%		367,194	負債・純資産合計 100.0%		367,194

出所：ハウス食品第74期有価証券報告書より筆者作成

図表9-2　ヱスビー食品の貸借対照表（単位：百万円）

流動資産 55.2%	当座資産	50,077	流動負債 39.8%		47,754
	棚卸資産	14,687			
	その他	1,434			
			固定負債 20.5%		24,603
固定資産 44.8%	有形固定資産	41,331	純資産 39.7%	株主資本	45,779
	無形固定資産	884		その他包括利益累計額	1,900
	投資その他の資産	11,620		非支配株主持分	0
総資産合計 100.0%		120,037	負債・純資産合計 100.0%		120,037

出所：ヱスビー食品第107期有価証券報告書より筆者作成

見越などのその他の流動資産がある。**固定資産**として，営業活動で用いられる土地，建物や備品といった**有形固定資産**，特許権や商標権，のれんなどの**無形固定資産**，関係する会社の有価証券や貸借対照表日の翌日から1年を超えて決済される長期貸付金や長期性預金などの**投資その他の資産**がある(15)。

負債とは，「過去の取引または事象の結果として，報告主体が支配している経済的資源を放棄もしくは引き渡す義務，またはその同等物」(16) をいう。**流動負債**には，支払いしていない商品代金（仕入債務）となる支払手形や買掛金，貸借対照表日の翌日から1年以内に返済義務のある短期借入金，費用の見越や収益の繰延などがある。**固定負債**には，従業員の退職金となる退職給付引当金や資金調達の手段となる社債や長期借入金などがある。

純資産とは，「**資産**と**負債**の差額をいう」(17)。**純資産**には，「報告主体の所有者である株主（連結財務諸表の場合には親会社株主）に帰属する」(18) **株主資本**と，株主資本以外となる**その他包括利益累計額**(19)，**新株予約権**(20) や**非支配株主持分**（企業集団に属さない部分）に区分される。なお，**株主資本**は，株主から調達した資金（元手）となる**資本金**と**資本剰余金**，それらを活用して獲得した果実の部分となる**利益剰余金**で構成される。

両社の**貸借対照表**を簡単に比較すると，ハウス食品（図表9-1）は資金調達の76.5%が**純資産**（**株主資本**62.3%(21)）で，**有利子負債**（借入金や社債など）が3,424百万円と少なく(22)，実質，**無借金経営**(23) の状態であるのに対して，エ

---

(15) 資産には，繰延資産（株式交付費など）もある（詳細は桜井（2020a）pp.206-216参照）。
(16) 企業会計基準委員会（2006）p.15
(17) 企業会計基準委員会（2006）pp.15-16
(18) 企業会計基準委員会（2006）p.16
(19) 個別貸借対照表では，評価・換算差額等となる。
(20) 前もって株式の交付価額を定め，当該価額で株式の交付を受ける権利の代金として計上される新株予約権が，ハウス食品とエスビー食品においては未計上であった。
(21) 谷・桜井（2009）p.118によれば，上場企業の平均値は35%前後とされる。
(22) ハウス食品グループ本社株式会社第74期有価証券報告書より筆者が算出した。
(23) 実質，無借金経営とされる企業として，任天堂株式会社やファナック株式会社などがある（詳細は榊原ほか（2015）pp.284-289や谷・桜井・北川（2021）pp.106-

スビー食品（図表9-2）の**純資産**は39.7％（**株主資本**38.1％）と低く，同じ食品業界でも両社の**財務管理**の違いが伺える（詳細は9-3-2）。また，両社の**固定資産**の割合は45％～60％だが，東京電力のように**固定資産**の割合が90％を超える企業もある。**貸借対照表**によって企業や業界の事業構造の特徴がわかる。

9-2-2　損益計算書

損益計算書は，企業が獲得した**収益**とその収益を獲得するために犠牲となった**費用**を対応表示させ，企業の活動段階に合わせて5種類の利益が求められる構造となっている。ハウス食品とヱスビー食品の**損益計算書**（図表9-3と9-4）を用いて，詳しく説明する。

図表9-3　ハウス食品の損益計算書（単位：百万円）

区分	項目	金額	比率
Ⅰ	売上高	293,682	100.0%
Ⅱ	売上原価	159,910	54.5%
	①売上総利益	133,772	45.5%
Ⅲ	販売費及び一般管理費	114,767	39.1%
	②営業利益	19,005	6.5%
Ⅳ	営業外収益	2,918	
Ⅴ	営業外費用	1,127	
	③経常利益	20,797	7.1%
Ⅵ	特別利益	2,359	
Ⅶ	特別損失	2,474	
	④税金等調整前当期純利益	20,682	
	法人税等	7,510	
	⑤当期純利益	13,172	4.5%
	親会社株主に帰属する当期純利益	11,458	
	非支配株主に帰属する当期純利益	1,714	

出所：ハウス食品第74期有価証券報告書より筆者作成

119参照)。

図表9-4　ヱスビー食品の損益計算書（単位：百万円）

Ⅰ	売上高	146,931	100.0%
Ⅱ	売上原価	82,143	55.9%
	①売上総利益	64,788	44.1%
Ⅲ	販売費及び一般管理費	57,549	39.2%
	②営業利益	7,239	4.9%
Ⅳ	営業外収益	477	
Ⅴ	営業外費用	594	
	③経常利益	7,121	4.8%
Ⅵ	特別利益	1,734	
Ⅶ	特別損失	1,635	
	④税金等調整前当期純利益	7,220	
	法人税等	1,734	
	⑤当期純利益	5,485	3.7%
	親会社株主に帰属する当期純利益	5,485	

出所：ヱスビー食品第107期有価証券報告書より筆者作成

企業の本業で獲得した**収益**である**売上高**と，売り上げたモノやサービスの原価である**売上原価**を個別的に対応させ，両者の差額が①**売上総利益**（粗利益）となる。さらに，その期間に発生した従業員の給料や広告宣伝費などの**販売費**と，本社建物の減価償却費や研究開発費などの**一般管理費**を控除して，本業の利益を示す②**営業利益**が求められる。

営業外収益と**営業外費用**とは，営業活動に付随して行われる金融活動から獲得した**収益**と**費用**をいう。前者には，貸付金などから受け取る利息や購入した株式や債券から生じる受取配当金や有価証券利息，関連会社の利益のうち自分の持ち分となる持分法による投資利益や為替相場の変動による為替差益などがある。後者には，銀行からの借り入れや発行した社債に対する利息，持分法による投資損失や為替差損などがある。営業活動に付随して継続的に発生するこれらの項目を含めた利益を③**経常利益**といい，「企業の正常な収益力を評価するための尺度として，**損益計算書**のうちでも重視される項目」[24] となる。

特別利益と**特別損失**とは，前述してきた**収益**や**費用**のように毎期発生するのではなく，当期において臨時的に発生した**収益**と**費用**をいう。**有形固定資産**の売却損益や投資有価証券の売却損益や評価損，資産価値の下落による減損損失や災害による損失などがある。これらの特別項目を含めて求められる利益が④**税金等調整前当期純利益**（個別上の損益計算書では税引前当期純利益）となる。

法人税法上の課税所得に課せられる法人税，住民税，事業税と**法人税等調整額**を加味した法人税等を控除して，⑤**当期純利益**が求められる。なお，ハウス食品においては，**親会社株主に帰属する当期純利益**と**非支配株主に帰属する当期純利益**とに区分表示されるが（図表9-3），エスビー食品においては，図表9-2のように**非支配株主持分**が計上されていないことから，**当期純利益**は全て**親会社株主に帰属する当期純利益**となる（図表9-4）[25]。

両社の**損益計算書**を簡単に比較すると，ハウス食品（図表9-3）の売上高に対する**売上原価率**は54.5％，**販売費及び一般管理費率**（以下，販管費率）は39.1％に対して，エスビー食品（図表9-4）の販管費率39.2％でほぼ同じだが，**売上原価率**は55.9％と高い。これは，エスビー食品よりハウス食品の方が，**売上総利益率**（粗利益率）で判断すると高付加価値な商品を提供していることを示している。さらに，薄利多売型の卸売業界（192社平均）の**売上原価率**は93.8％と販管費率は5.8％，高付加価値利益率型である医薬品業界（35社平均）の**売上原価率**は39.8％と販管費率は45.7％であることと比較してみると[26]，**損益計算書**は企業や業界のコスト構造を明らかにしてくれる。

---

(24) 桜井（2020b）p.80
(25) 2011年3月期より，金融商品取引法の対象企業は，当期純利益にその他の包括利益（その他有価証券評価差額金や為替換算調整勘定など）を加味した包括利益が計上される包括利益計算書の作成も義務付けられている。包括利益計算書には，1計算書方式と2計算書方式の2つの表示方法がある（詳細は桜井（2020a）pp.299-304参照）。
(26) 桜井（2020b）pp.72-73

9-2-3　キャッシュ・フロー計算書

キャッシュ・フロー計算書は，**金融商品取引法**が適用される企業に対して，2000年3月期より作成が義務付けられた**財務諸表**である。ハウス食品とヱスビー食品の**キャッシュ・フロー計算書**（図表9-5と9-6）を用いて，詳しく説明する。

図表9-5　ハウス食品のキャッシュ・フロー計算書（単位：百万円）

①営業活動によるキャッシュ・フロー	24,218
②投資活動によるキャッシュ・フロー	△6,356
③財務活動によるキャッシュ・フロー	△7,567
④現金及び現金同等物に係る換算差額	△192
⑤現金及び現金同等物の増減額	10,104
⑥現金及び現金同等物の期首残高	62,495
⑦株式分割に伴う現金及び現金同等物の減少額	△2,729
⑧現金及び現金同等物の期末残高	69,870

出所：ハウス食品第74期有価証券報告書より筆者作成

図表9-6　ヱスビー食品のキャッシュ・フロー計算書（単位：百万円）

①営業活動によるキャッシュ・フロー	12,158
②投資活動によるキャッシュ・フロー	△11,215
③財務活動によるキャッシュ・フロー	3,109
④現金及び現金同等物に係る換算差額	△11
⑤現金及び現金同等物の増減額	4,040
⑥現金及び現金同等物の期首残高	17,984
⑧現金及び現金同等物の期末残高	22,025

出所：ヱスビー食品第107期有価証券報告書より筆者作成

①営業活動によるキャッシュ・フロー（以下，営業CF）とは，営業活動に関する現金及び現金同等物の収入と支出がまとめられている。直接法と間接法という表記方法に違いはあるが(27)，①営業CFの金額は同じになる。①営業CF

(27) 直接法を採用している日本の上場企業は10社程度とされる（桜井（2020b）

は，企業の本業による現金などの獲得を意味するので，プラスであることが望ましい[(28)]。

②**投資活動によるキャッシュ・フロー**（以下，投資CF）の区分では，**貸借対照表**の**資産**に関する項目で，設備投資，証券投資，融資がある。収入項目は，設備や有価証券の売却，貸付金の回収や預金の解約がある。一方の支出項目には，設備投資や有価証券の購入，新規の貸し付けや預金の預け入れがある。特に重要なのは，「設備投資の支出」である。企業は設備投資を継続的に行っているので，マイナスになることが多い。

③**財務活動によるキャッシュ・フロー**（以下，財務CF）は，**貸借対照表**の**負債**と**純資産**のうち，資金調達に関する現金などの収支が報告される。資金調達手段は，借入金，社債，株式がある。収入項目として，借入金の新規借り入れ，社債や株式の新規発行がある。一方の支出項目は，借入金の返済，社債の償還，配当金の支払いや自己株式の取得がある。

④現金及び現金同等物に係る換算差額とは，外国通貨や外貨建短期投資などが為替の変動によって発生した評価損益をいい，①から④までの合計が⑤現金及び現金同等物の増減額となる。また，⑤は⑥現金及び現金同等物から⑦株式分割に伴う現金及び現金同等物の減少額を控除した金額と⑧現金及び現金同等物の期末残高との差額とも一致する。なお，ハウス食品第74期（図表9-5）において⑦が例外的に発生したもので，⑦がないエスビー食品第107期（図表9-6）のように，⑥と⑧の差額が⑤となる。

両社の**キャッシュ・フロー計算書**を簡単に比較すると，ハウス食品（図表9-5）の営業CFは24,218百万円で，営業利益19,005百万円（図表9-3）よりも多く，利益の質が高い（資金流入の裏付けされた利益）であることを示している。また，営業CFの範囲内で6,356百万円の投資活動と財務活動の返済7,567百万円が行われており，資金繰りに問題がない（詳細は9-3-3）。一方の

---

p.100）。

(28) 2020年5月，株式会社レナウンは令和時代初の上場会社として民事再生法が適用されたが，2019年12月期の営業CFは△4,516百万円であった。

ヱスビー食品（図表9-6）は，ハウス食品の2倍以上となる投資活動を行ったが，その資金は営業CFだけでなく財務CFからも調達している。投資した成果が，将来の営業CFの増加につながらないと，資金繰りを悪化させる可能性がある。

9-3　財務諸表分析

本節では，**財務諸表**の会計情報を用いた基本的な分析手法として，第1項では成長性の分析，第2項では収益性の分析，第3項では安全性の分析について説明する。

9-3-1　成長性の分析

本項では，2つの視点から企業の成長性について学習する。企業にとっての成長として，ある年度を基準とした売上や利益，資産の増加率と，株主にとっての成長として**1株当たり利益**について説明する。

(1) 企業にとっての成長

公益社団法人日本缶詰びん詰レトルト食品協会のレトルト食品国内生産数量[29]，ハウス食品とヱスビー食品の**売上高**，**経常利益**，**総資産**の2010年度を「1」としたときの成長性（倍）を「20xx年度の成長性=（20xx年度数値÷2010年度数値）」により求めてグラフにしたものが，図表9-7（ハウス食品）と図表9-8（ヱスビー食品）である。

図表9-7と9-8にも示しているレトルト食品生産量の成長率は，2012年度の1.06倍をピークに横ばいが続いているが，両社とも2016年度以降は**経常利益**を成長させている。ハウス食品（図表9-7）の**総資産**が2015年度1.53倍（同

(29) 財務諸表分析に利用可能な産業別のデータ入手方法については，桜井（2020b）pp.152-154が詳しい。

図表9-7　ハウス食品の成長推

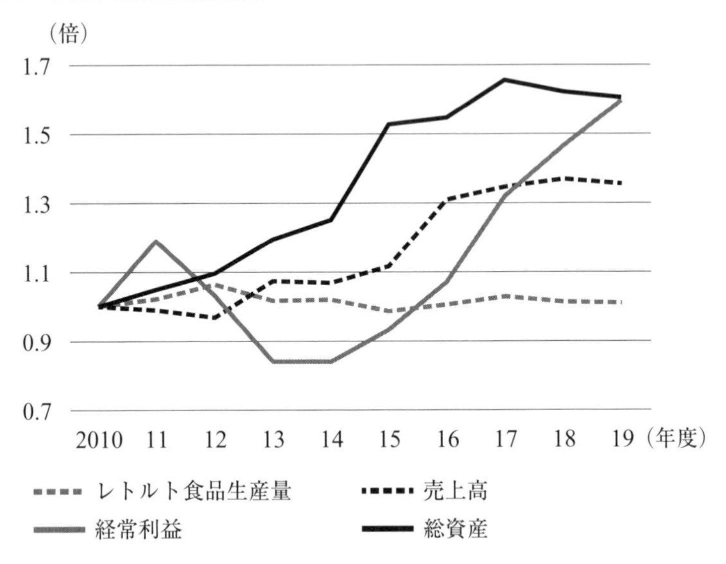

図表9-8　ヱスビー食品の成長推

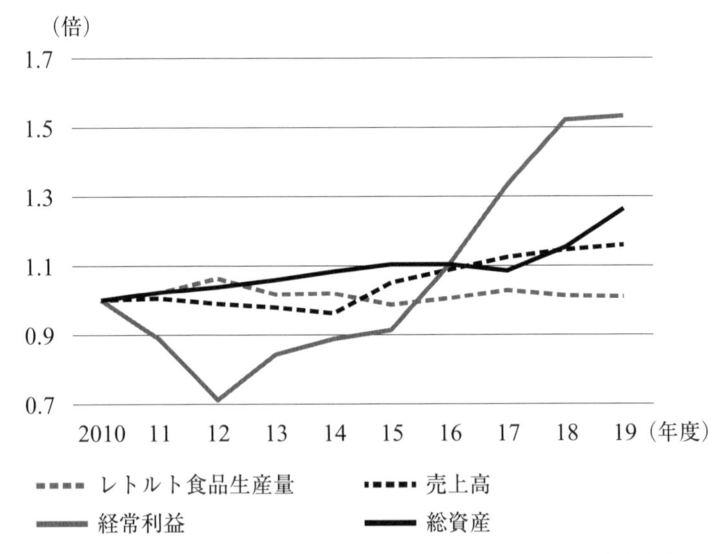

出所：公益社団法人日本缶詰びん詰レトルト食品協会のレトルト食品国内生産数量統計および両社の有価証券報告書より筆者作成

349,427百万円）へと一気に上昇したのは，同年11月に台湾での子会社設立，同年12月には㈱壱番屋の子会社化に伴い，のれん（16,066百万円増），商標権（26,350百万円増），契約関連無形資産（28,753百万円増）の増加が要因である[30]。そして，2016年度以降の**売上高**の増加に成功させるとともに，コスト構造の改善により**経常利益**を**総資産**とほぼ同じ水準まで成長させた。

エスビー食品（図表9-8）は，2017年度まではハウス食品のような大型投資を行わず，**売上高**も2019年度の1.16倍が最高ではあるが，**経常利益**は同年度1.53倍にまで成長させている。製造部門における原価低減，販売促進費を含めた経費管理の徹底化に成功したことが要因とされる[31]。2018年度以降，新たな3つの工場を設立[32]した結果，**総資産**を1.26倍へと増加させており，今後の**売上高**および**経常利益**の成長が期待できる。

(2) 株主にとっての成長

上述のように，ハウス食品もエスビー食品も企業として成長を遂げているが，増資や合併で新たに株式が発行された場合，既存株主の持ち株比率が下がり，既存株主に帰属する利益が低下する。株主の視点から企業の成長性を示す指標として，EPS（Earnings Per Share）がある。EPSとは，**1株当たり当期純利益**のことをいい，「当期純利益÷期中平均株式数」で求められる[33]。ハウス食品とエスビー食品の**1株当たり当期純利益**をまとめた図表9-9と図表9-10を用いて，詳しく説明する。

---

(30) ハウス食品グループ本社株式会社第70期有価証券報告書より筆者が算出した。
(31) エスビー食品株式会社第104期有価証券報告書，p.8
(32) エスビー食品株式会社第107期有価証券報告書，p.21
(33) ハウス食品およびエスビー食品の有価証券報告書によると，2010～2014年度は当期純利益を，2015年度以降は親会社株主に帰属する当期純利益を用いて算出されている。

図表9-9　ハウス食品の1株当たり当期純利益

年度	2010	2011	2012	2013	2014
1株当たり当期純利益	48.40円	74.26円	77.78円	83.13円	67.61円
年度	2015	2016	2017	2018	2019
1株当たり当期純利益	220.48円	84.53円	91.02円	134.32円	113.73円

出所：有価証券報告書より筆者作成

図表9-10　ヱスビー食品の1株当たり当期純利益

年度	2010	2011	2012	2013	2014
1株当たり当期純利益	89.82円	93.27円	124.30円	147.93円	144.83円
年度	2015	2016	2017	2018	2019
1株当たり当期純利益	124.67円	211.49円	305.98円	339.96円	431.92円

出所：有価証券報告書より筆者作成

ハウス食品（図表9-9）の**1株当たり当期純利益**の推移を分析すると，2015年度に220.48円と大幅な変動は，前項で説明した，㈱壱番屋の連結子会社化に伴う段階取得に係る差益による臨時的な要因によるものであった[34]。2015年の急増と2014年度の減少を除くと，右肩あがりの成長を遂げている。一方のヱスビー食品（図表9-10）は，2014年度と2015年度に減少させたものの，概ね指標を伸ばしている。しかし，**株式併合**（2015年度）や**株式分割**（2017年度）が行われているので，指標の推移については考慮する必要がある。

9-3-2　収益性の分析

当期純利益100万円を達成したA社と**当期純利益**50万円を達成したB社を単純に比較した場合，**当期純利益**がB社の2倍であるA社の方が優れているように感じる。しかし，A社は2,000万円を投資していたのに対し，B社は500万円の投資だった場合，B社の方が2倍，効率良く利益を獲得している。本項では，投下した資金と利益の関係を表すROAとROEについて説明した後，こ

(34) ハウス食品グループ本社株式会社第70期有価証券報告書，p.2

れらの指標を高めるための分析方法についても学習する。

(1) ROAとROE

ROA（Return On Assets）とは，**総資産利益率**（利益÷総資産）のことをいい，**他人資本**と**自己資本**を合わせたすべての調達資金から，どれだけの利益（本項では**経常利益**(35)）を獲得できたかを表す指標である。一方のROE（Return On Equity）とは，**自己資本利益率**（利益÷自己資本）のことをいい，株主から調達した元手（資金）とその果実（留保利益）である**株主資本**と**その他の包括利益累計額**に対して，どれだけの利益（本項では親会社株主に帰属する当期純利益(36)）を獲得できたかを表す指標で，近年，注目を浴びている。

2014年8月，「持続的成長への競争力とインセンティブ～企業と投資家の望ましい関係構築～」プロジェクト（伊藤レポート）の中で，世界の機関投資家が日本企業に期待する資本コストの平均が7%超との調査結果をもとに，日本企業は最低でも8%のROEを達成し，かつ，持続的な成長につなげていくことが提言されているが，ハウス食品とエスビー食品の指標はどうであろうか。

ハウス食品の第74期（図表9-1，9-3，9-5）およびエスビー食品107期（図表9-2，9-4，9-6）と両社の前期末総資産と前期末自己資本(37)を用いてROAとROEを算出してまとめたものが図表9-11である。なお，図表9-11以降で示している指標は，図表9-1から9-6の**財務諸表**から数値を抜き出して求めることができるようになっているので，理解を深めるためにも，ぜひ，読者の皆さん自身で算出してほしい。

---

(35) 分母の資本に含まれる他人資本を考慮して，支払利息などの金融費用を控除する前の経常利益などを用いる場合もあるが，本章では初学者を対象としているため，財務諸表から抜き出すやすい経常利益を採用した（詳細は桜井（2020b）pp.165-175参照）。

(36) 桜井（2020b）pp.165-175を参考に，親会社株主に帰属する当期純利益を用いる。

(37) ハウス食品は第73期の連結貸借対照表，エスビー食品は第106期の連結貸借対照表より抽出し，前期末総資産を期首総資産，前期末自己資本を期首自己資本とした。

図表9-11　ハウス食品およびヱスビー食品のROAとROE

【ハウス食品】	
ROA：	5.63%＝経常利益20,797百万円÷(期首総資産371,025百万円＋期末総資産367,194百万円)÷2
ROE：	4.62%＝親会社株主に帰属する当期純利益11,458百万円÷{期首（株主資本221,975百万円＋その他の包括利益累計額25,300百万円)＋期末（株主資本228,616百万円＋その他の包括利益累計額20,154百万円)}÷2
【ヱスビー食品】	
ROA：	6.20%＝経常利益7,121百万円÷(期首総資産109,532百万円＋期末総資産120,037百万円)÷2
ROE：	12.02%＝親会社株主に帰属する当期純利益5,485百万円÷{(期首（株主資本40,827百万円＋その他の包括利益累計額2,794百万円)＋期末（株主資本45,779百万円＋その他の包括利益累計額1,900百万円)}÷2

出所：両社の有価証券報告書より筆者作成

図表9-11のように，ハウス食品のROAとROEの差はほとんどないが，ヱスビー食品は2倍近くの違いがある。ヱスビー食品のROEが高い理由を探るため，または，ROE（ROA）を高める要因を把握するために，**売上高や総資産**を用いて3つ（2つ）の比率に分解して分析する方法がある。分析方法については，次項で詳しく説明する。

(2) ROAとROEの分解と分析

まず，ROAの分解と分析を行う。ROAの算出式を**売上高**によって分解したものが図表9-12である。付加価値の高い商品を提供しているかを示す①**売上高経常利益率**と，投下したすべての資産（調達したすべての資金という意味では総資本）が効率よく売り上げを獲得しているかを示す②**総資産回転率**の掛け算に展開し，競合企業や同規模企業と比較することで，企業が抱える問題が垣間見える。

図表9-12　ROAの分解式

$$\text{ROA}=\frac{\text{経常利益}}{\text{総資産}}$$

$$\overset{①}{\frac{\text{経常利益}}{\text{売上高}}}\times\overset{②}{\frac{\text{売上高}}{\text{総資産}}}$$

売上高経常利益率×総資産回転率

出所：筆者作成

いわゆる薄利多売型企業においては，①**売上高経常利益率**は低く・②**総資産回転率**が高くなる傾向があり，高付加価値利益率型企業では，①**売上高経常利益率**は高く・②**総資産回転率**が低くなる傾向がある[38]。ハウス食品とエスビー食品のROAを2つの指標に分解したものが図表9-13である。

図表9-13　ハウス食品とヱスビー食品のROAの分解式

【ハウス食品】
ROA：5.63%=①売上高経常利益率7.0815%×②総資産回転率0.7957回転
【ヱスビー食品】
ROA：6.20%=②売上高経常利益率4.8465%×②総資産回転率1.2801回転

出所：両社の有価証券報告書より筆者作成

図表9-13のように，ハウス食品は①**売上高経常利益率**が高く，②**総資産回転率**は低いが，ヱスビー食品は①**売上高経常利益率**が低く，②**総資産回転率**は高い。前項で説明したように，ハウス食品は子会社の設立や買収といった大型投資による**総資産**の増加が要因で，②**総資産回転率**が低くなっている。一方のヱスビー食品は，前述のように原価低減に成功し，**経常利益**を伸ばしているものの，ハウス食品と比較すると，まだ低い数値となっている。

(38) 西山（2019）pp.111-114では，総資産回転率が高い株式会社サイゼリヤと，売上高経常利益率が高い株式会社ひらまつの比較分析が詳細に行われている。

次に，ROEの分解と分析を行う。ROEを売上高と**総資産**によって，③**売上高当期純利益率**と④**総資産回転率**，⑤**財務レバレッジ**の3つに分解した式が図表9-14である。アメリカのデュポン社がこの分解式を考案し，経営管理に利用していたことから，**デュポン・システム**とよばれる[39]。

図表9-14　ROEの分解式

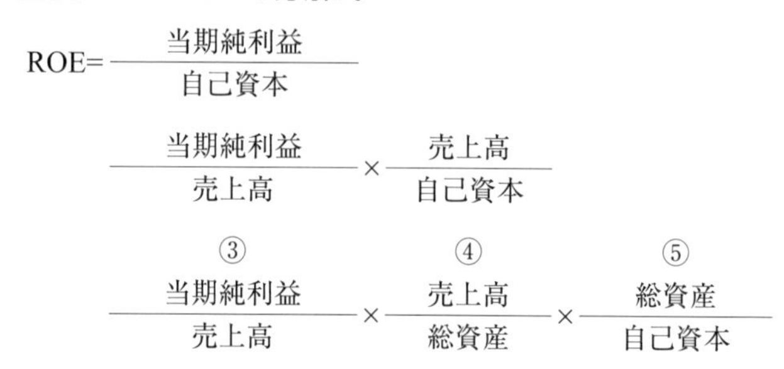

売上高当期純利益率×総資産回転率×財務レバレッジ

出所：筆者作成

図表9-14③**売上高当期純利益率**は，図表9-12①**売上高経常利益率**と同じような意味を持つ指標で，図表9-14④と図表9-12②は同じ**総資産回転率**なので，ROAとROEはほぼ連動するが，図表9-14⑤**財務レバレッジ**によってROEの値が大きく変動することがある。

⑤**財務レバレッジ**とは，**自己資本比率**の逆数で，数値が高いほど，調達した資金の中で**負債**の割合が高いことを示す（詳細は9-3-3）。このレバレッジとは，てこ（lever）のことをいい，自社のROAが**資本コスト**[40]（利子）率を上回っているとき，てこの作用でROEを高めることができる。反対に，ROAが

---

(39) 桜井（2020b）p.180

(40) 資本コストとは，資金調達に対して発生する費用をいう。たとえば，借入金の支払利息や株主が期待する配当や株価の上昇で，加重平均資本コスト（Weight Average Cost of Capital: WACC）などの方法で算出される（詳細は西山（2019）pp.158-176参照）。

資本コスト率より下回ったとき，てこの作用で損失が大きくなる[41]。利益を獲得できなければ配当しなくてもよいが，借り入れに対する利子は利益獲得できなくても支払う必要があり，**自己資本**とは違い借り入れた資金を返済しなければならない。ROEの向上が③**売上高当期純利益率**，④**総資産回転率**および⑤**財務レバレッジ**のどの指標によって実現されているのか[42]を分析するために，ハウス食品とヱスビー食品のROEを分解したものが，図表9-15である。

図表9-15　ハウス食品とヱスビー食品のROEの分解式

【ハウス食品】
ROE： 4.62%=③売上高純利益率3.9015％×④総資産回転率0.7957回転×⑤財務レバレッジ1.4882
【ヱスビー食品】
ROE：12.02%=③売上高純利益率3.7330％×④総資産回転率1.2801回転×⑤財務レバレッジ2.5144

出所：両社の有価証券報告書より筆者作成

図表9-15のように，両社とも③**売上高純利益率**はほぼ同じだが，ハウス食品よりもヱスビー食品の方が④**総資産回転率**も⑤**財務レバレッジ**も高いことが，ROEの2倍近い差の要因である。前述9-2-1のように，ハウス食品は，**総資本**のうち**自己資本**に占める割合が76.5％を占め，実質，**無借金経営**が行われている。しかし，ヱスビー食品は**自己資本**の割合が39.7％（2020年3月期）[43]で，**他人資本**を効率的に調達・活用しているが，**有利子負債**に対する利息も多い[44]。次項では，収益性の背後にある安全性の分析について説明する。

---

(41) 桜井（2020b）pp.248-250において，詳細な説明がなされている。
(42) 谷・桜井（2009）pp.160-167では，外食業界3社を事例にROE10％達成した要因の分析が詳細に行われている。
(43) ヱスビー食品株式会社第107期有価証券報告書より筆者が算出した。
(44) モディリアーニ（Modigliani）とミラー（Miller）の，2名の学者が提唱した資本構成に関する命題が有名である。(1) 資本市場の完全性，(2) 企業も投資家も無リスクの利子率で借入や貸出が可能，という2つの仮定の下では，企業価値は資産の生み出す将来キャッシュ・フローによって決まり，最適な資本構成は存在しないとする考え方である。

9-3-3　安全性の分析

収益性を向上させるために，安全性が損なわれている場合がある。本項では，4つの視点から安全性の分析について説明する。

(1) 流動比率と当座比率

企業の短期的な安全性を表す指標として，**流動比率**（流動資産÷流動負債）と**当座比率**（当座資産÷流動負債）がある。これらは1年以内または営業活動の中で返済すべき**流動負債**に対する返済能力があるかを示す指標で，**流動比率**の目安は200%以上が望ましいとされてきた。しかし，売上債権や**棚卸資産**の管理が進歩した現代においては，100%を超えていれば問題ないとされる[45]。なお，**当座資産**は換金しやすい**資産**だけで構成されるので，**流動比率**よりも**当座比率**の方が厳格に判定できる。ハウス食品とエスビー食品の**流動比率**と**当座比率**の結果をまとめたものが図表9-16である。

図表9-16　ハウス食品とエスビー食品の流動比率と当座比率

【ハウス食品】
流動比率：281.6%=（当座資産124,976百万円+棚卸資産18,497百万円+その他の流動資産6,181百万円）÷流動負債53,138百万円
当座比率：235.2%=当座資産124,976百万円÷流動負債53,138百万円
【エスビー食品】
流動比率：138.6%=（当座資産50,077百万円+棚卸資産14,687百万円+その他の流動資産1,434百万円）÷流動負債47,754百万円
当座比率：104.9%=当座資産50,077百万円÷流動負債47,754百万円

出所：両社の有価証券報告書より筆者作成

図表9-16のように，ハウス食品は**流動比率**も**当座比率**も目安をはるかに超える数値を示し，短期的な安全性を確保している。エスビー食品の**流動比率**は少し低いものの，**当座比率**が目安となる100%を上回っているので問題はない。

(45) 桜井（2020b）pp.214-215

(2) 負債比率と自己資本比率

企業の長期的な安全性を表す指標として，他人資本と自己資本の関係に着目した**負債比率**（負債÷自己資本[46]）と**自己資本比率**（自己資本÷総資産）がある。**負債比率**は100％以下，**自己資本比率**は50％以上が目安となる。ハウス食品とヱスビー食品の**負債比率**と**自己資本比率**をまとめたものが図表9-17である。

図表9-17　ハウス食品とヱスビー食品の負債比率と自己資本比率

【ハウス食品】	
負債比率：	34.7％＝(流動負債53,138百万円＋固定負債33,126百万円)÷(株主資本228,616百万円＋その他20,154百万円)
自己資本比率：	67.7％＝(株主資本228,616百万円＋その他20,154百万円)÷総資産367,194百万円
【ヱスビー食品】	
負債比率：	151.8％＝(流動負債47,754百万円＋固定負債24,603百万円)÷(株主資本45,779百万円＋その他1,900百万円)
自己資本比率：	39.7％＝(株主資本45,779百万円＋その他1,900百万円)÷総資産120,037百万円

出所：両社の有価証券報告書より筆者作成

図表9-17のように，ハウス食品は**負債比率・自己資本比率**ともに目安を大きく上回っているが，ヱスビー食品の**負債比率・自己資本比率**ともに目安より低い。前項で説明したように，**財務レバレッジ**による**ROE**を高めている要因と重なる結果となった。

(3) 固定比率と固定長期適合率

企業の長期的な安全性を表す指標には，長期的に調達した資金と**固定資産**の関係に着目した**固定比率**（固定資産÷自己資本）と**固定長期適合率**｛固定資産÷（自己資本＋固定負債)｝がある。長期的に使用する**固定資産**が，**固定比率**

(46) 分母に純資産ではなく総資産を用いる，総資産負債比率もある。

ではどのくらい自己資本でまかなわれているか，**固定長期適合率**では**自己資本**と**固定負債**でまかなわれているかを示す指標で，両者とも100％以下が望ましいとされる。ハウス食品とヱスビー食品の**固定比率**と**固定長期適合率**を求めた結果をまとめると，図表9-18である。

図表9-18　ハウス食品とヱスビー食品の固定比率と長期固定長期適合率

【ハウス食品】	
固定比率：	87.4％＝固定資産217,540百万円※÷（株主資本228,616百万円＋その他20,154百万円）
固定長期適合率：	77.2％＝固定資産217,540百万円÷（株主資本228,616百万円＋その他20,154百万円＋固定負債33,126百万円）
※図表9-1の有形固定資産90,239百万円＋無形固定資産54,476百万円＋投資その他の資産72,825百万円の合計（有価証券報告書では端数処理により217,541百万円と表示）	
【ヱスビー食品】	
固定比率：	112.9％＝固定資産53,835百万円÷（株主資本45,779百万円＋その他1,900百万円）
固定長期適合率：	74.5％＝固定資産53,835百万円÷（株主資本45,779百万円＋その他1,900百万円＋固定負債24,603百万円）

出所：両社の有価証券報告書より筆者作成

図表9-18のように，ハウス食品は両指標とも目安となる100％以下を示しているが，ヱスビー食品の**固定比率**で目安を超えている。これは，前述してきたように，**自己資本**の割合が低く，**財務レバレッジ**による**ROE**を高めていることが要因である。

(4)　インタレスト・カバレッジ・レシオとフリー・キャッシュフロー

これまでの指標は**貸借対照表**に記載された会計数値を用いている。**貸借対照表**はある一定時点，主に決算日における財政状態である。もし，**資産**の回収日よりも**負債**の返済日の方が早い場合，企業の資金繰りは苦しい状況を生み出す。そこで，「特定時点のストック数値に基づく静的な指標」だけでなく，フロー数値に基づく動的な指標として，**インタレスト・カバレッジ・レシオ**（Interest Coverage Ratio以下，ICR）と**フリー・キャッシュフロー**（Free Cash Flow以下，FCF）による分析が重要となる[47]。

ICRは，**損益計算書**に記載される（営業利益＋金融収益）÷金融費用で求める。外部から調達した資金に対する金融費用（社債利息や支払利息など）を，本業から得られた利益と毎期継続的に獲得する金融収益（受取配当金や受取利息，持分法による投資利益など）で返済できるかを測る指標で，1.0を割ると倒産の危険が高まる[48]。また，FCFは，営業活動で獲得した収入から，税金や設備投資などの支払いを終えて手元に残る自由な資金を意味し（**キャッシュ・フロー計算書**の営業CFと投資CFの合計），プラスであることが望ましい。ハウス食品とヱスビー食品のICRとFCFをまとめたものが図表9-19である[49]。

図表9-19　ハウス食品とヱスビー食品のICRとFCF

【ハウス食品】	
ICR：	333.24=（営業利益19,005百万円＋金融収益1,656百万円）÷（金融費用62百万円）
FCF：	17,862百万円=営業CF24,218百万円－投資CF6,356百万円
【ヱスビー食品】	
ICR：	14.87=（営業利益7,239百万円＋金融収益198百万円）÷（金融費用500百万円）
FCF：	943百万円=営業CF12,158百万円－投資CF11,215百万円

出所：両社の有価証券報告書より筆者作成

図表9-19のように，ハウス食品は，ICR，FCFとも非常に良好な数値を示し

（47）2020年5月に民事再生法を適用した株式会社レナウンの2019年12月期の流動比率は220.1％と目安を超えていたが，同ICRは△62.9，FCFは△3,477百万円で，前期のICRは△18.4，FCFは△1,227万円を示していた（同社有価証券報告書より筆者算出）。

（48）ICRは，キャッシュ・フロー計算書を用いる方法もある（詳細は桜井（2020b）pp.219-222参照）。

（49）図表9-3と9-4の連結損益計算書では営業外の項目には明細を掲載していないため，第74期有価証券報告書より，金融収益と金融費用を筆者が算出した。

ている。金融費用が62百万円と非常に少ないのは，実質無借金経営を行っていることが要因である。一方のエスビー食品は上述してきたような理由から，ICRとFCFが，ハウス食品と比較すると低い。特に，前期（106期）のFCFが△985百万円であったように注意が必要かもしれない(50)。

9-4 さいごに

本章では，**財務管理**の基礎知識として，企業の資金調達から利益分配までの経済活動を貨幣価値で測定された**財務諸表**の構造をふまえたうえで，**財務管理**のひとつの方法である財務諸表分析について学習した。ハウス食品やエスビー食品の2020年3月期の**財務諸表**を用いた企業間比較を事例に説明してきたが，数期間の**財務諸表**を分析する期間比較などの方法もある。**有価証券報告書**だけでなく，**統合報告書**(51) などの非財務情報も公開されているので，読者の皆さんが注目する企業の資料を集め，実際に分析することで理解を深めることができる。

財務諸表分析だけでなく，**財務管理**の手法はたくさんあるので，興味がある人は，財務管理や経営分析，ファイナンスに関する著書（参考文献など）を手にしてみてほしい。また，**財務諸表**が作成されるまでの過程を理解するためには，会計学領域の科目を学習するとよいだろう。

【参考文献】

伊藤邦雄（2020）『新・現代会計入門<第4版>』日本経済新聞社.

片山富弘・山田啓一編著（2017）『<新版>経営学概論』同友館.

企業会計基準委員会（2006）『討議資料財務会計の概念フレームワーク』.

榊原茂樹・岡田克彦編著（2012）『1からのファイナンス』碩学舎.

---

(50) エスビー食品株式会社第106期有価証券報告書より筆者が算出した。

(51) アニュアル・レポート（年次報告書）とCSRレポートなどを統合した報告書で，近年は公表する企業が増えている（詳細は伊藤（2020）pp.33-40参照）。

榊原茂樹・菊池誠一・新井富雄・太田浩司（2011）『現代の財務管理<新版>』有斐閣.

桜井久勝（2020a）『財務会計講義<第21版>』中央経済社.

桜井久勝（2020b）『財務諸表分析<第8版>』中央経済社.

須田一幸（2000）『財務会計の機能―理論と実践』白桃書房.

谷武幸・桜井久勝・北川教央編著（2021）『1からの会計』碩学舎.

西山茂（2019）『「専門家」以外の人のための決算書＆ファイナンスの教科書』東洋経済新報社.

第10章 中小企業（ベンチャー企業）論

10-1 中小企業とは

中小企業とは，一般的に中小企業基本法第2条1項で規定されている「**中小企業者**（の範囲）」のことを指しており，図表10-1にあるように，①資本金の額または出資の総額および②常時雇用する従業員の数の違いによって業種で異なっている。しかしながら，①と②について以下のように概ね理解していれば大きな問題はないといえる。

① 製造業（その他）：3億円以下の会社または300人以下の会社および個人

② 卸売業：1億円以下の会社または100人以下の会社および個人

③ 小売業：5,000万円以下の会社または50人以下の会社および個人

④ サービス業：5,000万円以下の会社または100人以下の会社および個人

図表10-1 中小企業・小規模企業の定義

業種	中小企業者（下記のいずれかを満たすこと）		小規模企業者
	資本金の額または出資の総額	常時雇用する従業員の数	常時雇用する従業員の数
①製造業，建設業，運送業その他の業種（②～④を除く）	3億円以下	300人以下	20人以下
②卸売業	1億円以下	100人以下	5人以下
③サービス業	5,000万円以下	100人以下	5人以下
④小売業	5,000万円以下	50人以下	5人以下

（注）なお，中小企業関連立法における政令により，一部の業種は異なる場合がある[(1)]。
出所：中小企業基本法

10-1-1　日本の中小企業

まず日本経済における中小企業の存在感について，中小企業白書（2020）の付属統計資料から確認していく。中小企業（論）の話（授業）となると，「日本の企業数に占める中小企業の割合は‥‥」というフレーズから始まることが多いので，第1章の冒頭でも少し触れていたが，まずは企業数（割合）の観点から詳しくみていく。なお，ここでいう「企業数」とは，「会社数」と「個人事業者数」とを合算したものであり，理解がしやすいように企業数は「者」ではなく「社」と表記している。

図表10-2は，現在の中小企業の定義となった1999年（中小企業基本法の改正）[2]，その10年後の2009年，そして直近のデータの2016年の企業数の一覧である。2016年時点で，日本には約359万社の企業があるが，大企業は約1.1万社（全企業数の0.3％）と一握りに過ぎない一方で，約357.9万社（同99.7％）は中小企業が占めており，その内訳は中規模企業が約53.0万社（同14.8％），小規模企業が約304.8万社（同84.9％）である。

図表10-2　日本の企業数

	1999年	2009年	2016年
大　企　業	1.4万社	1.2万社	1.1万社
中規模企業	60.8万社	53.6万社	53.0万社
小規模企業	422.9万社	366.5万社	304.8万社
企業数合計	485万社	421万社	359万社

出所：中小企業白書（2020）

(1) ゴム製品製造業（一部を除く）：3億円以下または900人以下
旅館業：5,000万円以下または200人以下
ソフトウエア業・情報処理サービス業：3億円以下または300人以下
なお，吉本興業が125億円から1億円に減資したことで以前話題となったが，法人税法における中小企業軽減税率の適用範囲は，資本金1億円以下の企業である。

(2) 小規模企業を対象とした「小規模企業の事業活動の活性化のための中小企業基本法の一部を改正する等の法律（小規模企業活性化法）」が2013年に制定されて，中小企業基本法は一部改正されている。

2009年の企業数は，約421万社であった。大企業は約1.2万社（同0.3％）である一方で，中小企業は約420.1万社（同99.7％）となっており，その内訳は中規模企業が約53.6万社（同12.7％），小規模企業が約366.5社（同87.0％）となっている。企業数は，わずか7年で約62万社も減少しているとともに，小規模企業が全企業数に占める割合は2.1ポイント低下していることから，小規模企業の減少が企業数の減少の主因となっていることが読みとれる。そして，同じように，1999年と比較してみてほしい。この20年弱で，日本の中小企業の数がどれだけ減少してきたのかがよくわかるであろう。

業種別（2016年）でみると，中小企業の割合が最も低いのは，電気・ガス・熱供給・水道業であるが，それでも96.9％である。しかし，企業規模の違いでみると，様相は少し異なっており，小規模企業が占める割合が70％未満となっている業種が5つ（電気・ガス・熱供給・水道業，情報通信業，卸売業，医療・福祉，サービス業（他に分類されないもの））もあり，情報通信業が64.6％と最も低くなっている。

次に従業員数の視点からみると，2016年の日本の総従業員数は，約4,679万人であったが，大企業は約1,458万人（総従業員数の31.2％）と3分の1弱となっている一方で，中小企業は約3,220万人（同68.8％）で，そのうち中規模企業が約2,176万人（同46.5％），小規模企業が約1,043万人（同22.3％）となっている。2009年についてみてみると，約4,803万人のうちの約1,488万人（同31.0％）が大企業で，残りの約3,314万人（同69.0％）が中小企業で，そのうち約2,032万人（同42.3％）が中規模企業，約1,281万人（同26.7％）が小規模企業である。7年で総従業員数は，約124万人減少しているが，それぞれ大企業では約30万人減，中小企業では約94万人減，うち中規模企業では約144万人増，小規模企業では238万人減となっている。このことから，総従業員数が減少しているなかで，とくに小規模企業における減少幅が極端に大きくなっていることがわかる。この従業員数ならびに先に見た企業数での小規模企業の減少傾向には，後に説明するが，開業率（小規模企業の創業）の低調が関係している。

2016年の業種別（従業員数）でみると，中小企業が占める割合の平均は68.8％である。8業種が平均以下であり，一桁（2.3％）の複合サービス事業，16.9％の金融・保険業，20.3％の電気・ガス・熱供給・水道業から，60％台の製造業，情報通信業，小売業，サービス業（他に分類されないもの）まで中小企業の割合にはかなりの偏りがある。しかしながら，中小企業で200万人以上が雇用されている7業種（建設業，製造業，運送業・郵便業，卸売業，小売業，宿泊業・飲食サービス業，サービス業（他に分類されないもの））では全て60％を超えており，一番低いものでも小売業の61.6％である。なお，小規模企業が占める割合の平均は，22.3％であるが，上述の7業種でみると，業種によって小規模企業の割合にばらつきがある。平均以上の業種は，建設業（57.5％），宿泊業・飲食サービス業（26.0％）だけであり，サービス業（他に分類されないもの）に至っては，7.3％と一桁となっている。

10-1-2　中小企業のタイプ

中小企業は，地域経済の中心的な担い手と言われることが多い。実際，1999年の中小企業基本法の改正において，中小企業の4つの役割の1つとして「地域経済発展の担い手（地域の産業集積，商業集積の中核）」があげられている。

近年，経済産業省は，地域内外の取引実態や雇用・売上高を勘案し，地域経済への影響力が大きく，成長性が見込まれるとともに，地域経済の**バリューチェーン（価値連鎖）**の中心的な担い手および担い手候補である者を「地域未来牽引企業」と呼んで支援しているが，2017年から2020年に選定された4,743社のうち，92％が中小企業である。そして，中小企業白書（2020）では，「地域未来牽引企業」の視点から中小企業のタイプを4つに分類しており，経済産業省の「地域未来牽引企業ハンドブック」も踏まえると，以下のような役割や機能となる。

①　グローバル型（グローバル展開をする企業）：地域に拠点を残しつつ，

製品・サービスを海外に輸出する，もしくは海外で生産・提供する，または国内で外国人の消費を取り込む事業者

② サプライチェーン型（サプライチェーンでの中核ポジションを確保する企業）：国内外で使用・消費される製品・サービスについて，それらの原材料・部品調達，生産，流通，販売など，サプライチェーンの一部を担う事業者

③ 地域資源型（地域資源の活用等により立地地域外でも活動する企業）：地域の資源（農林水産物，鉱工業品，技術，食文化，自然景観，観光資源等）を活用して，製品・サービスの生産・提供を行う事業者

④ 生活インフラ型（地域の生活・コミュニティを下支えする企業）：主に地域住民を対象として，日常生活に関わる製品・サービスの生産・提供を行う事業者

次に中小企業のタイプについて，中小企業の定義のうち，資本金の額または出資の総額および常時雇用する従業員の数が最大の製造業についてみていくこととする。小川（2013）は，経営形態とその経営特質から，図表10-3のように製造業の中小企業を分類している。ここでの分類軸は，①ブランドを保有しているか否か，②企業経営が事業主の生活を優先する生業（せいぎょう）的な性格であるか，リスク志向で収益を求めるという事業的な性格であるか，である。

中小企業の経営形態は，まず上記の分類軸の①によって分けることができる。最も一般的にイメージされる経営形態は，「製品保有型経営」であり，自社で企画した製品を生産し，自社のブランドを付けて販売する。この形態では，製品の企画開発・設計・製造・販売といった機能が必要となる。つまり，企業の業務の幅が広くなり，必要とされる経営資源の量・質（種類）ともに大きくなる。となると，経営資源に乏しい中小企業では，製品保有型経営は難しいのではないかという疑問がわくことになる。しかし，顧客の要求に対応した特殊仕様の製品や特定の顧客向けの製品などの少量生産品は，顧客の注文に応

図表10-3　中小製造業のタイプ

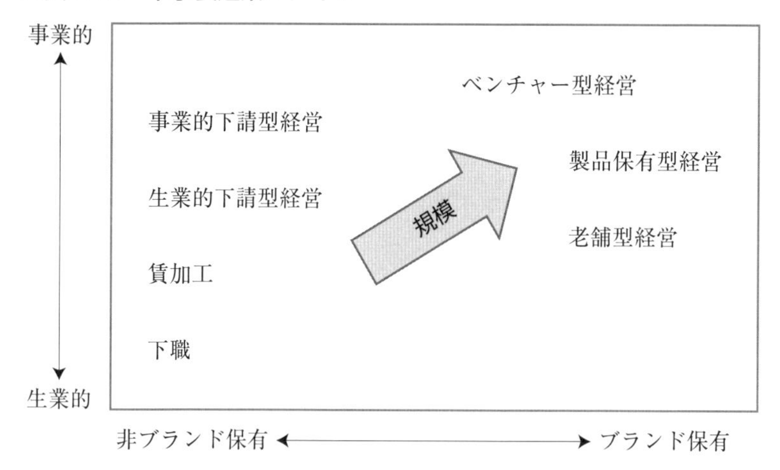

出所：小川（2013）p.179

じた受注生産となることが多い。また市場規模が小さい製品の市場には，大企業は参入してくることが少ない。こういう製品分野であれば，販売の不確実性も低くなるし，少ない運転資金ですむようになるので，中小企業でも製品保有型経営が可能となる。

製品保有型経営の対極に位置づけられるのが「下請型経営」で，自社で製品の企画を行わずに，図面や仕様書によって顧客から具体的に指示された製品を受注して生産する経営形態である。なお，下請型経営には，従業員が数千人という自動車部品加工業なども含まれるが，図面や製品仕様書で依頼を受けて生産するだけでなく，生産に必要な材料の支給や生産設備の貸与も受ける小規模な経営のものが，資金力に乏しい中小製造業では多くなる。

次に分類軸の②の視点を加えると，まず下請型経営の中で生業的な経営の代表例は，発注業者から支給された原材料や部品に，主に家族労働によって，必要な加工処理を加えて納品し，加工賃を受け取る「賃加工」である。また繊維や雑貨品などでは，下請を個人で行う下職（したしょく）や内職などがある。生業型下請経営では，事業主とその家族の生活基盤が重視され，リスクを伴う設備投資や新技術の導入を回避する傾向が強い。

他方，製品保有型経営でも生業的な経営は存在する。それは「老舗型経営」で，菓子や総菜などの食品や和装小物といった雑貨品を，主として家族労働によって製造し販売する小規模な**ファミリービジネス（同族企業）**が該当する。また製品保有型経営で事業的な性格のものは「ベンチャー型経営」で，後で詳しく述べるが，リスクを冒してでも新事業に挑戦する**起業家（アントレプレナー：Entrepreneur）**によって創業される企業であり，革新的な製品や技術で新分野を創造する企業と一般的にイメージされることが多い。

なお，「起業家」の概念については，後で説明するが，「企業家」とも表記され，最近では"起"の方が使用されることが多くなっており，本章でも起業家を基本的には使用している。2つの違いをあえて強調すると，新しく事業を起こす人は「起業家」，それに加えて，既存企業の中で，新しい技術あるいは製品開発，製造方法，マーケティングなどの新機軸を導入し，既存事業をリニューアルあるいは再構築する人を含めて「**企業家**」と呼ぶ（角田 2002）(3)。

10-2　ベンチャー企業とは

ベンチャー企業は，もともと**ベンチャー・ビジネス（Venture Business）**とも呼ばれており，両者の間で厳密な区別はなされてはいない。そして，同義語として用いられており，現在はベンチャー企業という表記が多用される傾向にある。

まずベンチャー・ビジネスという用語であるが，これは和製英語であり，1960年後半のアメリカのハイテク産業（コンピュータや情報処理など）を中心として活躍していた新興の小規模企業を日本に紹介するための概念であった。そして，この言葉が有名になったのは，1971年に清成忠男・中村秀一郎・

(3) なお，先行研究を引用する際は，原文が「企業家（精神/活動）」の場合，そのままにしている。

平尾幸司『ベンチャー・ビジネス：頭脳を売る小さな大企業』が世にでたことがきっかけである。同書でベンチャー・ビジネスは，「リスクを伴うイノベーター（革新者）」であり，「研究開発集約的，またはデザイン開発集約的な能力発揮型の創造的新規開業企業」と定義されている。具体的には，彼らはベンチャー・ビジネスを，小企業から出発し，従来の新規開業小企業とは違って，独自の存在理由を保有しており，またその経営者が高度な専門能力と創造的な人材を引きつけるに十分な魅力的な事業を組織化する企業家精神を持っており，高収益企業であるとともに急成長する可能性を秘めている企業すなわち中小企業の一形態と捉えている。

図表10-4　日本のベンチャー・ブーム

ブーム	期間	特徴
第1次	1970年～73年	好景気を背景としたサラリーマンの独立開業「脱サラ」と職人の「のれん分け型創業」，その中から成長して脱下請けを図る研究開発型企業や，外食・流通・サービス分野でのニュービジネス企業および都市型中小企業の台頭
第2次	1983年～86年	1983年の店頭株式市場の公開基準の緩和を契機とした，証券系・銀行系・外資系のベンチャー・キャピタル（ベンチャー投資）の設立ブーム
第3次	1990年代以降	バブル崩壊後の1995年の中小企業創造活動促進法に代表されるベンチャー支援のブーム

出所：長山（2012）p.63

このコンセプトは，3回にわたる**ベンチャー・ブーム**（図表10-4）を経て，日本に浸透していくにつれて，多くの研究者によって，定義づけがなされていったが，統一したものは未だに存在していない。しかしながら，共通しているものとしては，リスクをとった起業家がイノベーションを実現する存在として捉えている点である（長山 2012）。

10-2-1　日本のベンチャー企業

日本におけるベンチャー企業つまり起業の動向を示す指標としては，一般的に「開業率」が用いられることが多い。中小企業白書（2020）では，厚生労働省「雇用保険事業年報」を用いて，日本の開業率（当該年度に雇用関係が新規に成立した事業所数/前年度末の適用事業所数）・廃業率（当該年度に雇用関係が消滅した事業所数/前年度末の適用事業所数）を算出しているが，図表10-5にあるように2018年の開業率・廃業率はそれぞれ4.4％・3.5％となっている。日本の開業率は，1988年の7.4％をピークとして減少基調にあったが，ついに2002年には廃業率が開業率を逆転した。その後，開業率と廃業率は，再逆転を繰り返し，2010年からは開業率が廃業率を上回るようになっている。とはいえ，日本の開業率は欧米先進国と比べると，決して高いものではない。統計の違いがあるので単純比較することができないとしても，イギリス（13.6％・2017年），アメリカ（10.3％・2016年），フランス（10.0％・2017年），ドイツ（6.8％・2017年）をみれば，一目瞭然である。

業種別でみてみると，開業率の全産業での平均は4.4％で，最も高いのは8.6％の宿泊業で，最も低いのは0.9％の複合サービス事業となっている。一方，廃業率の全産業での平均は3.5％で，最高が6.2％の宿泊業・飲食サービスで，

図表10-5　開業率・廃業率の推移

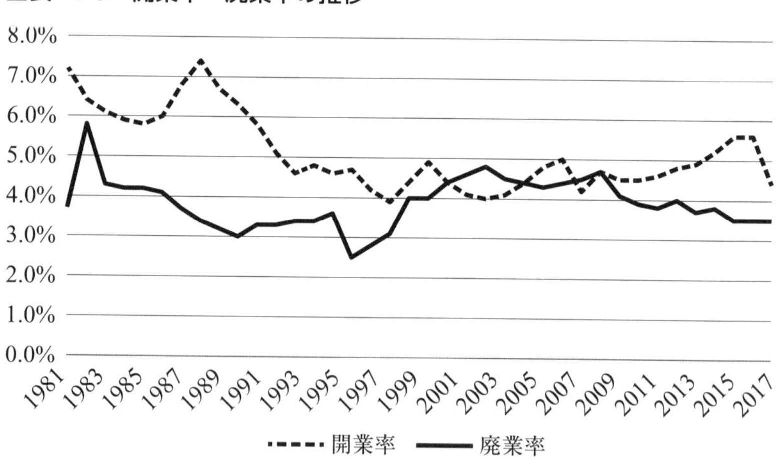

出所：中小企業白書（2020）

最低は0.9％の複合サービス事業である。そして，開業率が廃業率を超えなかった業種は，小売業（開業率4.3％，廃業率4.5％），卸売業（同2.5％，同3.4％），製造業（同1.9％，同2.9％），鉱業・採石業・砂利採取業（同1.6％，同3.6％）の4つであった。なお，2016年において，小売業（10.6％），卸売業（5.8％），製造業（17.4％）の3つの業種の中小企業が中小企業総数に占める割合を合計すると，約34％を占めている。また2017年度と比べた2018年度の開業数が，この3業種はともに7％減となっている。このことから，これらの業種で廃業率が開業率を上回ることの影響は非常に大きいといえよう。

実際，開業率を「ある特定の期間において，新規に開設された事業所・企業を年平均でならした数/期首において既に存在していた事業所・企業」，廃業率を「ある特定の期間において，廃業となった事業所・企業を年平均でならした数/期首において既に存在していた事業所・企業」という視点からみると，両者の関係は少し違ったものになっている。この場合の開業率と廃業率は，1986年から1991年（調査期間（月数）24）に後者が4.0％，前者が3.5％と逆転し，そのままの状態である。そして，日本産業基準（2002年）分類の2009年以降の趨勢をみてみると，開業率・廃業率は，それぞれの期間で，1.4％・6.1％（2009年から2012年・同31），4.5％・6.1％（2012年から2014年・同29），3.6％・7.1％（2014年から2016年・同23）と，廃業率が開業率をかなり上回っていることがわかる。

では，起業家の実態はどうなっているのであろうか。同じく中小企業白書（2020）では，総務省の「就業構造基本調査」を活用して，起業家の現状について分析している。ここで注目する点は，**副業**での起業という要素の取り扱いである。まず，副業に関する要素を除外した図表10-6でみると，2007年から2017年で，「起業家」は18.1万人から16.0万人，「起業希望者」は52.1万人から36.7万人，「起業準備者」は101.4万人から72.5万人と減少していることがわかる。一方，副業での起業という側面を加味した図表10-7では，同じ期間で「副業起業希望者」は72.1万人から78.1万人，「副業起業準備者」は31.9万人から40.2万人となっており，副業での起業を考える人が，将来の起業者

図表10-6　起業の担い手の推移

（万人）

年	起業希望者	起業準備者	起業家	起業準備者に対する起業家の割合
2007	101.4	52.1	18.1	34.7%
2012	83.9	41.8	16.9	40.4%
2017	72.5	36.7	16.0	43.6%

出所：中小企業白書（2020）

図表10-7　副業と起業

（万人）

年	副業起業希望者	副業起業準備者
2007	72.1	31.9
2012	67.7	32.6
2017	78.1	40.2

出所：中小企業白書（2020）

（起業家の卵）として増えてきていることがわかる。

実はこの「副業での起業」というのは，起業リスクの軽減という観点から経営学において注目されており，ハイブリッド・アントレプレナーシップ（Hybrid Entrepreneurship）と呼ばれている。そもそも，日本では起業というと「“会社を辞めて”起業する」というように捉えられているが，それは世界的にみると普通ではない。たとえば，バーケ（Burke, A.）らの調査（2008）によると，むしろイギリスでは，“会社を辞めて”起業するよりも，副業での起業の方が多くなっていることが明らかになっている。そして，副業による起業を経て，完全に独立した起業に転じる方が，成功率（企業の生存率）が高くなるという指摘もある（Reffee and Feng 2014）。

10-2-2　ベンチャー企業のタイプ

ベンチャー企業は，出身母体となる組織の違いによって，分類することができる。1つ目は，**企業発ベンチャー**で，勤務先企業などを親元の母体企業とし，そこからリスクを覚悟で自発的に飛び出して創業するベンチャー企業である。

企業発ベンチャーは，さらに3つに分けられる。

① 子会社型ベンチャー企業：資本面・人材面での支援という形で，親元の母体企業の持つ経営資源を活用することができるが，親元の母体企業の戦略の一環として，創業されているので，その制約を受ける。これは，**社内ベンチャー**(4) を推進した結果として，輩出されることが多い。なお，この形態はリスクをとった自発的な創業パターンではないので，純粋なベンチャー企業には含めないこともある。

② スピンアウト型ベンチャー企業：高い技術・スキルを保有した従業員が，親元の母体企業から独立して，創業するので，母体企業との関係はなくなり，支援を受けることができない。しかしながら，自由で独立的な起業家が率いるので，子会社型と比較して，「製品（プロダクト）イノベーション」を実現しやすくなる。親元の母体企業からの創業においては，最も多いパターンとなっている。

③ スピンオフ型ベンチャー企業：親元の母体企業の支配下にある子会社型でも，独立ベンチャーのスピンアウト型でもなく，その中間の形態である。よって，親元の母体企業とは関係があるが，その関係が親会社・子会社（主従）関係ではない。親元の母体企業が，スピンオフする研究開発型のベンチャー企業とWin-Winの関係を構築しているケースがその代表例である。かつて，このタイプの事例は，日本で見つけることは難しいと言われてきたが，大企業がオープン・イノベーションの一環として，コーポレート・ベンチャリングを近年活用するようになってきてから，増えてくるようになっている（スピンオフ研究会 2003；長山 2012）。

2つ目は，**大学発ベンチャー企業**で，大学からの起業つまり大学の人材や技

(4) 社内ベンチャーとは，新規事業の創出を目的として，それに必要な経営資源を活用する権限を社内起業家（イントラプレナー）に与えて，企業内に独立した事業体を設置することである。

術などに基づいた起業である。ここでの大学には，国公立および私立の大学だけなく，高等専門学校，政府系研究機関も含んでいる。大学発ベンチャーも，以下の3つのタイプに分けることができる。

① 人材移転型ベンチャー企業：大学の教員，技術系職員または，学生がベンチャー企業の創立者になるか創立に深く関与した場合
② 技術移転型ベンチャー企業：大学における研究成果または大学で習得した技術に基づいて起業された場合
③ 出資型ベンチャー企業：大学や関連のTLO（技術移転機関）などがベンチャー企業創立に際して出資または出資の斡旋を行った場合

そして，大学発ベンチャー企業は，4つの志向を持っている。1つ目は「急成長型」で，大きなメイン市場を狙って，早期の株式公開を目指す。2つ目は「堅実成長型」で，優れた技術を核にしてニッチ（隙間）市場をターゲットとして，堅実な成長を目指す。3つ目は「研究・教育振興型」で，大学教員が大学院生とともに大学ではやりにくい，実用的な研究を実施する。4つ目は「社会目的型」で，環境分野などでの研究成果の実用化のために無給ででも携わるものである。

大学発ベンチャー企業の役割は，以下の理由から高まっている。第1に，科学的な研究が実用に直結するような研究開発がバイオテクノロジーなどの分野では重要となっており，それら技術の供給源に大学がなっている。第2に，大学の技術を早急に市場で活用するために，大学の研究者がクロスオーバーし産業界に乗り込んでいくことが必要であり，その担い手が大学発ベンチャー企業である。第3は，将来の中核となる技術に関する不確実性が高くなっているなか，高度な科学知識を保有している大学発ベンチャー企業は新規性とリスクが高い技術の開発に挑むことができる。第4は，地元（地域）に立地することの多い大学発ベンチャー企業が地域振興の主体となることが期待されている（近藤 2005)。

10-2-3　中小企業とベンチャー企業

先にベンチャー企業研究者のベンチャー企業の定義（要件）において共通している要素として，リスクをとった起業家がイノベーションを実現する存在として捉えていることを指摘したが，ここで中小企業とベンチャー企業の関係性について今一度確認していく。

ベンチャー企業の特徴をほぼ網羅し，かつ簡潔な文章表現となっているとして，紹介されることが多い中小企業白書（1984）のベンチャー企業の定義は，以下のようなものである。

①　経営者が企業家精神に富み，成長意欲が高いこと
②　独自性を持った優れた技術，ノウハウを有していること
③　高い成長力または成長可能性を有すること
④　未上場の中小・中堅企業であり，他の企業に実質的に支配されていないこと

以上の4点をシンプルにまとめると，ベンチャー企業とは，「企業家精神に富んだ経営者に率いられ，独自の技術・ノウハウによって，急成長する可能性のある独立系の中小・**中堅企業**」であり（牛丸 2015），「中小（中堅）企業」の一種ということになる(5)。

しかしながら，植田（2015）は，中小企業とベンチャー企業との関係について，以下のように指摘している。まずベンチャー企業は，通常発展途上の企

---

(5) 中村（1964）は，1960年代初めに登場した中小企業の枠を超えて成長する企業群を「中堅企業」と名づけ，以下の4つの特徴を持つとしている。
①　巨大企業や大企業の別会社・系列会社ではなく，資本的にはもとより，企業経営の根本方針の決定権を持つという意味での独立会社である
②　証券市場を通じての社会的な資本調達が可能となる規模に達している
③　個人，同族会社としての性格を強くあわせ持つという点で，大企業と区別される
④　中小企業とは異なる市場条件を保有し，独自の技術や設計考案による生産を行い，それぞれの部門で高い生産集中度，市場占有率を有している

業であり，規模的には中小企業の範疇に入るものが少なくない。しかし，ベンチャー企業を定義する際は，一般的な中小企業との違いが強調される。この関係をどのように考えるかはベンチャー企業について学習する際の重要な論点となっている。これは非常に難しい問題であるが，一般的にはベンチャー企業は，上場を目指す成長志向の企業であり，脱中小企業志向であることが多い。

以上の指摘は，ベンチャー企業研究で有名な松田修一がその著書『ベンチャー企業』において，ベンチャー企業を「成長意欲の高い起業家に率いられたリスクを恐れない若い企業で，製品や商品の独創性，事業の独立性，社会性，さらに国際性を持った，何らかの新規性のある企業」と広く定義し，**IPO（Initial Public Offering：新規株式公開）**志向の強い急成長企業と捉えていることと共通している（長山 2012）。

さらに松田はベンチャー企業と中小企業（松田は「一般中小企業」と呼んでいる）とは別のものであり，多くの点で異なっていることを指摘している。具体的には，ベンチャー企業のスタートは中小企業の1つのパターンではあるが，創業者の「夢（ロマン）」が大きく違っており，これでベンチャー企業（志高く，強い夢〔ロマン〕あり）となるか，それとも中小企業（志低く，夢〔ロマン〕少ない）のままで終わるかが決まる。なぜなら，「夢（ロマン）」が，成長意欲やリスクへの挑戦をはじめとする全ての要素に影響を与えるからである。よって，環境変化やビジネスに対するリスクをギリギリまで計算しながら，新規の成長領域を選択し，高い緊張感に耐えながら，高い志（夢・ロマン）や目標を掲げ，勇敢に挑戦するリーダーシップの強い自主・独立・独創型の創業者こそが起業家であるとしている[(6)]。

ここまでの説明を踏まえると，中小企業とベンチャー企業を相対的に区別するキーワードは，**起業家（アントレプレナー）**および**アントレプレナーシップ（起業家活動）**となることがわかる。アントレプレナーはイノベーションを実

---

(6) 金井（2002）もベンチャー企業と一般の中小企業を分けるいくつかの違いは，基本的には志やビジョンの違いから派生していると指摘している。

現（実行）する人であると捉えたのは，シュンペーターである。イノベーションの詳しい説明については次節に譲るが，シュンペーターはアントレプレナーとは新結合（イノベーション）を通じて創造的破壊を引き起こす人と考えている。その重要な手段が起業であり，その実現者は起業家=創業者である。そして，ベンチャー企業の創造という現象は，アントレプレナーシップと表裏一体の現象であり，「企業家」活動の一部である「起業家」活動はベンチャー企業の要件の核心となる。ただし，起業家活動の要は，その革新性であり，イノベーションを伴わない起業は，ベンチャー企業の創造とはいわない（金井2002）。

10-3　イノベーションと中小企業・ベンチャー企業

1999年の中小企業基本法の改正において，中小企業は先にあげた「地域経済発展の担い手」とともに「イノベーションの担い手（革新的な技術や新業態等の創出）」としても位置づけられている。またこの2つに加えて，「わが国経済のダイナミズムの源泉」となるべく「市場場競争の苗床（市場競争の活性化，経済の新陳代謝の促進）」および「就業機会創出の担い手（企業家精神の発揮，自己実現の場）」として積極的な役割を果たすことも期待されている。そして，これに伴って中心的な施策も中小企業の近代化・高度化から経営の革新や創業，創造的事業の促進へと移行していった。

「イノベーション（innovation）」という用語は，現在でも「技術革新」と訳されていることが少なくない。これは，「もはや戦後ではない」のフレーズで有名な経済白書（1956）において，イノベーションが技術革新と訳されたことの名残である。しかしながら，イノベーションの概念は，技術のみに留まるものではない。実際，イノベーションを最初に理論化したシュンペーター（Schumpeter, J.A.）は，イノベーションを生産諸要素の非連続的な新結合と広い意味で捉えている。つまり，イノベーションとは，我々が利用することのできる色々な物や力を結合することで，ある生産（活動）において，生産物や生産方法の変更（新結合）が旧結合との関係で非連続性であるものが相当するのである。そして，シュンペーターは，イノベーションには，以下の5つのパターンがあると指摘している。

① 新しい財貨（消費者の間でまだ知られていない財貨，あるいは新しい品質の財貨）の生産
② 新しい生産方法（当該産業分野において実際上未知な生産方法）の導入（なお，これは必ずしも科学的に新しい発見に基づく必要はなく，また商品の商業的取扱いに関する新しい方法も含まれる）
③ 新しい販路（当該国の当該産業部門が従来参加していなかった市場）の開拓（ただし，この市場が既存のものであるかどうかは問わない）
④ 原料あるいは半製品の新しい供給源の獲得（この場合も，既存のものであるかどうかは問わない）
⑤ 新しい組織の実現（独占的地位の形成あるいは独占の打破）

シュンペーターのイノベーションの定義は，中小企業基本法の中心的な施策の1つである「経営の革新の促進」の「**経営（の）革新**」の定義と共通している部分が多い。このことは，同法12条において経営革新が，「中小企業者の経営の革新を促進するため，新商品又は新役務を開発するための技術に関する研究開発の促進，商品の生産又は販売を著しく効率化するための設備の導入の促進，商品の開発，生産，輸送及び販売を統一的に管理する新たな経営管理方法の導入の促進その他の必要な施策」と定義されていることからわかる。

10-3-1 イノベーションと企業規模

中小企業基本法では，「イノベーションの担い手」として中小企業が強調されているが，実際のところ，イノベーションの主な担い手となるのは，どういった企業なのであろうか。冒頭で確認したように，企業はその規模によって，大企業と中小企業に区別することができるが，ではどちらの方がイノベー

ションの担い手となるのであろうか。この疑問について，イノベーション論の創始者といえるシュンペーター自身が相反する議論を展開している。彼の初期の著作では，新興企業の企業家を担い手としており，イノベーションを主導した新興企業が，従来の製品やサービスなどにおける既存の大企業の優位性を破壊し，経済の主役と躍り出てくるという新陳代謝を経済発展のダイナミズムの源泉であると考えた。そして，新興企業の企業規模というのは，その活動の初期段階においては，少なくとも中小規模であるので，イノベーションの担い手は中小企業であるとみることができる。

しかしながら，後の著作で彼は，独占的な地位を占めている既存の大企業こそが，イノベーションの担い手であると，その主張を正反対のものに変えている。その理由は，独占的な大企業の持つ潤沢な経営資源がなければ，将来性が不明確で，大きなリスクを伴うような技術開発には，耐えることができない，と考えたからである。以上の相反する仮説は，それぞれ**「シュンペーター・マークⅠ」「シュンペーター・マークⅡ」**（Freeman 1982）と呼ばれている。では，どちらの仮説がより妥当なのであろうか。この点について，経済学とくに産業組織論の分野で多くの実証研究が行われているが，企業規模や市場の集中度（独占の程度）とイノベーションとの関係に関する決定的な結論は未だに出ていない。

10-3-2　イノベーションと中小企業

しかしながら，企業規模とイノベーションとの間には，ある一定の傾向というものは存在する。たとえば，中小企業白書（2009）は大企業と中小企業のイノベーションの特徴を以下のように指摘している。大企業のイノベーションの特徴は，大規模な研究開発やその成果が現れるまでに長期間を要する研究開発のプロジェクトに対し，その組織力を活かして多くの研究者や資金を投入し，イノベーションを実現しているところにある。一方，中小企業のイノベーションは，その経営組織がコンパクトであるという特性から，大企業と比較すると以下の3つの特徴がある。

① 経営者が，方針策定から現場での創意工夫まで，リーダーシップをとって取り組んでいる
② 日常生活でひらめいたアイデアの商品化や，現場での創意工夫による生産工程の改善など，継続的な研究開発活動以外の創意工夫等の役割が大きい
③ ニッチ（隙間）市場におけるイノベーションの担い手となっている

つまり，中小企業のイノベーションは，経営者の強いリーダーシップに牽引されている。よって，チャレンジ精神にあふれる経営者が，先頭に立って，現場での創意工夫などに取り組むことで，ちょっとしたアイデアを商品化し，素早い意思決定でもって，ニッチ（隙間）市場を開拓している。しかも，中小企業は，大企業に比べて経営組織がコンパクトであるので，経営者と社員および部門間の一体感・連帯感が強いと同時に，オーナーである経営者が迅速かつ大胆に意思決定することが可能であるため，個別のニーズにきめ細かく柔軟に対応することが求められる分野でのイノベーションで強みを持っているのである。

これをイノベーションのタイプ（種類）という視点からみると，中小企業のイノベーションは，大きく分けて2つの特徴がある。1つは，アバナシーとアッターバック（Abernathy, W. and Utterback, J.M. 1978）のイノベーションの分類に関するもので，製品自体と製品を構成する要素技術に関するイノベーションである「**製品（プロダクト）イノベーション**（product innovation）」よりも，製品を生産するための生産工程とそれを支える要素技術イノベーションである「**工程（プロセス）イノベーション**（process innovation）」が多くなっていることである。もう1つは，中小企業のイノベーションの大半が，あるイノベーションと新しいイノベーションとの間の革新性（連続性）の程度（レベル）において，急進的・非連続的・画期的な「**ラディカル・イノベーション**（radical innovation）」よりも，漸進的・連続的・累積的な「**インクリメンタル・イノベーション**（incremental innovation）」となっていることである。

以上の中小企業のイノベーションの特徴を見ていると，ある疑問がわいてくる。それは「シュンペーター・マークⅠ」で説明していることと，その内容が一致していない部分があることである。むしろ，経営学のイノベーション研究においては，インクリメンタル・イノベーションでは既存の大企業が，そしてラディカル・イノベーションでは新興企業の方が優位にある，と言われている。しかし，この疑問への回答はシンプルなものである。それは，その対象となっている中小企業というのが，先に説明したような，中小企業の多数派を占める「一般的な中小企業」となっているというものである。逆の言い方をすると，「シュンペーター・マークⅠ」が想定している企業は，中小企業の一形態（少数派）であるベンチャー企業であると捉えることができる。

この捉え方は，現在の中小企業基本法における「中小企業“観（に対する見方・認識)”」に通じる。先に述べたように，中小企業は，「イノベーションの担い手」となっている。より具体的に言うと，中小企業は，リスクに挑戦して自ら事業を起こしたり，新事業を展開したりしていこうとする企業家精神発揮の場である。新たなイノベーションは，専門性やものづくり技術などをベースに小さな工夫や改善に取り組む中小企業が数多くすそ野広く存在することによって可能となる。そして，この中から革新的な技術の製品化や新たな業態などを提供する「ブレークスルー型」の企業が創出される，というものである。ただし，「ラディカル・イノベーション=ベンチャー企業」という簡単な図式となっている訳ではない。この点については以下で説明する。

10-3-3　イノベーションとベンチャー企業

企業の競争力に大きなインパクトを与えるイノベーションの重要な要素は，企業の“既存（現在）”の能力にどのような影響を及ぼすのか，である。つまり，イノベーションの革新性（連続性）の程度（レベル）よりも，企業の競争優位の源泉となっている資源や能力に，どのような影響を与えるのか，によってイノベーションが企業に及ぼす影響は左右されるのである。このような観点から，タッシュマンとアンダーソン（Tushman, M. and Anderson, P. 1986）

は，イノベーションを既存の資源や能力が活用できる「**能力増強型イノベーション**（competence enhancing innovation）」と，既存の資源や能力が役に立たなくなる「**能力破壊型イノベーション**（competence destroying innovation）」に分類している。そして，アッターバック（Utterback 1994）は，能力増強型イノベーションでは既存の大企業が，能力破壊型イノベーションでは新興（ベンチャー）企業がイノベーションをリードする傾向にあることを明らかにしている。以上のことから，イノベーションの特性が，ラディカル・イノベーションであり，かつ能力破壊型イノベーションであるときは，大企業は甚大な被害を受ける可能性が高くなる。

またクリステンセン（Christensen, C.M. 1997）は，「製品の性能に関する指標の連続性」という観点から，イノベーションを2つに大別している。1つは，「高性能，高機能」といった「既存の製品の性能（メイン市場の既存顧客の評価ポイント）」を向上させるようなタイプのものであるので，「**持続的イノベーション**（sustaining innovation）」と呼んでいる。製品の性能に関する指標の連続性は高いものであるので，既存（実績のある）大企業がこのイノベーションを主導することになる。もう1つは，「**破壊的イノベーション**（disruptive innovation）」と呼ばれるもので，少なくとも短期的には既存の製品の性能を引き下げる効果を持つので，初期において連続性は低くなる。しかしながら，この種のイノベーションは，「低価格，シンプル，小型，使いやすさ」といった既存の製品性能とは異なる，新規の製品性能（別の評価ポイント）を持っており，メインではない新しい顧客に受け入れられる性質を有している。そして，多くの場合，破壊的イノベーションは，新規の製品性能のみならず，図表10-8にあるように，既存の製品性能においても並行して技術進歩をする。この時，実は持続的イノベーションの方は，メインの市場で求められる以上のレベルとなっていることが多い。とはいえ，市場の大多数を占める一般的な顧客は，必要以上に高性能，高機能となって高価格となった製品を購入しようとはしない。この段階に至ると，「技術転換の顕在化」が起こって，持続的イノベーションは市場から退出を迫られる。

図表10-8　破壊的イノベーションと持続的イノベーション

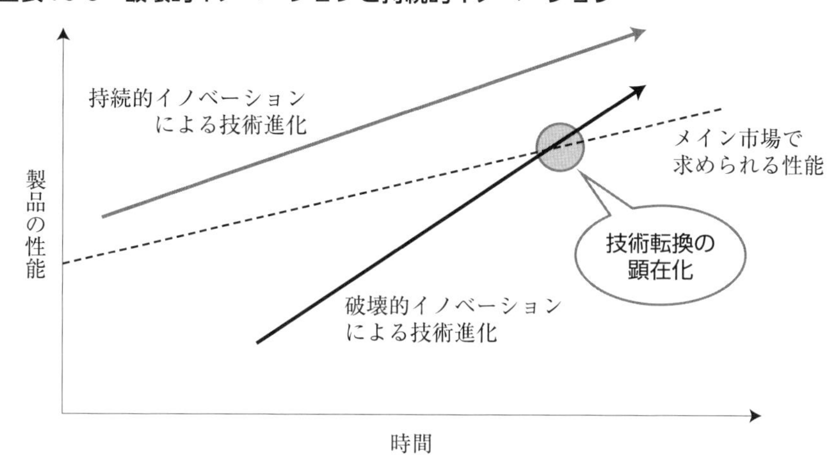

（注）クリステンセン（1997，邦訳，p.10）を一部修正
出所：近能・高井（2010）p.121

破壊的イノベーションをリードするのは，新興（ベンチャー）企業であることが多い。逆の言い方をすれば，大企業は破壊的イノベーションへ積極的に投資しない傾向が強い。しかしながら，この大企業の判断は，以下の3つの点からある意味合理的である。1つ目は，破壊的イノベーションの製品は低価格＝低い利益率が通常である。2つ目は，破壊的イノベーションの製品市場は，新しい市場＝小さい市場であり，仮に成長性が高いとしても大企業にとってうまみがあるものではない。3つ目は，破壊的イノベーションの製品を，当初は収益源となっている主要顧客が望まない。以上のことから，大企業は主要（優良）顧客の声に耳を傾けて，収益性と成長性を高めるために，持続的イノベーションの新製品の開発に注力する。その結果として，大企業は破壊的イノベーションの製品への投資がおろそかとなり，技術転換の顕在化が近づいてきてから投資をしても，すでに手遅れとなる。こうしたことから，破壊的イノベーションの担い手の大半は新興（ベンチャー）企業となるのである。

【参考文献】

Abernathy, W. and Utterback, J.M. (1978) Patterns of Industrial Innovation, *Technology Review*, 80(7).

Burke, A., Fitzroy, F. and Nolan, M. (2008) "What Makes a Die-Hard Entrepreneur? Beyond the 'Employee or Entrepreneur' Dichotomy", *Small Business Economics*, 31(2).

Christensen, C.M. (1997) *The Innovator's Dilemma: When New Technologies Cause Great Firms to Fail*,Harvard Business School Press.（玉田俊平太（監修），伊豆原弓（訳）『イノベーションのジレンマ：技術革新が巨大企業を滅ぼすとき』翔泳社，2001年）

Freeman, C. (1982) *The Economics of Industrial Innovation (2nd. ed.)*, Frances Printer.

Raffiee, J. and Feng, J. (2014) "Should I Quit My Day Job?: A Hybrid Path to Entrepreneurship", *Academy of Management Journal*, 57(4).

Schumpeter, J.A. (1934) *The Theory of Economic Development*, Harvard Business Press.（塩野谷祐一・中山伊知郎・東畑精一（訳）『経済発展の論理（上）（下）』岩波文庫，1977年）

Schumpeter, J.A. (1942) *Capitalism, Socialism and Democracy*, Harper & Row.（中山伊知郎・東畑精一（訳）『資本主義・社会主義・民主主義』東洋経済新報社，1962年）

Tushman, M. and Anderson, P. (1986) Technological Discontinuities and Organizational Environments, *Administrative Science Quarterly*, 31(3).

Utterback, J.M. (1994) *Mastering the Dynamics of Innovation*, Harvard Business Press.（大津正和・小川進（監訳）『イノベーション・ダイナミクス：事例に学ぶ技術戦略』有斐閣，1998年）

植田浩史（2015）「中小企業・ベンチャー企業論を学ぶ：中小企業・ベンチャー企業を考える視角について」植田浩史・桑原武志・本多哲夫・義永忠一・関智宏・田中幹大・林幸治『中小企業・ベンチャー企業論<新版>：グローバル化と地域のはざまで』有斐閣.

牛丸元（2015）『スタンダード企業論<改訂版>：企業のガバナンス・成長・ネットワーク化・国際化』同文舘出版.

小川正博（2013）「中小製造業の経営」渡辺幸男・小川正博・黒瀬直宏・向山雅夫『21世紀中小企業論：多様性と可能性を探る<第3版>』有斐閣.

金井一賴（2002）「ベンチャー企業とは」金井一賴・角田隆太郎『ベンチャー企業経

営論』有斐閣.
清成忠男・中村秀一郎・平尾幸司（1971）『ベンチャー・ビジネス：頭脳を売る小さな大企業』日本経済新聞社.
近藤正幸（2005）「大学発ベンチャー」前田昇・安部忠彦『MOT ベンチャーと技術経営』丸善.
近能善範・高井文子（2010）『イノベーション・マネジメント』新世社.
スピンオフ研究会（2003）「スピンオフ研究会報告書：大企業文化からの解放と我が国経済構造の地殻変動に向けて」.
角田隆太郎（2002）『起業家とベンチャー企業』金井一賴・角田隆太郎『ベンチャー企業経営論』有斐閣.
長山宗広（2012）『日本型スピンオフ・ベンチャー創出論：新しい産業集積と実践コミュニティを事例とする実証研究』同友館.
中村秀一郎（1964）『中堅企業論』東洋経済新報社.
松田修一（1998）『ベンチャー企業』日本経済新聞社.

第11章 国際経営論

ユニクロ，ジーユー，セオリーなど複数のブランドを世界中で展開しているファーストリテイリングは日本を代表するグローバル企業である。2019年度の売上高規模は，インディテックス（ZARA）とH&Mに次ぎ，アパレル製造小売企業の世界3位となっている[(1)]。ファーストリテイリングの中核事業であるユニクロは，欧米やアジアなど世界25の国と地域に約2,250店舗を出店し，約2兆円の売上を創出している(2020年8月期末)[(2)]。高品質な服をリーズナブルな価格で提供するため，製造拠点を中国，ベトナム，カンボジアなど人件費の比較的に安いアジアを中心に展開している。

ファーストリテイリングのように世界にビジネスを展開している企業が日本に数多く存在している。また，H&MやZARAなど外資系企業の日本進出も当たり前のようになり，国際ビジネスが我々にとって日常の一部になっている。

本章では，国際経営とはなにか，なぜ企業が経営の国際展開を進めるのか，具体的にどのような形で海外ビジネス展開していくか，という国際経営の基礎について学ぶことにしよう。

11-1　国際経営とは何か？

11-1-1　国際経営の定義

国際経営とは，国境を越えて行われている経営活動をマネジメントすることである。輸出入業務をはじめ，海外生産，国際部品調達，国際マーケティング，海外研究開発，国際資金調達など，様々な経営活動が国境をまたいで行わ

(1) ファーストリテイリング企業ウェブサイト https://www.fastretailing.com/jp/ir/direction/position.html（2021年1月27日アクセス）
(2) 同上

図表11-1　企業規模別にみた，直接輸出企業割合の推移

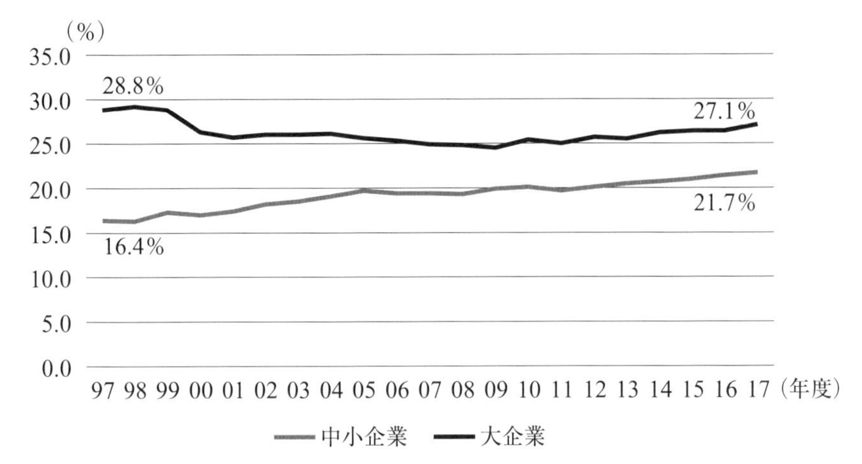

出所：中小企業庁『2020年版中小企業白書』第1章第2節p.I-19，第1-1-22図。
https://www.chusho.meti.go.jp/pamflet/hakusyo/2020/chusho/index.html（2021年1月27日アクセス）

れている。そのすべてが国際経営なのである。国際経営活動といえば，パナソニックやトヨタのようなグローバル的に事業を展開している巨大な多国籍企業をイメージすることが多い。しかし実際は，大企業はもちろんのこと，中小企業の多くも国外マーケットに商品を輸出したり，海外に販売や生産の拠点を設置したりして，国際経営活動を活発的に行っている。

図表11-1は，企業規模別の直接輸出企業の割合を示したものである。大企業においても中小企業においても，輸出企業の割合は2割を超えている。とくに輸出の業務を携わっている中小企業の割合が1997年度の16.4%から2017年度の21.7%へと増えており，長期的な増加傾向にあることが分かる。

次に，図表11-2に示された海外子会社を保有する企業の割合をみてみると，海外現地法人の保有率も長期的な増加傾向にある。その傾向が大企業においても中小企業においても見られており，とりわけ中小企業の伸び率が高い。このように国際経営に携わっている日本企業が増え続けている。

図表11-2　海外子会社を保有する企業割合の推移

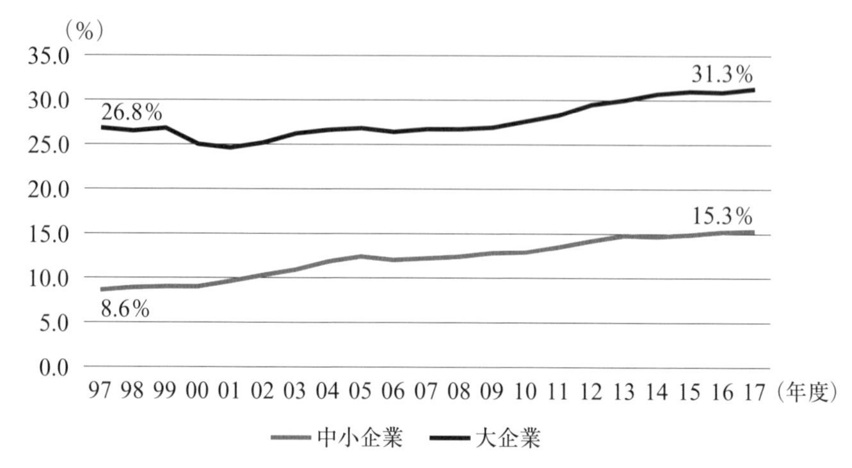

出所：中小企業庁『2020年版中小企業白書』第1章第2節p.I-20，第1-1-24図。
https://www.chusho.meti.go.jp/pamflet/hakusyo/2020/chusho/index.html（2021年1月27日アクセス）

11-1-2　日本企業の国際経営

(1) 輸出戦略からグローバル経営戦略へ

日本企業，とくに製造企業の国際経営は，まず輸出を中心に展開してきた。国際経営イコール「国内で生産された製品を海外に輸出する」という時代は，明治時代から1985年頃まで約100年間続いた。

そして，プラザ合意の1985年に大きな転機を迎えた。プラザ合意のあと，円が急騰し，円高が急速に進んだからである。それを境に，輸出を主としてきた日本企業の海外ビジネス戦略が，本格的な海外直接投資を行い，現地生産など海外拠点の設置を伴うグローバルな展開の戦略に転換しはじめた。日本企業のグローバル化が本格的にはじまった1985年は日本企業の国際経営の歴史において重要な年であり，「グローバル経営元年」と位置付けることができる。

1985年以降，日本企業の国際経営の重点は輸出から海外生産へとシフトしてきたが，輸出も依然として重要なものである。そのうえ，海外で研究開発も行われるようになっている。現在では，多国籍企業の多くは輸出，海外生産，海外研究開発の3つの国際経営戦略を同時に展開している。

さらに，世界同時不況が本格化した2008年は日本企業にとっての「日本離れ元年」とも呼ばれる年になった。日本の多国籍企業の多くは，企業成長戦略を国内事業の強化・拡大から，海外事業の強化・拡大にシフトしている。縮小する国内市場の代わりに，海外市場に成長の機会を求め，更なるグローバルビジネス展開を進めている（吉原2015）。

(2) 日本企業の国際ビジネス展開の現状

次に日本の企業の国際経営及び海外ビジネス展開の現状について経済産業省の調査データで確認してみよう。

まずは，図表11-4の日本製造業の海外生産比率をみてみよう。日本の**海外生産比率**（ratio of overseas production）は2つの方法で計算されている。一つは国内全法人ベースの海外生産比率である。これは現地法人の売上高を国内全法人の売上高で割った比率である。もう一つは海外進出企業のベースの海外生産比率であり，現地法人の売上高を本社企業の売上高で割った比率である。

日本製造業の海外生産比率は1990年代から毎年着実に増加している。国内全法人ベースでは1992年度の6.2％から，2018年度には25.1％まで達している。さらに，現地進出企業ベースでみると1992年度の17.4％から2018年の38.2％にまで増加した。業種別にみると，輸送機械，汎用機械，情報通信機械などの海外生産比率が高い。先述したように，これらはプラザ合意以降の日本企業の国際経営戦略が輸出から海外生産へとシフトしてきたことによって生じた全体の傾向を示している。

では，日本企業が主にどの国や地域に進出しているのであろうか。図表11-5によると，2018年度末における海外の現地法人数は合計2万6,233社あるが，そのうち，製造業が1万1,344社，非製造業は1万4,889社である。全産業に占める割合は，製造業が43.2％，非製造業が56.8％になる。また，地域別にみると，アジア（全地域）に占める割合が67.4％となり，現地法人数のうち，中国（29.6％）が一番大きな割合を占めているが，ASEAN10（28.4％）

図表11-4　海外生産比率の推移（製造業）

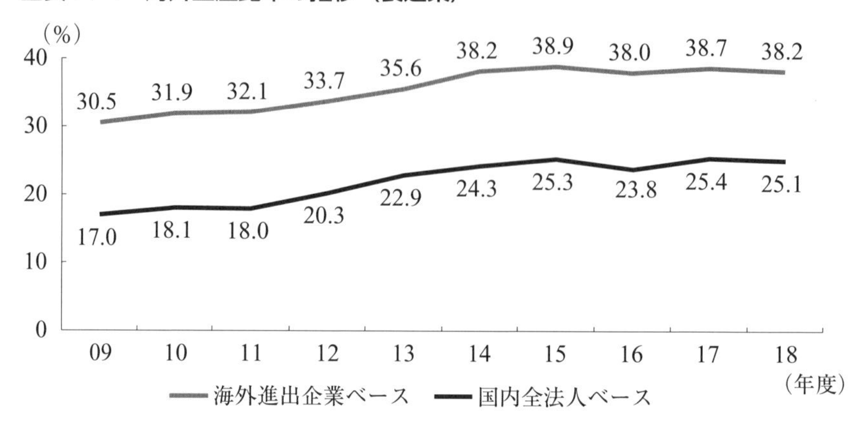

出所：経済産業省『第49回海外事業活動基本調査（2018年度実績）』p.14.
https://www.meti.go.jp/press/2020/05/20200527002/20200527002.html（2021年1月27日アクセス）

図表11-5　現地法人の地域別分布比率の推移

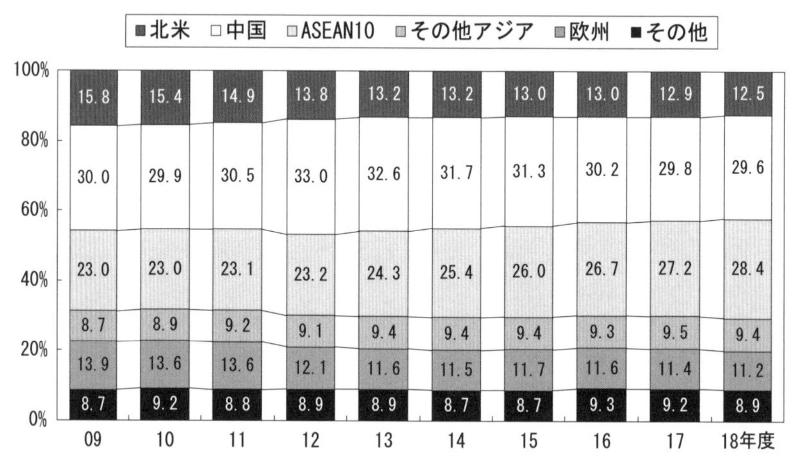

出所：経済産業省『第49回海外事業活動基本調査（2018年度実績）』p.10.
https://www.meti.go.jp/press/2020/05/20200527002/20200527002.html（2021年1月27日アクセス）

図表11-6　現地法人従業員数

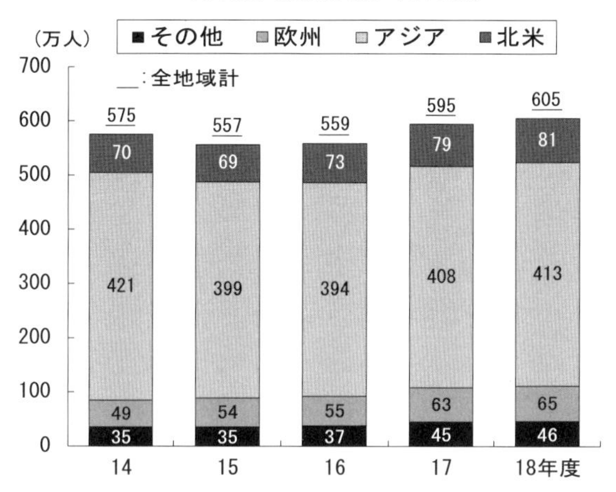

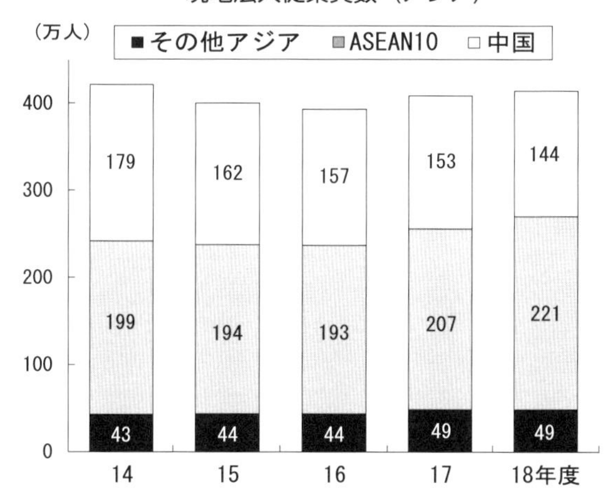

出所：経済産業省『第49回海外事業活動基本調査（2018年度実績）』p.12.
https://www.meti.go.jp/press/2020/05/20200527002/20200527002.html（2021年1月27日アクセス）

が占める割合は8年連続で拡大している。日本企業の進出先として，アジアの重要性が顕著になっている。

同じ傾向が日本企業の現地法人の従業員数でもみられる（図表11-6）。近年，現地法人の従業者数は増えている。2018年度末における現地法人従業者数は605万人である。業種別にみると，製造業（457万人），非製造業（148万人）で，ともに増加傾向にある。地域別にみると，アジア，欧州，北米いずれも増加しているが，とくにアジアの伸びが際立っている。日本企業にとって，アジア地域の戦略的重要性が明確となり，アジアにおけるビジネス拡大が着々と進んでいることがわかる。

11-1-3　海外展開の理由

なぜ企業は国内事業にとどまらず，海外に事業を展開するのか。その理由について大きく分けて積極的な理由及び消極的な理由がある（中川・林・多田・大木 2015）。

(1) 積極的な理由

まず積極的な理由として挙げられるのは，**「海外市場の開拓」**のためである。国内需要の飽和や新たな企業成長の源泉を求めることから，グローバル市場戦略として拡大している。とくに日本のような成熟した市場では需要が飽和状態に近く，急成長がなかなか期待できないため，企業は新興国をターゲットにして新たな海外市場を開拓しようとする。

また，豊富な労働力，安定した原材料の供給，部品サプライヤーの集積など，様々な**「経営資源の獲得」**のための海外展開もよくある。日本企業においては，製品のコスト競争力の強化を目的とした海外生産が進められている。また，海外調達のような海外事業も行われている。たとえば先述したファーストリテイリングは，生産コストを抑えるために，製造拠点を人件費の安いアジア地域に集約している。そして，外国にある最先端技術や情報を獲得するために海外研究所を設立する企業も増えている。たとえば，トヨタ自動車がAIの最新技術を開発するためにアメリカのシリコンバレーに研究開発の拠点を設立したのも，情報という経営資源の獲得が目的である。

さらに，**「学習のための国際化」**もよくある。国際市場におけるグローバル企業との厳しい競争を通じて，自社の技術や経営ノウハウを磨き上げていくために，グローバル市場に展開する。

(2) 消極的な理由

一方，比較的に消極的な理由もある。代表的なものは，関税障壁対策や貿易障壁の回避，両国間の政治的・経済的なコンフリクトの解消のためという，「仕方なしの海外生産」のパターンである。現地政府の輸入代替工業化政策や保護主義や輸入規制のために，輸出が実質的にできなくなった場合，企業としては輸出を継続したかったが，次善の策として輸出を現地生産に切り替えていくというものである。たとえば1980年代にトヨタなど日本の自動車メーカーによる北米の現地生産は，日米貿易摩擦の回避という国際政治的要請があった。生産コスト，品質，納期の点においても，国内で生産して輸出する方が海外生産よりすぐれていたため，「仕方なしの海外生産」は，経済的合理性を欠き，政治的な理由でやむを得ず行われるものといえる（吉原 2015）。

11-1-4　国内経営と国際経営との違い（CAGEフレームワーク）

国と国との間に様々な違いが存在している。ゲマワット（Ghemawat, P.）は，国と国との間の隔たりを4種類に分けた（図表11-7）。それは，文化的隔たり（C），制度・政治的な隔たり（A），地理的な隔たり（G），経済的な隔たり（E）である。この4種類の隔たりのそれぞれの頭文字を取って**「CAGEフレームワーク」**と呼ぶ。国際経営のエッセンスというのは，このような各国や地域の差異を考慮しながら，経営活動をマネジメントするところにある。

図表11-7　CAGEフレームワーク

	文化的な隔たり	制度的な隔たり	地理的な隔たり	経済的な隔たり
国と国との間の隔たり	・異なる言語 ・民族の差異 ・宗教の差異 ・信頼の欠如 ・異なる価値観・規範・気質	・政治的な対立 ・共通の地域貿易ブロックにない ・脆弱な制度，汚職 ・関税，保護政策	・物理的な隔たり ・国境を接していない ・時差 ・気候や衛生状態 ・地理的な規模 ・国内での移動の難しさ	・貧富の差 ・天然，経済，人的資源，インフラ，情報，知識を得る費用や質 ・経済規模 ・一人当たりの所得

出所：Ghemawat, P. (2007) p.41の表2-1を加筆修正

C（Cultural distance）：**文化的な隔たり**とは，言語，民族，宗教，慣行，嗜好，価値観などの違いのことである。たとえば，イスラム諸国の市場に食品を販売する場合は，ハラル認証を受ける必要があるし，生産過程がイスラムの規律に従って行わなければならない。

A（Administrative and political distance）：**制度・政治的な隔たり**とは，法律，制度，外資規制，労使関係，政治的な関係などを指す。新興国では外国企業に対する税制優遇などの誘致政策を打ち出している場合も多いが，国によって制度が急に変更されることもあるので，注意する必要がある。

G（Geographic distance）：**地理的な隔たり**とは，物理的な距離，時差，気候や衛生状態などの違いである。日本から物理的に離れている海外子会社を管理するのは簡単ではない。現地に出張するのに大変なコストと時間がかかる。電話やメールでコミュニケーションを取ることはできるが，時差も存在しているため，オンライン会議の時間を調整しなければならない。日本と全く気候の違う国や地域に製品を販売するときに，日本仕様そのままという訳にはいかない。現地の気候に合わせて仕様を変えていく必要がある。

E（Economic distance）：**経済的な隔たり**とは，経済規模，国民所得，貧富の差，国民の教育や技術の水準，インフラの整備状況，資源の獲得のしやすさ

の違いなどを指す。国によって購買力の格差や貧富の差が激しい。日本の高価格・高性能の製品を新興国向けに販売する際，現地の富裕層を狙う戦略がよく取られる。

国と国の間には文化，政治，地理，経済的な面において様々な違いが存在している。国内経営と違って，国境を越えて経営活動を行う際，その違いを強く意識しながらマネジメントをする必要がある。たとえば食品は文化的な隔たりに対して感応度の高い製品であるため，日本以外の国に食品を販売する際に，ターゲットとなる国・地域の顧客の味の好みや宗教への対応が求められる。しかし，違いはすべて悪いものではない。他国との違いを活かして競争の優位を作り出すことも可能である。生産コストの安い東南アジアの国で委託生産をすることによって，低価格商品の提供を実現することもできる。他国との違いを強みに変えることもできるというのは，国際経営の価値でもある。

11-2　多国籍企業の理論

国際経営活動を担う中心的な存在が多国籍企業である。次に多国籍企業に関するいくつの基礎的な理論についてみてみよう。

11-2-1　海外直接投資（FDI）

多国籍企業を理解するために，まず海外直接投資の概念を知っておかなければいけない。**海外直接投資**（FDI：Foreign Direct Investment）とは，企業が経営支配を目的とする海外投資を指す。具体的には，新規に事業活動を立ち上げ新たにつくる海外子会社の株式，あるいは既存の外国企業の株式を取得するという2つの方法によって行う。海外に子会社（生産子会社や販売子会社などの経営拠点）を設置し，直接に経営コントロールすることが主な目的である。それに伴って，本国の親会社からヒト・モノ・カネ・情報などの経営資源のパッケージ，あるいはその一部を海外の経営拠点に移転される。ちなみに，本

国（home economy）とは海外直接投資を行う企業の本社が置いている国であり，**受入国**（host economy）とは海外直接投資を受け入れている国を意味する。

それに対比して，**海外間接投資**という活動もある。海外証券投資，またポートフォリオ投資（portfolio investment）とも呼ばれている。その目的は直接的な経営コントロールではない。利子，配当，キャピタルゲインを得るために外国企業の株式や社債，あるいは外国政府の国債などを購入する。外国企業の株式を取得するが，当該企業の経営コントロールをいっさい伴わないものである。

11-2-2 多国籍企業とは

多国籍企業（MNEs）（Multinational Enterprises）とは海外直接投資を通じて海外に子会社を持って，国際経営活動を行う企業のことである。本国親会社のコントロールの下に，海外にある工場や事業所等の拠点を通じて世界規模での事業活動を営む。製品やサービスを海外に輸出するだけの企業は多国籍企業とは呼ばない。

多国籍企業は親会社と海外子会社から構成される。たとえば先ほど例として挙げたファーストリテイリングは，親会社の国籍が日本であるが同時に，アメリカ，中国，韓国，タイ，ベトナム，インドネシアなど，海外にも多くの子会社を持つ。同社は親会社と海外子会社と合わせて，多くの国籍を持つ企業であり，「多国籍企業」である（図表11-8）。

多国籍企業では，親会社は多くの子会社を一つの共通の経営戦略のもとで統括している。海外子会社は独立の企業ではない。海外子会社は親会社の経営戦略の枠組みの中で経営されなければならない。また，経営資源については，親会社と海外子会社はヒト，モノ，カネ，情報（技術，ノウハウ，ブランド等）の経営資源を共同利用している。海外子会社は資本や資金を親会社から出資してもらう。親会社は本国内で生み出した技術やブランドなど様々な経営資源を海外子会社に移転する。海外子会社は親会社に提供してもらう経営資源をもと

図表11-8　多国籍企業

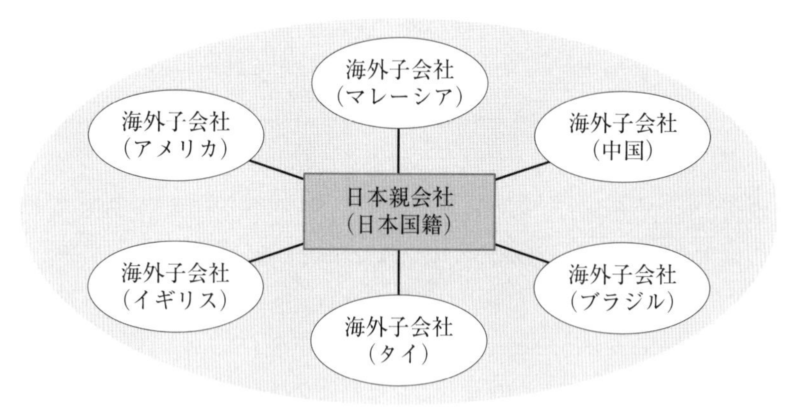

出所：吉原（2015）p.14，図2-1を修正したもの。

に現地で経営する（吉原 2015）。

(1) 海外直接投資の理論

なぜ企業が海外直接投資を行い，海外子会社を設置するのか。なぜ企業が多国籍化するのか。このような企業の多国籍化と海外進出の理由を包括的に説明する理論として**「OLIパラダイム」**（Dunning 1988）が有名である。

Oとは**所有優位性**（ownership specific advantage）を意味する。多国籍企業が所有する優位性のことを指す。不慣れな他国に海外子会社をつくって現地の企業と競争するためには，現地の企業にない，自社の独自の強みを持たなければならない。所有優位性というのは，企業の競争力の源泉となる，その企業が持つユニークな経営資源である。他社に比べて，優れた技術，ノウハウ，知識，R&D能力，企業規模，ブランド力などが挙げられる。

Lとは**立地優位性**（location specific advantage）を意味する。企業にとって進出先となる国や地域に経済活動の場としてどの程度魅力的であるかが進出の決定に大きく影響を与えている。立地優位性には，たとえば巨大な市場が存在していること，豊富な天然資源や労働力，部品や原材料の調達しやすさ，インフラや技術基盤の整備，政治や制度の安定性などが含まれる。

Iとは**内部化インセンティブの優位性**（internalization incentive advantage）を意味する。自社の技術やノウハウなどの優位性を海外で利用する際に，ライセンシングに代表されるような外部市場取引ではなく，自社内に内部化し，企業内取引という形にした方が有利になるような要因のことを指す。外部市場取引を成立させ，契約履行する際に様々な取引コストがかかる。具体的には取引相手の探索や情報収集，契約内容の交渉や締結，契約開始後の監視やコントロールなどにかかるコストが取引コストである。取引コストが高ければ，内部化した方が有利になる。たとえば進出先で適切なライセンシー相手がなかなか見つからないことや，自社の優位性となる高度な技術が外部市場取引によって漏洩してしまうリスクがあれば，ライセンシング等の外部市場取引ではなく，自社の海外子会社を設立しその技術を内部化した形で海外展開した方が良いということになる。

(2) 国際化プロセスの発展段階

企業の国際化プロセスには様々なパターンがある。輸出からはじまる企業もあれば，ライセンシングからスタートするケースもある。しかしながら，「企業の国際化プロセスは漸進的・連続的・段階的な発展プロセスである」という発展段階説（ステージ・モデル）の考え方が一般的となっている。企業はまず国内のみで事業を行って，その後次第に事業を海外に拡大していく。通常は輸出入により国際化の第一ステップを踏み出し，次いで製品・生産技術やノウハウの移転，技術供与の段階を経て，さらには資本の移転が生じる。最後に海外直接投資による海外拠点を設立し，海外生産や国際研究開発等に段階的に国際化を拡大していく。

ヨハンソン（Johanson, J.）とヴァーレ（Vahle, J.E.）が提唱した「ウプサラ・モデル」（Uppsala model）も代表的な理論である。このモデルでは，企業の海外進出は輸出から始まり，販売子会社，生産工場，開発拠点の順番に設立されるとされている。

発展段階説は研究者により異なった段階が設けられているが，概ね図表11-9に示されたようなパターンで国際化が進むという考え方が一般的である（浅川 2003）。

図表11-9　企業の国際化発展段階

第1段階	間接輸出
第2段階	直接輸出（海外での自社販路の開拓，現地販売子会社設立）
第3段階	現地生産（部品の現地組立，生産）
第4段階	現地生産（新製品の現地生産）
第5段階	地域・グローバル統合

出所：浅川（2003）p.52

(3) ボーン・グローバル企業

伝統的な国際化プロセスと違うパターンを示しているのは**ボーン・グローバル企業**（Born-global company）である。ボーン・グローバル企業とは創業当初あるいは創業後の早い段階からグローバルにビジネスを展開し，海外での売上高比率を高めていく企業のことを指す。国内事業がある程度成長した後の海外事業展開ではなく，起業時からあるいは起業後まもなくグローバルビジネスを狙い，すぐさま海外市場に参入することや，輸出，技術供与，現地生産やR&Dといった国際的な事業活動をスタートする。

ボーン・グローバル企業はスウェーデンやフィンランドなど北欧諸国では珍しい現象ではなかった。自国市場が小さいため，成長を求めて海外に展開することが当たり前であった。スイスに本社のあるネスレも，設立の翌年には海外展開し，8年間で12か国に進出を果たした。アメリカでもハイテク分野のベンチャーが早い段階からグローバル化を進めている。ハイテク製品の場合，標準化製品で対応可能のため，シリコンバレー生まれのベンチャーが設立からすぐにグローバル市場をターゲットしている（高井 2008）。IT技術の進化により，ボーン・グローバル企業が今後もさらに増えていく可能性がある。

11-2-3　多国籍企業の経営志向-本社と海外子会社との関係

多国籍企業の経営志向について，ヒーナンとパールミュッター（Heenan & Perlmutter 1979）の「E-P-R-Gプロフィル」というフレームワークがある。これは海外に設置された海外子会社に対して，本国にある本社がどのような経営スタイルでマネジメントしているのか，に関するものである。本社のトップマネジメントが海外子会社に対する経営志向性，つまり，本社と海外子会社との関係性や意思決定の権限についてのことであり，次の4つの類型に分けるができる。

①本国志向型（ethnocentric）では，本国中心主義の考え方がベースとなっている。海外子会社の意思決定は本国主導で行われる。海外子会社には重要な役割を与えず，本社で指示されたことを行うのみで自由裁量はない。海外子会社に本国のやり方，管理基準を適用し，主要ポストも本国から派遣された社員が占められる。

②現地志向型（polycentric）では，現地のマネジメントは現地スタッフに任せるという考え方がベースとなっている。海外子会社のオペレーションに関する意思決定は現地に任せる。海外子会社の主要ポストには現地スタッフが登用される。しかし，財務や研究開発など重要な意思決定は本社主導のままである。

③地域志向型（regiocentric）では，地域ごとに統一して，その地域が単位として意思決定を行うという考え方がベースとなる。各国とグローバルの中間である地域規模を基準とする経営志向である。近隣諸国を束ねた地域単位で生産拠点，人材採用，戦略策定等を行う。地域本社を設立し，地域単位の経営に関する権限を委譲する。地域ごとに最適な人事基準等のルールを設ける。人材も地域内を中心に交流させる。

④世界志向型（geocentric）では，本国と海外子会社のどちらかの一方が意思決定をするのではなく，グローバル的な観点から最も合理的な意思決定を行う。本社と海外子会社と，それから海外子会社同士も，相互に助け合い，協力

し合うような形になっている。本社と海外子会社は協調関係にある。普遍的かつ現地的な経営管理基準を用いる。人材の登用も自国社員を優遇したりせず，世界中からベストな人材を起用する。

多くの多国籍企業は，国内志向（E）から現地志向（P）に，そして地域によっては地域志向（R）に，さらには世界志向（G）へと，E→P→R→Gというように段階的に発展していく。この発展段階を「E-P-R-Gプロファイル」と呼ぶ（浅川 2003）。

11-3　海外ビジネス展開の方法

第3節では，海外にビジネス展開をする際に，具体的にどのような方法があるのかについて考えよう。大きく分けて，海外直接投資に伴う方法，及び，海外直接投資に伴わない方法，この2種類がある。

海外事業展開といえば，海外に子会社や工場など拠点を作って，直接に経営活動を行う，という海外直接投資の方法が一番よくイメージされやすいだろう。直接投資の方法では，本社側からのコントロールの度合いを高めることができる。しかし一方，資金や人材など，投入しなければならない経営資源も増える。時間や手間もかかり，相対的に事業リスクも大きくなる。実際に，海外事業展開の方法は，コストやリスクを抑えながら，直接投資を伴わないやり方もある。それは外食産業などサービス業の海外展開によく使われているフランチャイジングやライセンシングである。

11-3-1　直接投資に伴う方法

まずは海外直接投資に伴う方法についてみてみよう。海外直接投資を伴う方法には，完全所有子会社，合弁などの方法がある。

（1）完全所有子会社（wholly owned subsidiaries）

完全所有子会社とは海外の事業展開を100％自社所有で行う方法である。具体的には，新規開拓とM&A（mergers and acquisitions：合併・買収）という2つの方法がある。**新規開拓**は，グリーンフィールド投資とも呼ばれる。多国籍企業が海外市場に参入する際，自ら外国で新たに拠点を設立することである。これは現地で業務を1からすべて自社で行うというやり方で，時間がかかる。そのため**M&A**というやり方で，進出先国に既に存在している会社を買収するという方法がとられる。現地の既存企業を買収・合併し，いちはやく海外に事業展開することもできるからである。

完全所有子会社のメリットは，海外事業のコントロールの度合いが高いことにある。海外のパートナーに左右されず，思い切った経営ができる。しかしデメリットは，投入しなければならない経営資源が多く，リスクも高い。進出先の政治的・経済的変動も受けやすい。

（2）合弁（joint ventures）

合弁とは2社以上の企業が直接投資で所有権を共有することである。海外の現地での事業展開を，パートナーとの共同出資で新しい現地企業を設立して進める方法である。パートナーは進出先の国や地域の企業や政府である場合もあれば，本国や第三国の企業，あるいはそれらの複合体である場合もある。

合弁のメリットは，パートナーの持つ経営資源を利用することができることにある。特にパートナーが現地の企業や政府の場合は，現地に関する知識や人脈，現地におけるネットワークづくりなどの面においても，サポートを受けることが期待できる。しかしデメリットは，事業の完全なコントロールができないことである。また，パートナーとの意見の対立や文化の違いにより，経営がうまくいかないこともよくある。

11-3-2　直接投資に伴わない方法

海外直接投資を伴わない方法には，輸出及び契約関係による海外事業展開

（たとえば，ライセンシング，フランチャイジング，委託生産）などの方法がある。

(1) 輸出（exporting）

輸出には「間接輸出」と「直接輸出」の2種類がある。

間接輸出（indirect exporting）とは商社や輸出代行業者などの仲介企業を経由して，海外に製品の販売を行う方法である。メリットとしては，1つが輸出企業は短期間で海外市場に自社製品を投入することができることである。2つ目に，国際貿易の手続きを自ら行わなくてもよいため，国際業務のための人材を雇う必要もない。大きな資金を投入する必要もなく，リスクを抑えることができる。しかしデメリットは，自社製品の海外での販売方法や販売先をコントロールすることがほとんどできない点である。

直接輸出（direct exporting）とは，自社内に輸出を担当する部署をつくり，自ら輸出する方法を指す。最近は，インターネットを通じた越境EC（electronic commerce）という新しいやり方もあるので，中小零細企業も比較的に簡単に自社製品を海外の顧客に直接に輸出することができる。直接輸出のメリットは，間接輸出に比べ，ターゲット市場の選択や海外代理店の選定などの選択に対する自社のコントロールの度合いを高めることができる点である。海外に直接にアプローチして，海外市場からより多くの情報を得ることができる。一方デメリットは，海外業務を担当する人材の確保と自前でのロジスティックス業務の構築が必要となる点である。

(2) 契約関係による海外事業展開

海外のパートナー企業と協力関係を結び，契約関係による海外ビジネス展開という方法もある。よく使われている契約関係による海外事業展開の方法は，ライセンシング，フランチャイジング，及び委託生産が挙げられる。

① ライセンシング

ライセンシング（licensing）とはある企業が他企業に対して商標や特許などの資産の利用権を与える契約のことである。ライセンサーはライセンシー（海外のパートナー）にロイヤルティ（使用料）と引き替えに独自資産を提供する。ライセンシング契約の対象となる資産は商標，技術，生産プロセス，特許などが挙げられる。たとえば，ディズニーが日本にテーマパーク事業を展開する際に，日本のオリエンタルランドとのライセンシング契約という形を取った。オリエンタルランドは，ディズニーとのライセンシング契約によって東京ディズニーランドを建設し運営している。ディズニーの名前を使用する対価として，オリエンタルランドはディズニーにロイヤルティを支払っている。

ライセンシングのメリットは，大きな経営資源を投じる必要がないことにある。また海外市場における政治的経済的な不安定さの影響を受けることが少ない。ライセンサーが直面する変化は，ロイヤルティ収入の上下にとどまり，それ以外のリスクやコストはライセンシーが吸収してくれる。デメリットは，ライセンス契約から得られる収入はロイヤルティだけで，ほかの海外事業展開の方法から得られる収入に比べて少ない。また，ライセンシーの誤った行動によって，ブランドが傷つく危険性もある。さらに，将来の競争相手を育ててしまう可能性もある。

② フランチャイジング

フランチャイジング（franchising）とは，フランチャイザーがフランチャイジーに，フランチャイザーの事業名や商標，ビジネスモデルやノウハウを，特定の地域で特定の期間に限定して使用する権利を与える契約である。事業の運営方法等についても継続的に支援を施すことを約束する。その対価として，フランチャイザーはロイヤルティなどを受け取る。フランチャイザーが提供する内容には，マーケティング計画，事業のマニュアルや基準，トレーニングや品質管理などが含まれる。飲食チェーンやコンビニの海外展開にはフランチャイジングというやり方がよく使われる。

図表11-10　国際フランチャイジングの3タイプ

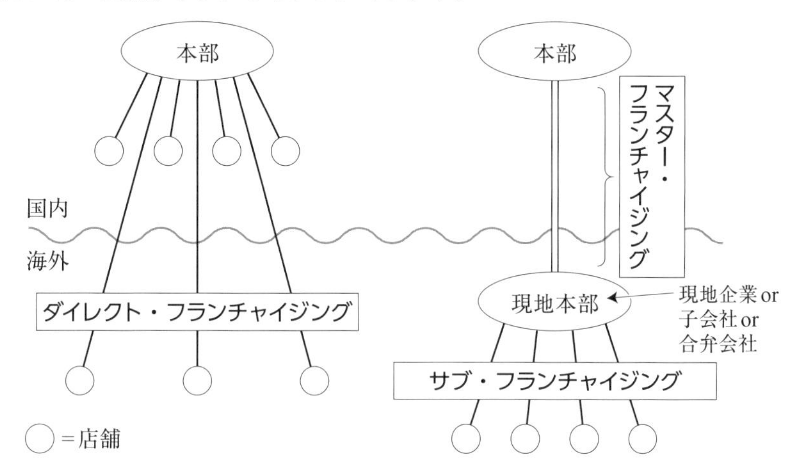

出所：川端（2010）p.17

後国際フランチャイジングには，図表11-10にように3つのタイプがある（川端 2010）。第1は，「ダイレクト・フランチャイジング」で，本部は本国に置いたまま，他国の企業とフランチャイズ契約を結ぶという方法である。アメリカとカナダのように国境を隣接する国々の間では成り立つ形である。第2は「マスター・フランチャイジング」で，本国の本部の代替機能を持つ現地本部を現地に設立するという方法である。この現地本部に運営権を与え，現地での出店と監督の業務を担当させる。第3は「サブ・フランチャイジング」で，マスター・フランチャイジングの方法で参入した国や地域において，現地のパートナー企業や合弁企業が，さらに現地の加盟店を募り，フランチャイズ展開を行う方法である。

フランチャイジングによる海外事業展開の最大のメリットは，最小の投資による海外事業展開が可能にすることである。進出先の国の政治的・経済的なリスクも限られている。また，フランチャイジーの持つ現地市場の知識やネットワークを利用できる。フランチャイジーの意欲も高い。しかし，ライセンシングと同様に，フランチャイザーの収入はロイヤルティのみで，海外直接投資の場合と比べると，限られたものとなる。そして，フランチャイジーを将来の競争相手に育ててしまうこともある。

③ 委託生産

委託生産はアウトソーシング（outsourcing）とも呼ばれ，企業は海外のパートナーに製品の一部，あるいは全体の生産を委託する契約を結ぶことである。国内企業が部品や完成品の生産を，海外の業者に委託して調達し，製品のマーケティングについては責任を負う。たとえば，ファーストリテイリングが商品の開発や企画，マーケティングや販売を行っているが，生産については，労働賃金の安いアジアの協力工場に委託をして，コスト削減を実現している。委託生産のメリットは，コストとリスクを抑えながら，海外生産を行うことができることである。しかし，製造技術やノウハウの流出や，委託先の外国企業を将来のライバルに育ててしまうリスクはある。

11-3-3　国際戦略的提携

戦略的提携（strategic alliances）とは様々な理由で締結される企業同士の協調協定である。パートナーが経営資源などを共有し継続的な協調関係に入ることである。技術またはマーケティングに関する提携が多い。共有される経営資源とは主に技術であるが，製品技術，生産技術，管理技術など提携の目的によって違ってくる。そして，特定の製品，事業，技術，地域などで協調するが，それ以外では競争する，というのが戦略的提携の特徴である。

戦略的提携の具体的なあり方は様々である。一つは共同開発や技術交換による提携であり，ハイテク産業によくみられる。新製品開発コストの急上昇をうけ，企業は戦略的提携による経営資源の確保と相互学習を狙う。たとえばGMとホンダは，燃料電池システムやEV向け次世代バッテリーコンポーネントの共同開発を行っている。さらに先進運転支援システムやインフォテインメント，車車間・路車間通信をはじめとするV2X（Vehicle-to-Everything）間通信など，高度な技術分野での共同開発業務をベースに北米地域における戦略的提携を締結している。先進技術領域への投資に向けた大幅なコスト効率の向上と，両社の成長機会の最大化がこの提携の目的である。

もう一つは流通チャンネルや商標などのマーケティング・ベースの資産や経営資源を国境を越えて利用するための提携である。たとえば「コーンフロスティ」などシリアル食品で知られているアメリカのケロッグは1962年に日本市場参入した当時から味の素との販売提携を結んでいた。約60年にわたり，味の素とのパートナーシップのもとで，シリアルの普及，定着を図り，シリアルの代表的なブランドを育成してきた。この提携関係は味の素との総発売元契約が2020年に契約満了となるともに解消となり，日本ケロッグは新たに独自の流通戦略を推進することとなった。

戦略的提携には，資本関係のある場合と，資本関係のない場合の両方がある。資本関係がある場合は，戦略的提携を結ぶ企業同士が合弁会社を作る。

合弁の際と同様に，戦略的提携を成功させるには，パートナー選びが重要である。目標とビジョンの共有，パートナー企業同士のトップマネジメントからコミットメントとサポートも不可欠である。また，製品，市場，技術などにおいて関係がある企業の間，あるいはよく似た企業文化や資産規模の企業間での提携では，成功の可能性が高くなる。まずは小さな規模で提携業務をスタートし，次第に拡大していくという方法のほうが望ましい（Kotabe & Helsen 2020）。

【参考文献】

Bartlett, C. and S. Ghoshal (1992) *Transnational Management*, Irwin.

Dunning, J.H. (1988) The eclectic paradigm of international production: A restatement and some possible extensions, *Journal of International Business Studies*, 19(1), pp.1-31.

Ghemawat, P. (2001) Distance still matters: The hard reality of global expansion, *Harvard Business Review*, 79(8), pp.137-147.

Ghemawat, P. (2007) *Redefining Global Strategy: Crossing Borders in A World Where Differences Still Matter,* Harvard Business School Press.

Heenan, D. and H. Perlmutter (1979) *Multinational Organization Development: A Social Architectural Perspective,* Reading, Addison-Wessley.（江夏健一監訳『多国籍企業―国際化のための組織開発』文眞堂，1982年）

Hill, C. and G. Tomas M. Hult (2019) *International Business:Competing in the Global Marketplace,* 12th Edition, McGraw-Hill Education.

Johanson, J. and J.E.Vahlne (1977) The internationalization process of the firm: A model of knowledge development and increasing foreign market commitments, *Journal of International Business Studies*, 8(1), pp.23-32.

Jones, G. (2005) *Multinationals and Global Capitalism: From the 19 th to the 21 st Century*, Oxford University Press.

Kotabe, M. and K. Helsen (2020) *Global Marketing Management Eighth Edition*, Wiley.

浅川和宏（2003）『グローバル経営入門』日本経済新聞社.

大木清弘（2017）『コア・テキスト国際経営』新世社.

小田部正明・栗木契・太田一樹編著（2017）『1からのグローバルマーケティング』碩学舎.

川端基夫（2010）『日本企業の国際フランチャイジング』新評論.

経済産業省『企業活動基本調査』.

高井透（2008）「第7章 ボーン・グローバル・カンパニー研究の変遷と課題」江夏健一・桑名義晴・岸本寿生編著『シリーズ国際ビジネス〈5〉国際ビジネス研究の新潮流』中央経済社.

中小企業庁『中小企業白書』.

中川功一・林正・多田和美・大木清弘編著（2015）『はじめての国際経営』有斐閣.

吉原英樹（2015）『国際経営<第4版>』有斐閣.

第12章 企業の社会的責任（CSR）論

12-1　企業の社会的責任（CSR）論

12-1-1　企業の社会的責任とは

企業の社会的責任とは，文字通り企業が社会に対して果たすべき責任のことであるが，誰に対してどのような責任を負うのかについては，議論が分かれている。ここで問題となるのは，**コーポレート・ガバナンス**，すなわち企業統治の問題である。これは「企業は誰のものか」にかかわる問題であるが，2006年に商法が改正されて新たに施行された会社法では，基本的に会社は株主のものであり，企業は株主に対して責任を果たせばよいということになる。この考え方に基づけば，企業は少なくとも**コンプライアンス**（法令順守）を求める社会的義務を果たしていかなければならないが，株主に損失を与えないために社会的義務を果たすべきであるということができる[(1)]。

これに対して，企業はそれを取り巻く**ステークホルダー**のものであると広く捉える立場もある。企業が大規模化し，社会に大きな影響力を持つようになったことから，ステークホルダーも企業に新しい役割を期待し，また圧力をかけるようになった。それに応えるために，企業はステークホルダーに積極的に関与するようになっている。近年ではこのようなステークホルダーへの積極的関与を前提とした企業の社会的責任を**CSR**（Corporate Social Responsibility）として議論されるようになった（上林ほか2020）。

図表12-1に示すように，企業と社会が相互関係を維持しつつ，企業は永続事業体（ゴーイング・コンサーン）としてステークホルダーとの良好な関係を維持していかなければならないのである。企業も社会を構成する「市民」とし

(1) 片山ほか（2017）を参照した。

図表12-1　企業と社会の相互関係

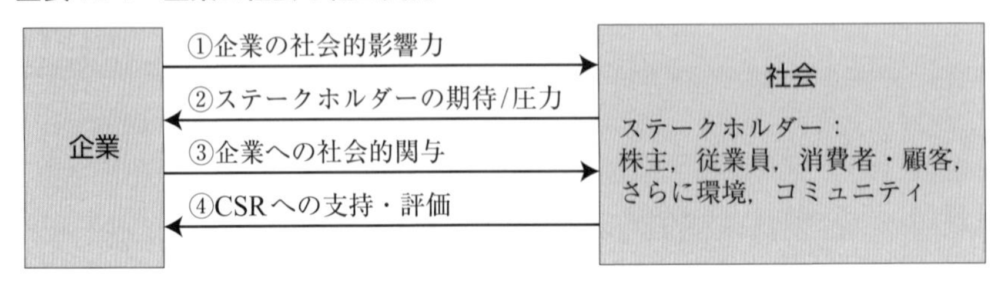

出所：谷本（2006）p.7

て，いわゆる**企業市民**（corporate citizenship）として，社会の発展や環境の保全に積極的に貢献していかなければ，企業の利益は保証されないのである（井原 2018）。

この認識に基づけば，株主のほかに，顧客，従業員，供給者，資金提供者（投資家および金融機関等），地域社会（コミュニティー）など多くの人びとや組織に対して，それぞれ責任を果たしていくことが必要となる(2)。

12-1-2　日本における企業の社会的責任概念の生成と展開

企業の社会的責任に関する議論が社会的問題として取り上げられるようになったのは，1960～1970年代に発生した**公害問題**が契機とされている。水俣病，新潟水俣病，イタイイタイ病，四日市ぜんそく等の4大公害問題に対して，企業の反社会的行為として批判が高まったのである。そこで，企業を社会との関係の中で捉えることが重要視されるようになり，企業の社会的責任が議論されるようになった。

企業の社会的責任は，時代背景や社会が企業に何を求めているかによって判断が異なる。たとえば，1960～1970年代までは，公害問題にもみられるように，主に企業活動に直接関わる分野の問題に対して，企業は社会にかけた損害を償い，提示された課題に対処していくといった，消極的・受動的な対応が多

(2) 片山ほか（2017）を参照した。

くみられた。一方，1980年代～1990年代にかけては，企業活動とは間接的であるが，教育，文化，福祉等の分野をも含めて，社会全体として質を向上しようという積極的・能動的な側面へと変化していった。バブル景気に入ってからは一旦，企業の社会的責任に対する関心は薄れたが，90年代に入ってから，グローバル化の進展や，環境問題の深刻化が明らかになっていくと，経済活動は社会的側面だけでなく環境にも配慮して取り組むべきであるという認識が広まっていった（大塚ほか 2018）。さらに，企業が積極的に研究活動やスポーツや芸術活動を支援していくことを意味する**メセナ**（Mecenat）や企業の慈善活動や寄付行為を指す**フィランソロピー**（philanthropy）をテーマとして，日本経団連や経済同友会を通じて，活発な議論がなされてきた（井原 2018）。

2005年には，社会経済生産性本部が発表した「企業の社会的責任指標化に関する調査報告書」において，ステークホルダーに対する企業の責任が領域別に示された。以下の6領域がその具体的内容である（上林ほか 2020）。

① **株主・債権者・投資家に対する責任**：収益性，安全性，成長性，株主への成果配分，ガバナンス，IR（株主関係）部門，株主説明会，株主総会

② **従業員に対する責任**：高齢者雇用，労働時間，有給休暇，育児休暇，介護休暇，メンタルヘルス，人材育成，業績評価，女性，障害者，離職率，労使協議制，差別，ハラスメント

③ **顧客に対する責任**：顧客満足，負の側面対応，消費者啓発，顧客情報保護，外部認証

④ **供給者に対する責任**：公正・互恵取引，透明性，コミュニケーション，報償

⑤ **地域社会・NPO・その他に対する責任**：地域関係，フィランソロピー，NPO関係，国際行動規範，国際交流，海外活動ルール，インターンシップ，倫理綱領

⑥ **地域環境に対する責任**：有害化学物質，廃棄物，環境管理認証，環境情報開示，グリーン調達，エコデザイン，温室効果ガス，エネルギー効率

日本ではこの2005年の報告書で企業がステークホルダーに対して実施すべき幅広い責任項目を提示しているが，欧州連合（EU: European Union）は2001年に発表したいわゆる「グリーン・ペーパー」（「企業の社会的責任に関する欧州枠組みの促進」）がある。そこでは，CSRの問題を，内部的問題，外部的問題，全体的問題に分けて検討している。

まず，内部的側面とは，企業内部で行うべき社会的責任である。ステークホルダーとの関係でいえば，従業員などへの責任を明示している。たとえば，従業員への責任を見れば，マイノリティー，高齢者，女性などの採用，職場における健康・安全，リストラや企業合併に関する情報公開などが挙げられている。

次に，外部的側面とは，地域社会への責任として研修や保育サービスの提供が示されている。また，グローバル環境への責任として，社会の持続可能な発展が挙げられている。

この欧州連合が発表したグリーン・ペーパーは新しい次元で企業の社会的責任を求める具体的内容の一例に過ぎない。社会的責任の具体的内容は，その社会の価値観を色濃く反映しており，地域や時代によっても異なるものであるといえる（上林ほか2020）。

図表12-2　CSRの内・外的側面

CSRの内部的側面	人的資源管理
	職場における健康・安全管理
	変化（リストラ）への対応
	資源および環境インパクト管理
CSRの外部的側面	地域社会
	ビジネス・パートナー，サプライヤー，消費者
	人権
	グローバル環境

出所：高（2003）pp.71-73より筆者作成

欧州のグリーン・ペーパーをはじめ，企業の社会的責任指標化に関する報告書の内容からも企業の責任として，単に株主への責任が唯一最高のものではなくなったことが明確に示されたといえる。企業の機能のうち，**経済的機能**のみが評価されるのではなく，**組織的機能**も**社会的機能**も評価の対象に強く含まれてきたのである（上林ほか 2018）。

最後に，わが国における企業実践の変遷に関連して，企業の社会的責任論がいかに生成し，その後発展したのかについて概観していく。堀越（2006）によるとわが国で企業の社会的責任論が展開されるのは戦後のことであり，日本における企業の社会的責任論の展開の時期については以下のように区分されている。

図表12-3　企業の社会的責任論の展開時期の分類

区分	内容
第1期 （1948年～1962年）	「経営者の社会的責任」の提唱
第2期 （1970年～1983年）	「企業の社会的責任論」の興隆
第3期 （1991年～1994年）	「社会貢献」の展開
第4期 （1996年～2004年）	「社会的責任」再興，「社会貢献」，「企業倫理」の展開

出所：松野ほか（2006）pp.65-66より作成

このように，企業の社会的責任は企業が単に利益を追求し，株主に対して配当を行うだけではなく，社会を構成する一員として，企業活動に関わる全ての利害関係者に対して責任があることを意味するようになった。そして，従来使われてきた企業の社会的責任の概念は，ステークホルダーへのより積極的な関与を含む過程で，**価値創造**という視点も包含されてきている（犬塚ほか 2018）。

12-1-3　米国における企業の社会的責任概念の生成と展開

アメリカにおける企業の社会的責任論は「**企業と社会**」論を起源として展開されていった。アメリカにおける企業の社会的責任をめぐる関心は，大企業の台頭してきた19世紀末から20世紀初頭にかけてすでに高まりを見せていた。当時，企業は大規模化するとともに巨大な権力を持つようになったが，それに比例してその反社会的・非競争的行為が批判され始めていた。そして批判者たちは，法や規則により企業の権力を抑制しようとした。そもそも20世紀における社会の発展は，大量生産に基礎を置く産業化の進展によって象徴され，それらは豊かさの象徴であったが，物質的豊かさの追求とともに，精神的豊かさをも求めるようになった。そのような時代背景の中で，1970年代までにラルフ・ネイダーの出版した書籍がきっかけとなった「**キャンペーンGM**」の消費者運動や『**沈黙の春**』を現したレイチェル・カーソンが問題提起した環境保護問題，さらに，国際労働機関（ILO）で提唱された「**労働の人間化**」などに焦点があてられた労働生活の質の問題等，広範な社会課題に焦点があてられるようになった（松野ほか2006）。

企業の社会的責任は，企業とステークホルダーの間に存在する解決すべき社会的課題事項を経営者が自発的に取り組むことを意味する**倫理的責任**の側面をも包括するものへと変容していった。その後，1970年代に入って，倫理的責任の社会的関心が高まる契機となったのが，**ウォーターゲート事件**であった。1972～1974年にかけてこの事件をきっかけに明らかになった不正献金をはじめ，1975年ごろから続発した多国籍企業の贈賄・不正政治献金，1973年の石油危機の際の企業の暴利追求行為など，企業の倫理的責任が問われるようになった。このようにアメリカでは，企業不祥事が相次いだことにより，企業が倫理的責任に対応することが求められるようになったのである。1990年のはじめには，有力企業の多くで，**企業倫理制度が整備**され，企業倫理に関するセミナーやワークショップなども開催されるようになった。また組織体制の側面からは，倫理委員会や倫理担当役員の設置，内部告発の受付窓口等を開設するなど体制整備がなされるようになった。さらには，各企業において倫理綱領や倫理規範，行動憲章を制定するなど，企業倫理が制度化されるようになった。加えて，アメリカでは多くの企業が社会的活動に関する情報を開示するようになり，企業の環境対策を外部機関がチェックする環境監査（environmental audit）や企業が自主的に環境保全への取り組みを評価する環境管理（environmental administration）が活発になっている（井原 2018）。このように企業不祥事等の社会的課題に対応する中で，社会的責任の対応範囲に関する認識を適切に把握しながら，企業の社会的責任概念を発展させていったと考えられる（日本経営協会 2016）。

12-1-4　企業の社会的責任に関する議論[(3)]

(1) フリードマン対サミュエルソン，デービスの議論

企業の社会的責任については，その対象と内容について，フリードマンをはじめとする消極派と，**サミュエルソン**（Samuelson, P.）や**デービス**（Davis, K.）をはじめとする積極派との間で議論が行われてきた。

フリードマン（Friedman, M.）は，「市場経済において企業が負うべき社会的責任は，公正かつ自由でオープンな競争を行うというルールを守り，資源を有効活用して利潤追求のための事業活動に専念すること」であり，それが「企業に課せられたただ一つの社会的責任である」と述べている（Friedman 1962, pp.248-249）。そして「企業の使命は，株主利益の最大化」であり，「企業は株主の道具であり，企業の最終所有者は株主である」と述べている（Friedman 1962, p.252）。

つまり，フリードマンは，「企業の役割は，法律の範囲内で企業活動が行われる限りにおいて，事業活動に専念し，希少な組織の資源を上手に活用して，株主（所有者）の利益を最大化すること」であるという考え方を主張している（Friedman 1970）。

フリードマンをはじめとする消極派は，社会のルールの範囲内で利潤の最大化を追求することを是認しており，企業が利潤をあげることによって，①新たな雇用の創出を図ることができる，②労働者にも高賃金を支払うことができるようになる，③従業員の労働環境の改善を図ることができる，④税金を納める

(3) 片山ほか（2017）を参照した。

ことによって公共の福祉に貢献することができる，などの社会貢献が可能であることを主張している。そして，限られた資源を有効的かつ効率的に活用して，企業競争に打ち勝っていくことによってはじめて利潤をあげることができるのであり，社会プログラムに貴重な経営資源を割くことは，企業の競争力の低下につながり，大きなハンディキャップである，と主張している（Montana and Charnov 1993, p.33）。

これに対して，デービス（Davis 1973）は，サミュエルソン（Samuelson 1971）が，近年の大企業が社会的責任に取り組むこともまたよいことであると主張したことを受けて，企業の社会的責任について，フリードマンとの対比において，論じている。

デービス（Davis 1973）は，「企業というものは，単に法が求める最小限度の要件に従うことを社会的責任とするものではない」とし，それは「良き市民として行うべきこと」であるからであると述べている。ただし「古典経済学のもとでの利潤の極大化を否定するものではなく，同様に行われるものであり，社会的責任はその一段階先の問題である」としている。それは，法の求める要件を超えた社会的義務の受容ということになる。

デービス（Davis 1973）は，社会的責任に関する議論として，利益の極大化，社会的投資コスト，社会的スキルの欠如，事業の第一義的目的の希薄化，弱められた国際収支残高，ビジネスが十分な力を持っていること，アカウンタビリティ（説明責任）の欠如，広範な支援の欠如，について論じている。そして，デービスは，「社会的責任は社会的なパワーと同一歩調をとるものであり，企業が現代の生活において最も強力な影響力をもっていることを考えると，企業は相応の社会的責任を負っていると考えなければならない」と主張している。また，「社会は企業に権力を与えるが，その権力の行使についてはその釈明を求めることができる」としている。さらに，「企業は，社会を代表する者や社会問題を分析する専門家に対してオープンでなければならないが，社会はこれに対して社会的責任の領域で企業が行っている努力に注意を払い，評価を行うべきである」としている（Montana and Charnov 1993, p.34）。

また，デービスは，「社会的責任に対して行う企業の努力は高いものにつくであろうが，もし必要な専門的知識を有するならば，たとえ直接関わりのないことにおける社会問題の解決の支援さえも行う義務があり，この義務は，“general social good”のためであり，社会が改善されれば，企業もその恩恵を受けることができる」としている（Montana and Charnov 1993）。

12-1-5　3つの考え方[(4)]

(1) 社会的義務，社会的責任，社会的応答

フリードマン対サミュエルソン，デービスの論争で行われた議論は，企業が社会に対してどこまで関与していくかという問題として捉えることができる。モンタナとチャーノフ（Montana, P. and Charnov, B. 1993, pp.35-40）は，これを3つのアプローチに分けて議論を行っている。すなわち，社会的義務，社会的責任，および社会的応答の3つである。

社会的義務のアプローチは，法的な義務にのみ適合すればよいとするものである。狭い意味でのコンプライアンス（法令順守）の考え方は基本的にこのアプローチに属するものと考えられ，フリードマンの主張もこのアプローチに基づくものである。

次に**社会的責任**のアプローチは，社会的義務を包含しさらに事業に直接影響を与える社会的な義務に適合することを要求するものである。

そして**社会的応答**のアプローチは，社会的義務および社会的責任を含み，さらに事業に直接影響を与えないものまでも対象とする最も範囲の広いものである（図表12-4）。サミュエルソンやデービスの考え方はこのアプローチに基づくものと考えられる。

---

(4) 片山ほか（2017）を参照した。

図表12-4　社会的義務，社会的責任，社会的応答の関係

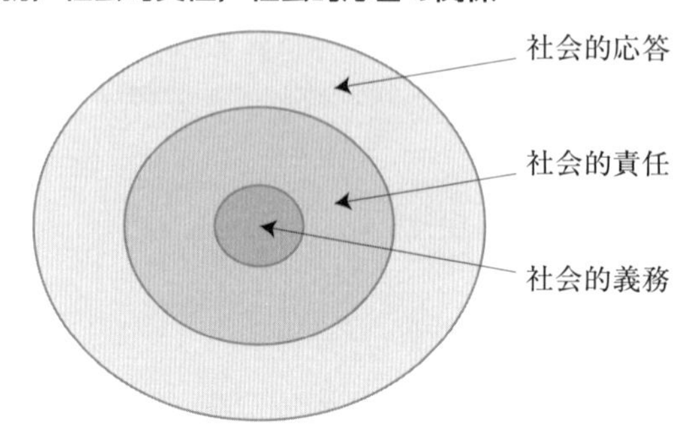

出所：P. Montana and B. Charnov (1993) p.36

12-2　企業の社会的責任（CSR）概念の展開と概念モデルの形成

12-2-1　企業の社会的責任（CSR）概念の展開

エプスタイン（Epstein, E.M.）によると，1965～1975年の時期に，企業の社会的責任（CSR）の概念は，フリードマンやデービスの論争を経て，ある種の合意が形成されたと述べている。つまり，その合意とは，法的責任や経済的責任を超える規範的側面にも企業が応える責任があるということである。その合意の具体的内容とは，1971年の経済開発委員会（CED）報告書にて提示された，「3つの同心円」からなる社会的責任の概念である。この概念とは，図表12-5に示すように，まず最も中心（内側）に位置する，経済的機能を効率的に遂行する基本的な責任（生産，雇用，経済成長）の円と，その次に中間に位置する，社会的価値および優先事項の変化に対する敏感な意識をもって経済的機能を遂行する責任（環境保護，雇用条件，従業員との関係，製品の安全性などに配慮する）の円，最後に最も外側に位置する，社会環境の改善に対して積極的かつ広範に関わるという責任（貧困や都市の荒廃等社会的問題の解決に企業が関与する）の円から構成されている。

エプスタインが例示した社会的責任の概念に関する構図は，その後，1975

図表12-5　社会的責任の3つの同心円

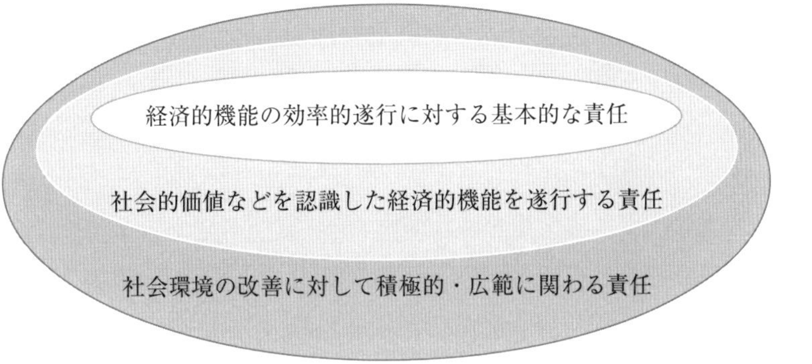

出所：松野ほか（2006）p.116より作成

年にデイビス＝ブロムストロム（Davis, K. and Blomstrom, R.L.）にも受け継がれている。デイビスらによれば，内側の円は，基本的な経済的機能を遂行するという伝統的な責任であり，中間の円は，それらから直接的に引き起こされる責任（雇用機会均等・公害防止）であり，外側の円は，一般的な社会問題の解決に向けての支援という責任であるとしている（松野ほか2006）。

12-2-2　企業の社会的責任（CSR）概念モデルの形成

前項までに論じてきたCSRの概念をめぐる潮流を踏まえ，**キャロル**（Carroll, A.B.）は，1979年に社会的責任の「**4パート・モデル**」を提唱する。社会的責任を「経済的責任」，「法的責任」，「倫理的責任」，「社会貢献責任」に分けて（階層化したピラミッド型の構造として）考えるというものである。

図表12-6に提示された，企業が果たすべき4つの社会的責任について，その内容を以下に概観していく。

①　**経済的責任**：企業は社会の求める財・サービスを適切な価格で提供する責任があるとともに，株主への利益配当や，従業員への労働対価として賃金，報酬の支払いの責任がある。国家，地域社会に対する税金の支払いも

図表12-6　企業の社会的責任の4パート・モデル

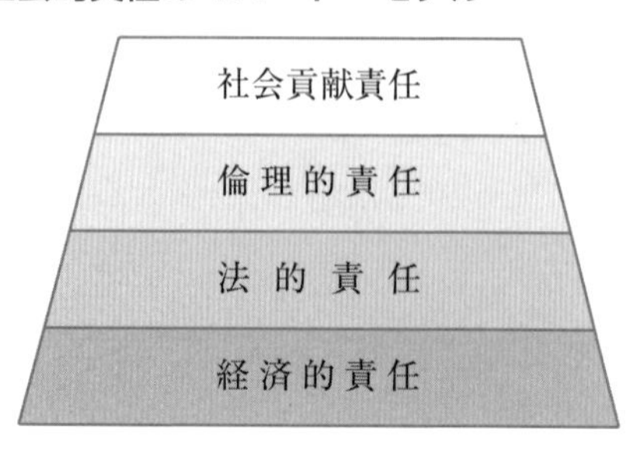

出所：松野ほか（2006）p.119

含まれる。

② **法的責任**：法令順守ともいうべきものである。企業が法律，条令といった社会のルールを守るということは，最も基本的な項目である。あらゆる社会的責任論の基本には法令順守があり，一定のルールのもとで経営をしなければならない。

③ **倫理的責任**：企業が社会から期待されている活動を行ったり，逆に禁止されている活動を行わないようにするという責任である。法規制を超えた企業独自の倫理観に基づいて設定したガイドライン，自主基準による責任のことである

④ **社会貢献的責任**：企業の積極的な活動を含んだ社会的責任への考え方である。社会貢献やメセナ（文化支援活動）への取り組み，消費者の利益保護など，事業活動とは直接関係のない活動を支援することを意味している。

（犬塚ほか 2018；井原 2018）。

また，上記①～④の企業が果たすべき各次元の責任は，包摂的階層関係にあるとしている。なお，キャロル（Carroll, A.B.）は「経済的責任」を最下層に位置づけたが，これに対し，森本（1994）は法的責任を最低次元の責任と位置付けている。つまり，経済的責任は法的責任を果たして初めて意味を持つと

いうように，低次の責任を果たすことを前提として，企業はより高次の責任を果たすことが可能になるということである。

企業の社会的責任（CSR）について水尾（2003）は「企業組織と社会の健全な発展を保護し，促進することを目的として，不祥事の発生を未然に防ぐとともに社会に積極的に貢献していくために企業の内外に働きかける制度的義務，または責任」と定義している。

さらに，水尾（2006）はキャロル（Carroll, A.B.）や森本が提示した企業の社会的責任（CSR）の4パート・モデルをもとに類型化すると，図表12-7のように，リスク管理や法令順守といったCSRの基礎となる「守りのCSR」と，企業がそれぞれの課題に積極的に取り組み，社会的価値を創発する「攻めのCSR」に分類することができるとしている。前者は企業が果たすべき基本的な責任項目として，消極的な対応とされ，**「狭義の社会的責任」**と位置付けられ，後者は企業が先進的に果たす責任項目として，積極的な対応とされ，**「広義の社会的責任」**と位置付けられることもある。

図表12-7　CSRの基本概念

	企業内	企業外
「攻めのCSR」 （広義・積極的）	社会貢献的責任 倫理的責任	
「守りのCSR」 （狭義・消極的）	経済的責任 法的責任	

出所：犬塚ほか（2018）p.35より作成

12-3　国際機関における企業の社会的責任（CSR）の取り組み

12-3-1　OECDと国連における企業の社会的責任（CSR）推進活動

企業の社会的責任への取り組みが国際的にも多くの企業に浸透・普及した背景として，国際機関におけるガイドラインの提示やCSR報告書作成のための指標等の開示が影響を与えたといえる。

OECD（経済協力開発機構）は1976年に企業に対して期待される責任ある行動を自主的にとるよう勧告するための「多国籍企業ガイドライン」を策定した。それ以降世界経済の発展や企業行動の変化などの実情に合わせ，これまで6回改訂されている。これは，ガイドラインであるため法的な拘束力はないが，具体的に以下の項目を提示している。責任ある行動を期待される項目とは，一般方針，情報開示，4回目の改訂で加えられた人権，5回目の改訂で加えられた児童労働や強制労働を含む雇用及び労使関係，環境，贈賄・贈賄要求・金品の強要の防止，消費者利益，科学及び技術，競争，納税等，幅広い分野における責任ある企業行動に関する原則と基準を定めている。

一方，国際連合は，2000年に「**国連グローバル・コンパクト**」を発行し，企業行動原則を提示した。「国連グローバル・コンパクト」は当時の国連事務総長であったコフィー・アナン氏によって提唱されたものであり，世界人権宣言やILOの労働権基本原則，環境開発リオ宣言などに贈収賄防止の項目が追加され10原則からなるものである（日本経営協会2016）。

図表12-8　グローバル・コンパクト

グローバル・コンパクトの原則	
人権	人権の支持と尊重 人権侵害への非加担
労働基準	組合結成と団体交渉権の支持 強制労働の排除 児童労働の実効的な排除 雇用と職業の差別撤廃
環境	環境問題の予防的アプローチ 環境に対する責任のイニシアチブ 環境にやさしい技術の開発と普及
腐敗防止	強要・賄賂等の腐敗防止の取り組み

出所：日本経営協会（2016）p.293

グローバル・コンパクトに参加する企業は，10原則を社内規定などに盛り込み，実行することが求められる。しかしながら，その実施状況について監視されることはなく，企業経営者が署名してコミットする必要がある。

OECDのガイドラインや国連グローバル・コンパクト等を契機に，社会的責任（CSR）を国際的に遵守して行こうという議論が発展していったといえる（日本経営協会 2016）。

12-3-2　ISO26000とその成立の経緯[5]

ISO26000は，**国際標準化機構**（ISO=International Organization for Standardization）によって定められた社会的責任に関する国際的なガイドラインである。ISO26000は当初，企業の社会的責任（CSR）をその対象として検討がはじめられたが，途中からその対象が企業以外の一般の組織にも広げられ，社会的責任（SR）とされるようになった。それは，企業だけではなく，様々な組織が持続可能な社会への貢献に責任があると考えられるようになったからである。

ISO26000の検討が始められたのは2001年だったが，アメリカでは情報技術と金融技術をベースとした**ニューエコノミー**が出現し，自由市場体制が進展した。企業間の競争の更なる激化により生じた様々な問題が，企業の社会的責任への関心を高めていった。2000年代に入るとエンロンやワールドコムに代表される企業の不正事件が横行し，深刻な社会問題が頻発するようになった。このような状況を背景にして，ISO26000の検討が始められたのである。しかし，各国および各機関の利害調整のために検討が繰り返され，2010年にようやく制定をみることになった。

ISO26000では社会的責任を果たすために，説明責任，透明性の維持，倫理的な行動，多様なステークホルダーへの配慮，法令順守，国際行動規範の尊重，人権尊重の7つの原則が提示されている。また，その中核主題として，①組織統治（ガバナンス），②人権，③労働慣行，④環境，⑤公正な事業慣行，⑥消費者問題，⑦コミュニティへの参画およびコミュニティの発展，の7つの主題をあげている。このように，企業の社会的責任に関する国際的な動向の1

（5）片山ほか（2017）を参照した。

つとして，行動憲章やガイドラインなどの策定がみられる。この背景には，地球レベルの環境問題や複雑化する社会的課題を様々なステークホルダーとの協働を通して解決していくべきであるとの共通認識がみられる。さらに持続可能な社会の実現に向けた活動や社会貢献への取り組み等，社会全体での「共生」も求められている。

12-4　CSRからCSV（Creating Shared Value）へ

ここまで企業の社会的責任（CSR）に焦点を当てて論じてきたが，2010年代にかけて，CSRの捉え方や認識が変化しつつあると捉えられる論調がみられるようになった。経済同友会の調査によると，図表12-9に示すようにCSRを「経営の中核」と考える企業経営者は2003年に約5割だったが，2014年には約7割となり高いレベルになった。この結果より，経営者の認識として，CSRは経営を行っていくうえでの基軸となるものであるという捉え方も取り入れられつつあるのではないかと考えられる（経済同友会 2014)。

一方，図表12-10に示すように，CSRを「経営戦略の中核」として実際に取り組む企業は2003年から比較すると約4倍に増加したが，2014年現在においても約3割に留まっている（経済同友会 2014)。

これらの結果から，約10年の間に多くの企業経営者がCSRを経営そのものとして広義に認識する捉え方は拡大しており，経営上の位置づけが変化してきたことが理解できる。しかしながら，それらを戦略的に経営の中核として実践している企業は限定的であるといわざるを得ない。CSRを「経営戦略の中核」として取り組むという捉え方は，2006年に**ポーター**（Porter, M.）が「戦略的CSR」という言葉を使い，自社の行う事業の中で，社会的な課題に応える必要性を指摘していた。

CSRを経営そのものとして捉える，ということはつまり，本業を通じて社会との持続可能な相乗発展を実現すると同義であり，そのことは「社会益共創企業」への進化と認識することが可能である。この「社会益共創企業」という

図表12-9　CSRの捉え方

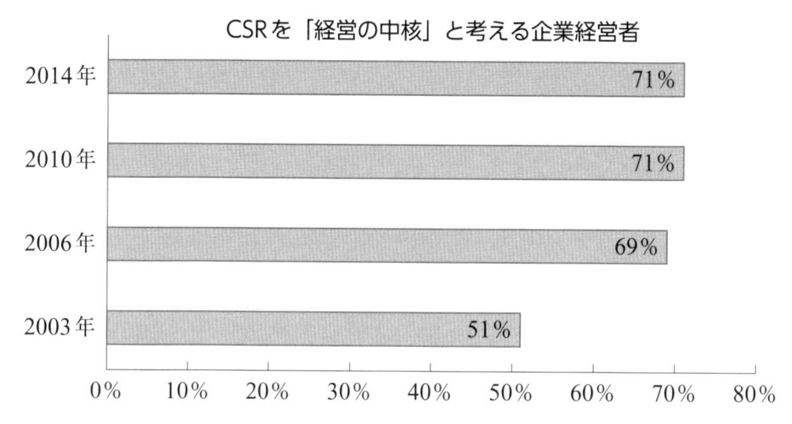

出所：経済同友会（2014）p.18

図表12-10　CSRの取り組み方

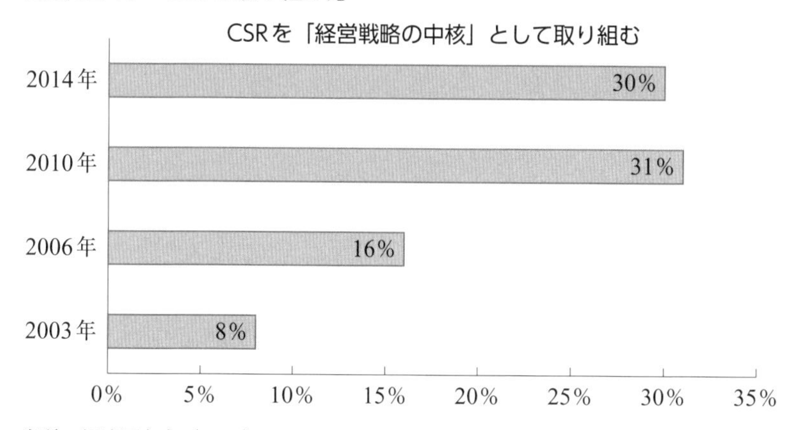

出所：経済同友会（2014）p.18

概念は，2012年に経済同友会で，「本業を通じてステークホルダーとの共同により，イノベーション・価値創造をし，社会との持続可能な相乗発展を実現する企業」として提言された概念である。

これは，まさに，ポーターが2011年に，『ハーバード・ビジネス・レビュー』

誌に掲載された論文で提示した概念である「共通価値創造」（CSV=Creating Shared Value）と類似した考え方であるということができる。「企業が事業を含む地域社会の経済条件や社会状況を改善しながら，自らの競争力を高める方針とその実行」と定義づけられている（名和 2020）。

ポーターはCSVをどのようにして実現するのかについて，製品・サービス，バリューチェーン，地域生態系の3つを提示している（名和 2020）。

① 次世代の製品・サービスの創造

社会問題の解決に役立つ次世代の製品・サービスの創造。社会問題を事業機会ととらえて，自社の強みや資産を活かしてそれを解決することで利益を生み出す。

② バリューチェーン全体の生産性の改善

世界中に広がるバリューチェーンの川上から川下までの全体の生産性を上げて，最適化，効率化することで，社会価値を生み出す。

③ 地域生態系の構築（地域のクラスター）

事業を行う地域で，人材やサプライヤーを育成したり，インフラを整備したり，自然資源や市場の透明性を強化することなどを通じて，地域に貢献するとともに，強固な競争基盤を築く。

具体的に，社会的課題を解決することを通じて自社にとっての大きな収益機会を獲得するというCSVを実践する企業として，ネスレやGE，ユニリーバ，ダウ，P&G，ペプシコといったグローバル企業等が挙げられている（名和 2020）。

ここでは，営業利益率15％以上をキープしながら，社会に対してもインパクトのある貢献を行うネスレの事例を見ていく。スイスに本社を置く大手食品会社ネスレはCSVに取り組む先駆的企業として知られている。2006年以来，報告書等ですでに企業戦略の柱を「社会ピラミッド」で表し，CSVについて明示している。企業戦略のメインストリームに社会価値と経済価値の同時実現

図表12-11　ネスレのCSV経営の全体像

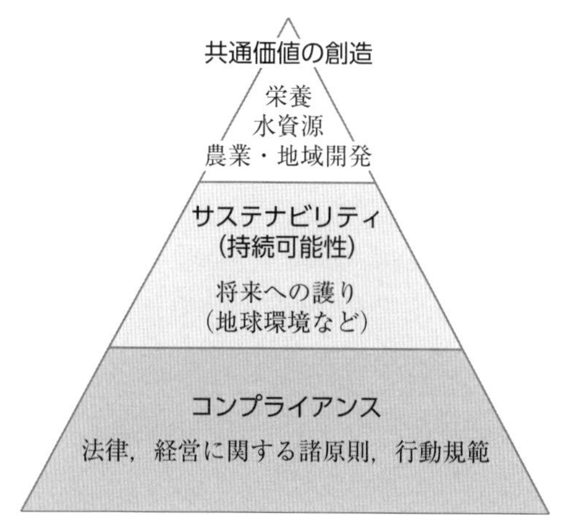

出所：ネスレホームページ

を実現させるという問題意識で事業の展開を捉えている。

図表12-11に示すように，同社の経営の軸として，コンプライアンス，サステナビリティ，共通価値の創造であるCSVが位置付けられている。共通価値の創造に関する項目では，「栄養，水資源，農業・地域開発」を主軸に位置付けている。「栄養」は食品を製造する会社にとって製品・サービスそのものであり，「水資源」はバリューチェーンに該当し，「農業・地域開発」は地域生態系（ローカル・クラスター）に該当する。これらは世界的にも解決すべき課題を包含しており，自社の利益の創出を目指す本業と共に，解決すべき課題に取り組みながら，社会的な価値を創出していく構造となっている。この実践においては，具体的かつ定量的な指標を示し，KPIを設定するなど，具体的な行動目標にまで落とし込む点も注目される（名和 2020）。

以上のように，CSRが次第に戦略的に取り組まれるものとなり，さらに発展した概念としてCSVへと展開されているが，それは社会価値（Social Value）と経済価値（Economic Value）の両方を創造することによって競争優位を勝ち取るという次世代のビジネスの在り方へと移行しつつあるからともいえよう。

【参考文献】

Alsop, R.J. (2004) The 18 Immutable Laws of Corporate Reputation,The Free Press.（トーマツCSRグループ訳『レピュテーション・マネジメント—企業イメージを高める18の成功ルール』日本実業出版社，2005年）

Davis, K. (1973) “The Case for and Against Business Assumption of Social Responsibilities,” *Academy of Management Journal* ,vol.16,No.2,pp.312-322.

Fombrun, C.J. and Cees, B.M. Van Riel (2004) *Fame & Fortune-How Successful Companies Build Winning Reputations*,Upper Saddle River,FT Prentice-Hall.（花堂靖仁監訳，電通レピュテーション・プロジェクトチーム訳『コーポレート・レピュテーション』東洋経済新報社，2005年）

Fombrun, H.J. and V. Rindova (1996) “Who’s Tops and Who Decides? The Social Construction of Corporate Reputations,”New York University,Stern School of Business.Working Paper.

Friedman, M. (1962) *Capitalism and Freedom*,The Chicago University Press.（村井章子訳『資本主義と自由』日経BP社，2008年）

Friedman, M. (1970) “The Social Responsibility of Business is to Increase its Profits,” New York Times Magazine, September 13.（http://www.colorado.edu/student-groups/libertarians/issues/friedman-soc-resp-business.html, 2014.02.03参照）

ISO/SR国内委員会+事例WG『やさしい社会的責任—ISO26000と中小企業の事例』（http://iso26000.jsa.or.jp/_inc/top_iso/2kaisetsu.pdf）2014年2月3日.

Montana, P.J. and Bruce, H.C. (1993) *Management:Second Edition*, Hauppauge, Barron’s Educational Series Inc.

Samuelson, P.A. (1971) “Love that Corporation,” *Mountain Bell Magazine*, Spring 1971.

Scott, W.R. (2001) *Institutions and Organizations 2nd Edition*,Sage Publications.

Sethi, S.P. (1975) “Dimensions of Corporate Social Performance:An Analytical Framework,” *California Management Review*, Spring,pp.58-64.

犬塚正智・槇谷正人・吉澤昭人・川崎千晶編著（2018）『経営学ベーシックプラス』同文舘出版.

井原久光（2018）『テキスト経営学<第3版>』ミネルヴァ書房.

上林憲夫・奥林康司・團泰雄・開本浩矢・森田雅也・竹林明（2020）『経験から学ぶ

経営学入門<第2版>』有斐閣.
経済同友会（2014）『日本企業のCSR―自己評価レポート2014』.
高巖（2003）『企業の社会的責任―求められる新たな経営観』日本規格協会.
谷本寛治（2006）『CSR―企業と社会を考える』NTT出版.
谷本寛治（2020）『企業と社会―サステナビリティ時代の経営学』中央経済社.
名和高司（2020）『CSV経営戦略』東洋経済新報社.
日本経営協会監修（2016）『経営学の基本』中央経済社.
松野弘・堀越芳昭・合力知工編著（2006）『「企業の社会的責任論」の形成と展開』ミネルヴァ書房.

第13章 経営史

13-1　江戸時代から大正時代の経営 (会社の誕生から大企業の登場)

13-1-1　江戸時代の経営　(商家経営，豪商の誕生)

江戸時代は農業を中心とした社会であるとともに，全国各地において，商品の生産が活発に行われるようになった時代でもあった。各地において生産された商品が都市部へと運ばれ，特に三都といわれる江戸や大阪・京都などの大都市において商品の取引が盛んに行われた。都市では商業活動を行う商人が活躍するようになり，**商家**が興隆した。

江戸時代の大規模な商家では，多数の奉公人を雇用するようになり，彼らが商家の活動を支えていた。幼少期の丁稚奉公から始め，やがて手代，番頭へと昇進していく過程にはジョブローテーションを重ねながら，能力に応じて職階を上がっていく仕組みがあった。さらに認められた一部の奉公人には所帯を持ち独立することが許される別家制度も存在した。この**奉公人制度**は後の経営家族主義的な考え方が定着していくうえで重要なシステムであった（宮本ほか 2020)。また，商家では，代々にわたる事業の継承と存続を企図する**家法**や**家訓**が制定され，経営理念の確立が図られた。

これら家法や家訓では，家業の永続のために，家産の維持・相続や分散防止，同族経営組織の在り方，その管理方針，奉公人に対する労務管理の規定，本家並びに分別家の生活規範，会計処理などについて規定が設けられていた。つまり，放漫経営の防止策と共に，奉公人の主家に対する忠誠心の確保など本家を中心とした経営の維持に役立ったと評価されている。その一方で，伝統を重んじることや合議制による意思決定重視の姿勢などは，変化のスピードが速い社会環境下では，適合しない場面も見られた（宮本ほか 2020)。

17世紀中ごろには，商品取引を通じて経営上のノウハウを蓄積した，商家が，経営の仕組みを発展させていくなかで，都市部の商人が，多様な事業を展開するなど，経営規模を拡大して**豪商**化する商家も現れるようになった。なお，商取引の際には，地元の**両替商**が発行する手形や為替を用い，安心して，取引商品の代金を決済できるような仕組みも構築されていた（宮本ほか2020）。

このように，江戸や大阪などの都市部において新興の**問屋**やのちの金融業に発展する両替商（手形や為替を発行して取引商品の代金を決済できる）が事業を通じて富を蓄積していった。また，京都や堺，博多などの**貿易都市**においても船によって運搬されてきた物資等の取引が盛んであり，巨額の利益を得る豪商が多く誕生した。具体的には，大阪の鴻池善右衛門，京都の角倉了以，堺の今井宗久，博多の島井宗室などである。近世初期の豪商の特徴は，輸送・商品取引，倉庫業，金貸，年貢請負などの包括的機能を一手に有していた。しかし，17世紀中頃以降，経済発展とともに，商品ごとの専門問屋や金融を専門とする両替商，輸送に従事する**廻船問屋**が台頭するようになった。豪商らは幕府や大名の財政とかかわりを持ちながら，商取引を行うことを特徴としていた。江戸時代の豪商として，具体的には，鴻池屋をはじめとする両替商，主に銅精錬や銅山経営を行っていた**住友家**や呉服商と両替商を主なビジネスとしていた**三井家**など江戸時代を通じて成長を遂げる商家が多数登場した。

その他にも，近江国（現在の滋賀県）に拠点を置き，京都や大阪のみならず，諸地方で成功を収めた商家があり，彼らは**近江商人**と呼ばれた。「売り手よし，買い手よし，世間よし」の「**三方よし**」を重視した事業を行っており，本店と出店，枝店とのネットワークに基づく共同事業体など，近江商人独自の革新的経営手法を形成した。そこで，複雑な帳簿組織に基づく会計システムで，厳密な利益計算を行い，利益確保を重視する合理的な経営手法を実践した。その後，江戸時代後期から明治維新にかけて近江屋長兵衛家や近江の湖東商人など，経営規模を拡大する商人も多く見られた（宮本ほか2020）。

13-1-2　明治時代の経営（豪商の没落と企業家の誕生）

江戸時代に栄華を誇った大阪や江戸の豪商の多くは，幕末から明治の社会経済が激動した中で没落していった。しかしそのような状況下でも，従来型の事業・経営方針を改革し近代企業へと再生した商家も存在した。明治時代に誕生した企業家とは，江戸期から続く商家の再生，新たな企業家，技術者出身の企業家，地域社会との価値共創を目指す企業家，財界世話役の企業家に分類できる。

(1)　江戸期商家の再生

前項でも江戸時代に成長を遂げた商家として提示した創業約200年の三井と住友は老舗ともいえる存在であったが，明治へ時代が変化する頃にはその経営が危機的状況にあった。三井家の再建を目指して，当時，三井の支配人であった三野村利左衛門は，人脈や情報を駆使して，幕府や政府との交渉を巧みに行ったことによって危機を乗り越えることに成功した。一方，住友が経営していた別子銅山の総支配人であった広瀬宰平は廃山寸前の別子銅山の売却を阻止するために，国外からの技師を招聘して洋式鉱山技術を導入するなど，別子銅山を復活させることに成功した。また，住友の総理代人となった広瀬は人材の育成に努めるとともに，住友の事業精神を形成する「住友家法」を制定する等，**家政改革**にも尽力した。

(2)　新たな企業家

代表的な企業家として**岩崎弥太郎**に焦点を当てる。土佐の地下浪人から藩営商業に関わり，海運業者として政府御用を務めたことから三菱財閥の基礎を築いた。廃藩置県による藩営事業が継続不可能となった後，貿易事業を引き継ぎ，藩有汽船を安く払い下げ**三菱商会**を興した。その後，三菱蒸汽船会社へ改称し明治政府の実力者らの後援を受けながら軍事輸送等で政府の信頼を勝ち得て，**海運業**を盤石のものとした。三菱社を設立した弟・弥之助の代は，銀行の買収，造船所の払い下げによる入手，各地の鉱山，地所開発など「海から陸へ」経営戦略を変化させながら，**事業の多角化**を追求していった。岩崎家の事業として，弥太郎によって基礎を築かれた三菱の事業は，弟・弥之助により「財閥」化へ事業展開を拡大し，三菱合資会社の設立後，長男・久弥へと受け継がれた。

(3) 技術者出身の企業家

日本の産業革命のきっかけといわれる**紡績業**においても，技術の面で欧米に比べ劣っていたため，西洋技術の導入や国産技術開発に官民を挙げて注力した。大阪紡績（のちの東洋紡）の創業時の工務支配人であった山辺丈夫や造幣寮技師であった菊池恭三らは日本の紡績業のパイオニア技師として大きく貢献した。それぞれは，後に，東洋紡績と大日本紡績の社長となり，技術者でもある**専門経営者**が経営層に就くという先駆的なモデルとなった。また，豊田織機を創業した**豊田佐吉**らのように，機械の輸入で培った**技術的専門知識**を背景に産業技術の革新者の役割を果たした。

(4) 地域社会との価値共創を目指す企業家

社会が求めている課題の解決をミッションとして，事業性・革新性で事業に取り組む企業家も存在していた。**群是製糸**（のちのグンゼ）の創業者である波多野鶴吉はその一人である。養蚕農民の貧しい生活を変えるべく，蚕糸業の体質改善を図ることを目的に従業員の教育や養成に力を入れた。また，倉敷の大地主であった大原幸四郎・孫三郎父子は**地域振興**の1つとして計画された紡績会社の設立の指導的役割を演じ，倉敷紡績を有力紡績会社に発展させ，その財力をもって，大原美術館，倉敷中央病院，孤児院などを設立した。両社とも企業を取り巻くあらゆるステークホルダーを重視しながら利益を拡大させることを目指すという**ミッション経営**に基づいているという特徴がみられる。

(5) 財界世話役の企業家

渋沢栄一と五代友厚は，ともに**明治政府官僚**から民間実業界に転じたが，自ら事業を起こすだけではなく，東京と大阪の商法会議所や株式取引所などの経済団体や教育機関を設立する等，財界人の役割を果たした。彼らは株式会社形態で起業する「**合本主義**」を推奨した。その際必要となる，企業家・資産家から協力関係を得るための媒介役として，財界人との緊密な人間関係や，情報収集などを担った。なお，ビジネスの目的を私的利益の追求のみに限定せず，企業の公益性を説いた「**道徳経済合一**」の思想を唱えた渋沢のように財界人にこのような理念が共有されていた（宮本ほか 2020；宇田川・生島 2020）。

13-1-3　産業革命期の日本の経営（機械制紡績業・工場管理）

明治政府による殖産興業政策は民間部門の積極的な呼応によって進展していった。殖産興業については，大規模な官営工場を基盤にした近代産業の育成政策が展開され，その結果，日本では1885年から1910年の約25年にわたって産業革命が進展していく（宇田川・生島 2020）。まず，日本の工業化は**機械制紡績業**の始動が契機となった。紡績産業は生産が比較的容易であることから，多くの国々で工業化をスタートさせる際，最初に手掛けられる分野である。日本での機械制紡績工場は薩摩藩が開業した紡績所が始まりであったが，その後，明治政府により官営紡績所が各地に作られるようになった。紡績工場ではイギリスなど海外から輸入した機器類を使って操業していたが，機器の不適合をはじめ，設備や動力，技術の充実が図られておらず，経営不振に陥ることになった。そこでこの状況を解決すべく1882年に株式会社形態で渋沢栄一が創業したのが大阪紡績会社である（宮本ほか 2020）。

紡績業をはじめとして，製糸業なども先進国から最新の近代技術を導入する過程において，技術移転先の環境や原料，労働力，技術水準に合致したレベルに修正していくことが必要であることや，労働の現場である**工場の管理**や経営的な工夫も求められた。大阪紡績会社を例に挙げると，高品質で高い生産性を上げる近代工場として機能しながら，機械のメンテナンスに取り組むなど，新奇性を見出すことができる。また，労働者に対する報酬としての賃金制度においても，等級表での格付けによって日給が支払われており，技術の習熟度に応じて等級が上昇する仕組みを採用していた。その後，作業能率を向上させるべく，出来高給制も部分的に取り入れられるなど，効果的・安定的操業には，工場組織・**工場管理**が不可欠であった（宮本ほか 2020）。

日本に紡績業・製糸業が開始されて約10年を経た1890年ごろまでに，国内の綿糸生産量が輸入量を上回るようになり，「東洋のマンチェスター」と言われるまでに発展した。生産性の更なる向上要請に伴い，豊富で低廉な労働力として，若い未婚の**女子工員**を遠隔地から募集することで職工需要の高まりに対応した。工場に寄宿舎を隣接させ，昼夜二交代制を採用し，厳しい監督を行いながら労働を管理していた。工場での長時間・低賃金での労働や寄宿舎での不衛生な生活等，女子工員の**過酷な労働**は細井和喜蔵の『女工哀史』にも描かれている。その後，第一次世界大戦にかけて，品質と生産性向上を目指すために，労働条件の改善（寄宿舎の環境整備，組合の創立，教育施設の開設）を積極的に行う傾向がみられるようになり，労働者の勤労意欲を内発的に向上させるような取り組みがなされるようになった。その一つが「**経営家族主義**」であったともいわれている（宮本ほか 2020）。

13-2　両大戦間期の企業と経営（近代的企業への展開）

13-2-1　財閥の多角化

1910年代から30年代末にかけての日本の経営発展は，軽工業分野にとどまらず，重化学工業分野における企業展開もみられ，大企業が中心となって進化的発展を遂げた時代であった。両大戦間期は，**三菱財閥**をはじめとする**大財閥**が大きな役割を担うなど，第1次世界大戦中に大規模化した近代企業が，競争力と成長力を持つ大企業に急成長し発展した時期であった。

そこで，幕末維新期に誕生し，近代以降に新興勢力として登場した三菱財閥を事例にあげ，その基礎を築いた岩崎弥太郎がいかに企業集団を形成し，**経営を多角化**したのかについてみていく。両大戦間期の三菱では，財閥としての発展に対応し，経営組織を変革していった。それは，岩崎家の独裁的な意思決定から，専門経営者の権限や役割を強化し，経営の意思決定に参画する形に変わっていった。このように経営組織の整備を伴いつつ，三菱財閥は多角的な事業経営を進め，第1次世界大戦期には，「富国強兵」「殖産興業」の過程で，国家・政府と緊密に連携するなど産業の育成・強化が図られた。大戦ブームによって獲得した高利益の下，規模拡大をさらに加速させた。その後，1920年代の不況期において，破綻する財閥が存在する一方で，三菱をはじめとする三大財閥は日中戦争の開戦後，軍需産業の比重が高まり，**重工業部門**を中心にさらに規模を拡大させ，日本経済に確固たる地位を確立していった。

1945年に敗戦を迎えるまで，政府と財閥の関係が保持された下で，大企業主導の体制が築かれていた。その後，GHQが断行した制度改革によって，**財閥解体**の方針が出され，三菱本社および主要な分系会社は解体されることになった。財閥解体措置によって持ち株支配・人的支配がほぼ完全に排除された三菱では，その後，三菱グループと呼ばれる企業集団として再出発することになったが，企業集団に形態を変えてもなお戦後の日本経済の急成長を促進する大きな力となった（植竹 2009）。

13-2-2　重化学工業への産業構造変化と新興財閥の興隆

日本が経済大国になったその基底には，軽工業より資本集約度や労働生産性高いとされる重化学工業化の進展が存在する。

また，その担い手となったのは，新産業に意欲的に進出した**新興財閥**と呼ばれる企業群であった。事業拡大のため常に資金難に直面していた新興財閥はコンツェルンという企業形態を形成していた。**コンツェルン**とは，株式保有や人的結合を通じて，親会社である持ち株会社が資本市場で資金調達を行い子会社へ投資し，様々な産業部門に属する諸企業を実質的に支配している企業形態のことである（安部 2019）。その代表的な新興財閥（コンツェルン）とは，理研コンツェルン，日産コンツェルン，森コンツェルン，日窒コンツェルン，日曹コンツェルンである。新興財閥は技術者出身の企業家たちが中心となり，重化学工業に携わりながら事業を多角化していった。

しかし必ずしも新興財閥のみが重化学工業に進出していたわけではなかった。三菱財閥の設立した三菱重工業，三菱造船，三菱内燃機（のちの三菱航空機）や，住友財閥の住友金属工業，三井財閥の東京芝浦電気や石炭化学工業の展開など，企業形態を変化させながら産業連関を通して発展していった。

なお，日本の重化学工業化の担い手として誕生した新興財閥は，戦前期に形成した企業集団としての形を敗戦とともに失ったものの，新興財閥が育てた企業は高度経済成長を経て現在の日本の代表的企業となっている（宮本ほか 2020）。

13-2-3　管理組織の体制整備

産業構造の変化と資本市場の発展と共に，技術の高度化が，労使関係や管理体制の見直しを促した。20世紀初頭の日本において，代表的な財閥系企業や国営の重工業企業である八幡製鉄所で新卒採用の対象となったのは，簿記や技術など高度な専門的スキルを学んだ高等教育の修了者である学卒者たちであった。このような人材の採用は，両大戦間期にホワイトカラー全体へと広まっていった。

また，注目すべきは，基幹的な熟練労働者に対しては，長期勤務を促す賃金・賞与制度等インセンティブが機能するよう整備されていたことである。勤続年数に比例して，金銭的メリットが得られる仕組みが構築されていたといえる（宮本ほか 2020）。

大戦期には，労働需要が急増したため，重工業を担う大企業では，不熟練労働部門については，臨時工などの利用をするなど，重層的な労務管理がとられるようになった（鈴木ほか 2020）。さらに，大企業では労使間の懇談性を採用するなど協調的な関係を構築することにつとめた。つまり，この時期に，今日の日本の雇用慣行ともいわれている，新規学卒者の採用と，年功賃金，終身雇用の制度が定着し，企業別組合の協調的な労使関係が誕生し，ホワイトカラーの**人事管理**も形成されていたといえる（宮本ほか 2020）。

さらに，組織が拡大するに従い企業の在り方も変化していった。合併などにより事業所を複数持つ企業が出現したり，関連部門への多角化が推進され，企業間関係が持ち株会社の普及によって階層的な組織を展開するようになったことがその理由である。このような複雑化した組織を統合的に管理するため，独立した本社部門が形成され，階層的・分権的な組織運営が必要となるのである。加えて，トップマネジメント層も階層性を持つようになり，各階層の機能強化が図られるようになった。このように組織の拡大は，それを構成する各事業所における科学的管理法や予算統制など，新たな管理手法を導入することを通じて，企業システムが形成されることとなった（鈴木ほか 2020）。

13-3　第2次世界大戦後の企業と経営（現代企業と経営の在り方）

13-3-1　企業集団とメイン・バンク

戦前の財閥が同族支配の持ち株会社を頂点とした垂直的な関係を構築してきたのに対し，戦後日本の金融システムは間接金融（銀行などの金融機関が仲介する資金融通の形式）を中心とするシステムへ移行した。

そして大企業の資金調達は，**メイン・バンク**と呼ばれる主たる取引先銀行からの借入を行っていた。このメイン・バンクは企業統治の側面でも重要な役割を果たすとともに，取引先企業が経営危機に陥った場合には，救済・再建に関与する役割を果たしていた。具体的事例として，1960年代の三井銀行による三井化学の救済，第一勧業銀行による日本特殊鋼の救済などである。このように，戦後，企業の多くは，メイン・バンクによる系列融資と企業間で相互に安定的に株式を持ちあう株式相互持合いによっていくつかの有力な企業集団を形成してきた。

高度経済成長期において存在した代表的な企業集団は6大**企業集団**として知られている。これら企業集団は，三井，三菱，住友，富士（富士銀行は現・みずほ銀行へ変更。企業集団としては芙蓉グループといわれている），三和，第一勧業という6つのメイン・バンクが中心となり，経済活動を主導してきた。

図表13-1　戦前の財閥と戦後の企業集団

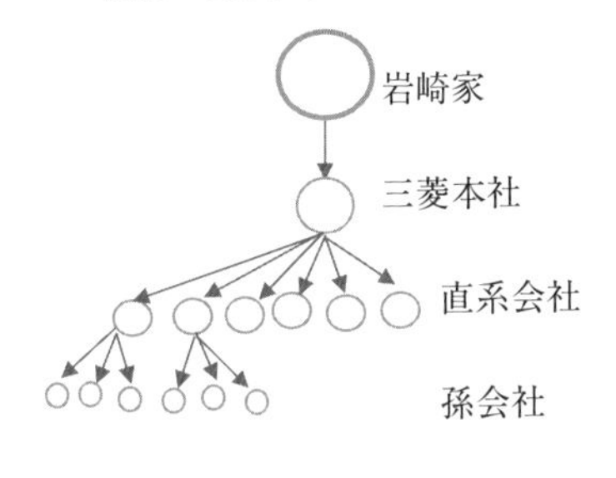

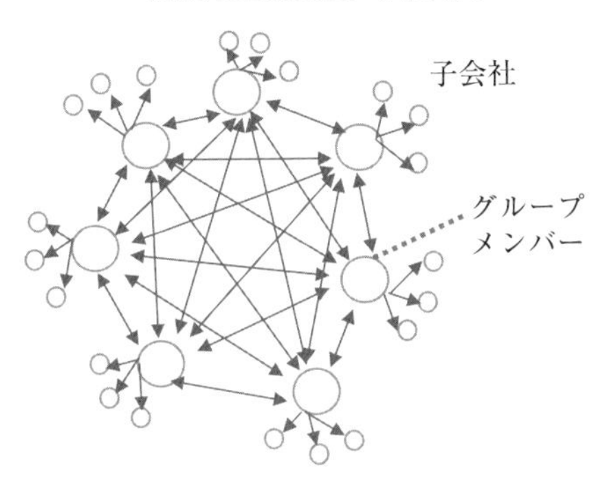

出所：植竹（2009）p.59

なお，このうち，三井，三菱，住友，芙蓉の企業集団は，戦前の財閥の系譜（芙蓉は戦前の安田財閥）を汲むが，各企業組織は同族所有ではなく専門経営者によって経営が行われている（宮本ほか 2020）。

これら企業集団が戦後の日本経済に与えた影響は大きく，同一企業集団に属する企業に対して，銀行は資金的な援助・サポートを行い，総合商社は商取引の側面で重要な役割を果たす等，経済成長に大きく寄与したといえる（図表13-2参照）。しかしながら時代変化の中で，取引上の優先はコスト高を招き，株式市場からの直接金融が重要となったため，系列融資はその効果が薄れ，株式相互持合いは，市場競争から影響を受けにくいことから，ビジネスに対する緊張感の欠如をまねいた。このように，大企業を頂点とする企業系列をいくつか抱えながら金融機関と商社を中核とする企業集団の系列としての在り方は疑問視されるようになった（三戸ほか 2011）。そのような中でも，財閥の中核であった金融部門では，一層の総合化が進展し総合金融産業への転換が図られている。

その後，この企業集団は1980年代末のバブル経済の崩壊とその後の経済の低成長から1990年代の国際的な金融再編成の過程で，不良債権の解消などのために保有株式を放出せざるを得ないなど，銀行自体の存亡による合併や再編

図表13-2　三井系・三菱系・住友系・芙蓉系の企業グループ

	三井系	三菱系	住友系	芙蓉系
銀行・保険	三井住友フィナンシャルグループ, 中央三井信託銀行, 大樹生命(三井生命保険), 三井住友海上火災保険	三菱UFJ銀行, 三菱UFJフィナンシャルグループ, 三菱UFJ信託銀行, 明治安田生命保険, 東京海上日動火災保険	三井住友銀行, SMBC日興証券, 住友生命保険相互会社, 三井住友海上火災保険	みずほ銀行, みずほフィナンシャルグループ, みずほ信託銀行, 明治安田生命, 損害保険ジャパン
商社	三井物産	三菱商事	住友商事	丸紅
運輸・倉庫	商船三井, 三井倉庫ホールディングス	日本郵船, 三菱倉庫	住友倉庫	東武鉄道, 京浜急行電鉄, 東京建物
不動産	三井不動産	三菱地所	住友不動産	東京建物不動産, 大成有楽不動産
石油・繊維・化学・セメント	三井化学, 東レ, 太平洋セメント	三菱ケミカルホールディングス, 三菱マテリアル	住友化学工業, 住友大阪セメント	太平洋セメント, 昭和電工
機械	東芝, トヨタ自動車, IHI, 富士フィルムホールディングス	三菱電機, 三菱重工業, 三菱自動車, ニコン	NEC, 住友重機械工業, 日本板硝子	クボタ, 日産自動車, キヤノン, 日清紡ホールディングス

出所：三戸ほか（2011）pp.248-249を基に筆者作成

が加速化し，長期安定的な取引関係の維持を可能とした企業関係から転換点を迎えた。現在，ほとんどの企業がメイン・バンクを持っているが，間接金融から直接金融への移行，株式相互持合いの解消，企業集団の再編などによって，メイン・バンク・システムは大きく変化しつつある（植竹 2009）。

13-3-2　日本的生産システムの確立

日本が第2次世界大戦後に組み立て型産業において競争優位を獲得した日本的生産ステムの特徴の一つとして，**トヨタ生産システム**が挙げられる。このトヨタ生産方式は「**自働化**」と「**ジャスト・イン・タイム（JIT）方式（かんばん方式）**」の2つを主軸としており，それぞれ，戦前の豊田系企業で考案されたものである。豊田紡績で実践されていた「自働化」とは，機械に不都合が生じると運転を自動的に停止する装置を装備して，一人当たりの受け持ち台数を増やす工夫がとられていた。つまり，単なる「自動化」ではなく人間の知恵が生かされた「自働化」を進めていた。この結果，作業員の機械監視の時間が削減され，生産性が向上したということなのである（宇田川・生島 2020）。

トヨタ自動車は，1960年代前半には，これらの生産システムを完成させており，「多種少量で安くつくることができる」同生産方式の普及は世界の市場で日本製品が強い競争力を発揮する際に，大きな力になったといえる。

トヨタに限らず，日本の自動車メーカーは段取り替えと呼ばれる工程の変更を速やかに行うことができ，多車種を生産してもコストを抑制することできたのである。マーケットの様々な需要に対応するには多品種生産でなければならず，様々な車種の生産が必要となった。そのためには段取り替えを中心とする工程改革が必要だった。これはトヨタ生産システムを作り上げた大野耐一が著書『トヨタ生産方式』の中で，同一車種ばかりを生産すると売れ残る可能性があるため，最初から多車種をつくって，市場の変化・需要の変動への柔軟な対応を可能にするのが得策だと論じている。

多品種を量産するための工夫としては，その他に，部品の供給体制も必要となる。トヨタ自動車の創業者である豊田喜一郎は「JIT=ジャスト・イン・タ

図表13-3　トヨタ生産方式の体系

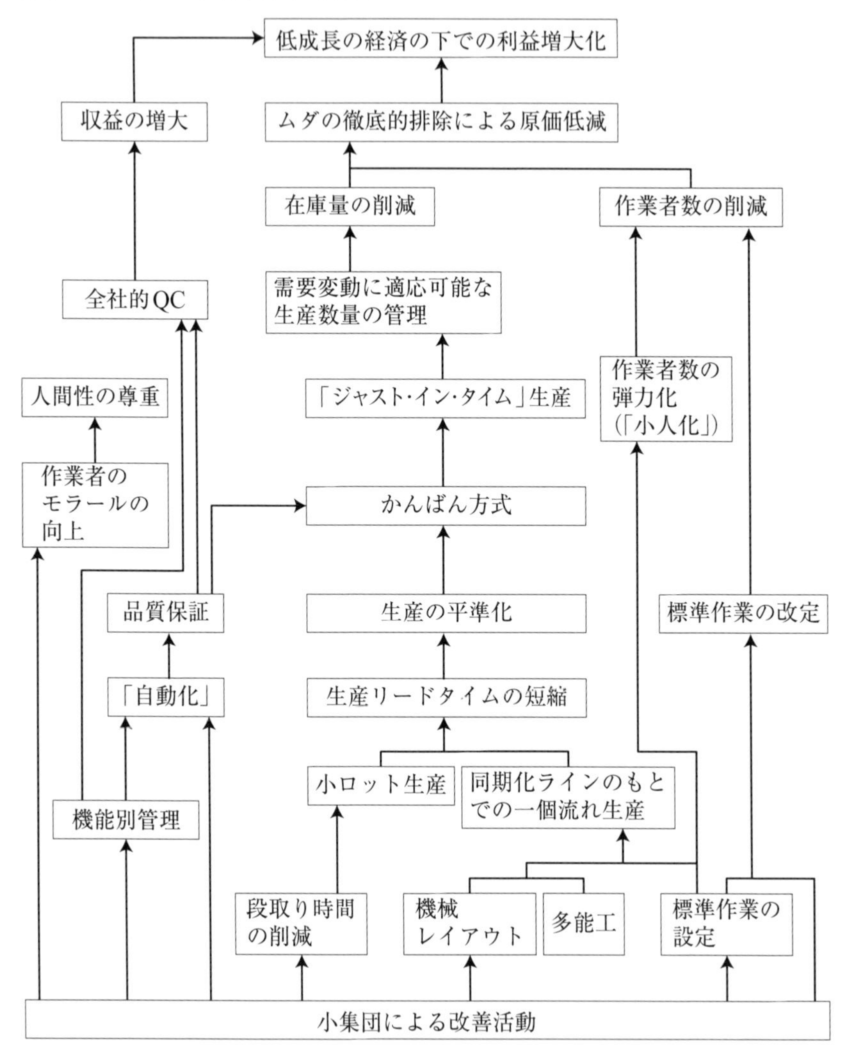

出所：宮本ほか（2017）p.360

イム」による部品供給の効率化を目的に，各作業間，ライン間，工程間でのムダを排除する手法や技法を編み出した。自動車を流れ作業で組み立てる過程で，必要な部品が，必要な時に，その都度，必要なだけ，生産ラインに到着することを意味する。現場で「かんばん」と呼ばれる在庫管理表を工程間に行き来させる仕組みで，部品在庫を極力減らしてコストダウンを図る「かんばん方式」は，広く世界中で認識されている。このためには，工場内のかんばん方式だけではなく，関連企業の垂直的な企業グループすなわち系列企業にも同様にかんばん方式を導入する必要があった。

さらに，トヨタ生産方式での特徴的なものとして，検査部の製品チェックと作業工程における欠陥品の排除や品質の向上いわゆる「カイゼン」を実施することなどがあげられる。その有効な手段として，職場において従業員参加の小集団を形成し，品質管理・改善運動を行うQCサークルが実践されている。その結果，作業工程での品質向上に成功し，トヨタ車をはじめとする日本車は，アメリカの消費者などからも高い評価を得ることができた。

また，1970年代以降，「良いものをつくれば自然に売れる」というプロダクトアウトの思考から「売れるものをつくる」というマーケットインの経営思考へと転換させたことも特徴として挙げられる。これは，市場＝顧客に合わせて製品を創り出していくトヨタ生産方式の精髄を表現したものといえる（植竹2009)。生産現場の「ムダ・ムラ・ムリ」を徹底的になくし，良いものだけを効率よく造るという「トヨタ生産方式」は「トヨタのモノづくり精神」としてTOYOTA WAYと称され，トヨタ自動車という1企業や，自動車産業にとどまることなく，日本の多くの企業や様々な国で，多様な生産活動に適用されている（トヨタ自動車HP)。

13-3-3　企業環境変換と日本的経営の変容

1950年代中ごろから，日本企業に共通した経営スタイルや経営システムを**日本的経営**として注目したのがアベグレン（Abegglen, J.C.）であった。特に，経営風土や人事教育慣行に着目して，日本に特有の長期雇用慣行を「終身雇用」という言葉で表現した。1970年にはOECDの報告書の中で，勤続年数に応じて年長者を高く評価する「年功序列」や特定の企業の従業員を一括して組合員とする「企業内労働組合」も含めた3つの要素に対して「日本的経営」の軸となっていることを明示化された。その他にも，新卒一括採用や企業内教育，福利厚生の重視や家族主義的経営等の特徴も含めて，日本的経営とされた。その後，2度のオイルショックを早期に克服したことから，改めて日本的経営が注目されるようになった（井原2018）。

1980年代後半の急激な円高を乗り越えた日本経済・日本企業はその後も4%前後の安定成長を保っていた。しかし，1980年代半ばごろから徐々に日本社会の高齢化や人口構成の変動，IT革命，アメリカを中心としたグローバル資本主義など環境変化が生じていた。この環境変化に対して日本企業の多くは，その経営の在り方に関する抜本的な制度改革や慣行変化を実施しているとは言えない状況であった。1991年のバブル経済の崩壊後低成長の時代を迎えることになる。その後長い不況期に陥り，不良債権が累積していくことになった。ここから金融システムが不安定となったうえ，1997年のアジア通貨危機によって，銀行が資産圧縮の動きを見せ，さらに日本の金融システムは，崩壊の危機に直面した。この時期には北海道拓殖銀行，山一證券などが破綻し，金融危機が生じた。これらが影響し，日本企業の多くはリストラを本格化させるようになった。その後，10年以上にも及ぶ平成不況を迎え「失われた10年」といわれる時代を経験した。

バブル崩壊から不況期以降，これまでの日本の経済大国化の原動力として評価されていた日本的経営が疑問視されるようになった。日本型人事システムの見直しや，企業結合様式の変革，資金調達における金融機関との関係性の見直しなど日本型企業システムの変容が求められるようになった。

13-3-4　金融危機と経営改革

2000年代に入ると，ITバブルの崩壊が生じ，金融界だけではなく，世界経済全体が大きな打撃を受けた。日本経済は2007年末から景気後退局面に入っていたが，追い打ちをかけたのが2008年秋の世界同時不況の発生であった。2007年7月に格付け会社スタンダード&プアーズとムーディーズは，不動産担保証券の格付けを大幅に下げると発表し，それに反応したヘッジファンドの運用資金凍結が声明されたことなどからサブプライム危機が始まった。アメリカの有力な投資銀行が倒産寸前にまで追い込まれた際，アメリカ連邦準備制度が救済の対応を行った。2008年3月には，アメリカ大手投資銀行のリーマン・ブラザーズが倒産の危機に直面するなど非常に厳しい状況が続いた。倒産の危機にある保険会社や投資銀行に対して政府資金を投入するなどして救済を続けることが相次いでいた中，住宅価格の高騰を背景に続いてきたアメリカの景気は一挙に悪化し，自動車売り上げの減少，住宅抵当流れの激増，個人消費の落ち込みなどが生じた。当初は，低所得者向け住宅ローンであるサブプライムの割合は住宅ローン全体であまり大きくないと推定されていたが，住宅バブル崩壊による一連の世界的な金融・経済危機にまで発展した。その後，2008年9月，リーマン・ブラザーズが倒産し，世界同時株安を誘引することになった（安部 2019）。

このリーマンショックは，先進国に深刻な影響を与えることになった。複数のサブプライムローンは「証券化」されるなど，金融工学を援用し，デリバティブを駆使した「ハイリスク・ハイリターンの複雑な証券」として，世界中の証券会社を通じて投資家に売り出されていた。その後，証券が不良債権化したことにより，その価格が大幅に下落し，サブプライム証券を購入していた欧州の銀行などを直撃したのである。アメリカでは，多くの金融機関・企業等が経営破綻に追い込まれ，住宅市場は崩壊し，破産者や失業者の増加，個人消費や設備投資の冷え込み等，景気が大幅に悪化した。さらに，サブプライムとは無関係であると考えられていた日本経済にも，輸出の減少，日系アメリカ現地法人の売り上げ減少が影響し，年間2兆円ほどの営業利益を出していたトヨタまでもが，60年ぶりの赤字転落に陥った（安部 2019）。その後も，リーマンショックによって業績が悪化した自動車産業や電機メーカー等が，派遣労働者の契約を打ち切るなどの「派遣切り」が社会問題化し，職を失った生活困窮者の対応を行う「年越し派遣村」が設置され，NPOや労働組合などによって，該当者の支援がなされる状況が生じた。さらに，輸入資源に頼る国内企業は，この状況下で，資源価格が高騰したことによるコスト増が，商品やサービスの値上げとなってあらわれ，日本国内での需要の落ち込みにも陥った。結果的に，日本国内の実質GDP成長率は2008年から2年連続でマイナスとなり，企業の倒産件数も増加した。

サブプライムローン問題を発端とした金融バブルの崩壊は，金融規制の緩和や監査機能の形骸化がその原因の一つであるといわれている。時代に合った規制が適切に機能しているかを検証することや，複雑化する事業のリスク監査を厳密に行っていくこと等が課題として提示されている。もう一方で，金融危機が生じた背景に，「短期的な収益を得たい」という金融機関や投資家の強欲があったともいわれている。そこで，長期的な視点で事業を捉えていくとともに，ファンドマネジャーやトップ経営者等のモラルや倫理観を醸成することも求められているといえる。

【参考文献】

安部悦夫（2019）『経営史<第2版>』日本経済新聞出版社.
伊丹敬之・藤本隆弘・岡崎哲二・伊藤秀史・沼上幹（2006）『日本の企業システム第Ⅱ期<第5巻>：企業と環境』有斐閣.
井原久光（2018）『テキスト経営学<第3版>』ミネルヴァ書房.
植竹晃久（2009）『現代企業経営論：現代の企業と企業理論』税務経理協会.
宇田川勝・生島淳（2020）『企業家に学ぶ日本経営史』有斐閣.
鈴木良隆・大東英祐・武田晴人（2020）『ビジネスの歴史』有斐閣.
三戸浩・池内秀己・勝部伸夫（2011）『企業論<第3版>』有斐閣.
宮本又郎・阿部武司・宇田川勝・沢井実・橘川武郎（2017）『日本経営史<新版>』有斐閣.
宮本又郎・岡部桂史・平野恭平（2020）『1からの経営史』碩学舎.

索　引

あ行

か行

さ行

た行

な行

は行

ま行

や行

ら行・わ行

【著者略歴】

前田　卓雄（まえだ たかお）……… 第1章，第2章，第3章，第4章（共著） 執筆

北九州市立大学大学院社会システム研究科博士後期課程修了，博士（学術）。

株式会社間組（現：株式会社安藤・間）を経て，現在，中村学園大学流通科学部教授。

主要業績：『経営学概論』（共著，同友館，2014年）・『経営ケースブック：新たな市場を切り開く』（共著，岡山大学出版会，2016年）・『新版経営学概論』（共著，同友館，2017年）など。

三島　重顕（みしま しげあき）………………………………… 第5章，第6章 執筆

京都大学大学院経済学研究科博士後期課程修了，博士（経済学）。

九州国際大学，University College London等を経て，現在，名古屋市立大学経済学研究科教授。

主要業績：Shigeaki Mishima, Naoko Arakawa, Ian Bates and Felicity Smith, "Opportunities to demonstrate expertise and job satisfaction of community pharmacists in Japan and England", *International Journal of Healthcare Management*, Vol.15(4), pp.287-294, 2022. など。

水野　未宙也（みずの みうや）……………………………………… 第7章 執筆

一橋大学大学院商学研究科博士後期課程単位取得退学，修士（商学）。

現在，大阪経済大学経営学部講師。

主要業績：「新規参入を契機とする既存企業間の競争関係の変動」（『日本経営学会誌』第41号，2018年）など。

外山　明（とやま あきら）…………………………………………… 第8章 執筆

山口大学大学院東アジア研究科博士後期課程修了，博士（学術）。

半導体メーカー，化学メーカーを経て，現在，大阪経済大学経営学部准教授。

主要業績：「システムLSI事業における日系半導体メーカーの混迷要因の一考察：システム連携の側面から革新的なTSMCとの比較を通じて」（『生産管理：日本生産管理学会論文誌』第24(1)号，2017年）など。

土井　貴之（どい たかゆき）……………………………………… 第9章　執筆
神戸大学大学院経営学研究科博士課程前期課程修了，修士（経営学）。
兵庫県立洲本実業高等学校・神戸商業高等学校教諭を経て，現在，中村学園大学流通科学部講師。
主要業績：『短期集中トレーニング　日商簿記2級　連結会計編』（単著，実教出版，2021年）など。

遠原　智文（とうはら ともふみ）……………………………………第10章　執筆
東北大学大学院経済学研究科（博士課程後期3年の課程）経営学専攻修了，博士（経営学）。
福島工業高等専門学校，大阪産業大学等を経て，現在，神奈川大学経済学部教授。
主要業績：『深化する中小企業研究：中小企業研究を本質論，経営的，政策的側面から捉える』（共著，同友館，2022年）など。

張　又心バーバラ（ちょう やうしんばーばら）………………………第11章　執筆
一橋大学大学院商学研究科博士後期課程修了，博士（商学）。
中小企業基盤整備機構，九州産業大学を経て，現在，大阪経済大学経営学部准教授。
主要業績：『中小企業の国際化戦略』（共著，同友館，2012年）・『1からのグローバル・マーケティング』（共著，碩学舎，2017年）など。

持松　志帆（もちまつ しほ）………………第4章（共著），第12章，第13章　執筆
西南学院大学大学院経営学研究科博士後期課程修了，博士（経営学）。
川崎医療福祉大学准教授を経て，現在，中村学園大学流通科学部准教授。
主要業績：「従業員に対する倫理教育の実態調査研究」（単著，『日本経営倫理学会誌』第14号所収2007年，日本経営倫理学会）・「中小企業における経営倫理と社会貢献」（単著，『社会分析』第35号所収　2008年，日本社会分析学会）など。

2021年6月30日　第1刷発行
2023年12月20日　第2刷発行

初学者のための経営学概論

編著者　前田卓雄
　　　　遠原智文
　　　　三島重顕

著　者　張 又心バーバラ
　　　　持松志帆
　　　　土井貴之
　　　　外山　明
　　　　水野未宙也

発行者　脇坂康弘

〒113-0033 東京都文京区本郷 3-38-1
発行所　株式会社 同友館
TEL.03(3813)3966
FAX.03(3818)2774
https://www.doyukan.co.jp/

落丁・乱丁本はお取り替えいたします。
神谷印刷／松村製本
ISBN 978-4-496-05551-5
Printed in Japan